张明林 著

李鸿章
及其时代

中西方世界的历史撞击

LI HONGZHANG
AND HIS TIMES

团结出版社

图书在版编目（ＣＩＰ）数据

李鸿章及其时代：中西方世界的历史撞击 / 张明林
著 . 一北京： 团结出版社，2024.5
　　ISBN 978-7-5234-0663-2

　　Ⅰ . ①李… Ⅱ . ①张… Ⅲ . ①李鸿章（1823-1901）
－生平事迹Ⅳ . ① K827=52

中国国家版本馆 CIP 数据核字 (2023) 第 230925 号

出　版：团结出版社
　　　　（北京市东城区东皇城根南街 84 号　邮编：100006）
电　话：（010）65228880　65244790（出版社）
　　　　（010）65238766　85113874　65133603（发行部）
　　　　（010）65133603（邮购）
网　址：http：//www.tjpress.com
E-mail：zb65244790@vip.163.com
　　　　tjcbsfxb@163.com（发行部邮购）
经　销：全国新华书店
印　装：三河市东方印刷有限公司

开　本：170mm×240mm　16 开
印　张：19.5
字　数：305 千字
版　次：2024 年 5 月　第 1 版
印　次：2024 年 5 月　第 1 次印刷

书　号：978-7-5234-0663-2
定　价：59.00 元

序

中国当代最伟大的人物：外国人眼中的李鸿章

格罗弗·克利夫兰（Grover Cleveland）：

李鸿章不仅是中国在当代所孕育的最伟大的人物，而且综合各方面的性质才能来说，他是全世界在 19 世纪中最独特的人物。以文人来说，他是卓越的；以军人来说，他在重要的战役中为国家做了有价值的服务；以从政30 年的政治家来说，他为这个地球上最古老、人口最繁盛的国家的人民提供了公认的优良设施；以一位外交官来说，他的成就使他成为外交史上名列前茅的人。

——*Diphloatic Memoirs Li Hongchang*

东方的普罗米修斯

李鸿章是中华帝国近代史上的重要人物。同（治）、光（绪）两朝，凡清政府政治、经济、外交、军事的重大举措，莫不与其有着直接的关系。

自 1840 年鸦片贸易战争后，一个严峻的现实摆在当时的清政府面前，历来以"天朝上国"自居的东方帝国，竟没有一名懂得真正意义上的外交的官员。

虽然有"弱国无外交"的艰难现实，但以在逆境中艰难求存而著称的中华民族还是在最短的时间里找到自己的外交天才。

在第二次鸦片贸易战争后，因发动洋务运动而得到"洋务亲王"之称的恭亲王奕訢成为中华帝国历史上第一个真正的"外交部长"。他在北京和英法两国的外交谈判中显露极为灵活的外交手腕。以至有史学家后来感叹："如果道光之后的满清皇帝不是咸丰而是奕訢的话，再能起用李鸿章主持朝政，满清未尝不可中兴！"其后，代替奕訢主持洋务运动的北洋大臣李鸿章又担起主持弱国外交的这副千钧重担，更因在列强的压迫下签订了一系列丧权辱国的条约而背上百年骂名。

但在真正和李鸿章打过交道的西方外交官眼中，这位有着"东方俾斯麦"之称的东方人却是另外一副面孔，"李无疑是一个真正的爱国者，他始终在尽最大的努力来维持他的国家的利益，但遗憾的是，他手中的筹码太少了！"在西方的外交界，一致公认，李鸿章是那个时代伟大的外交家之一。

由于政治的原因，李鸿章在他生前身后的中国衰落历史上（指 19 世纪末 20 世纪初晚清与清末那段历史时期）一直戴着一项"卖国贼"的"帽子"，成为那段不堪回首的屈辱岁月的罪魁祸首。当我们在读完那些带有鲜明的政治色彩的陈旧的历史教科书后，当一部分中国当代社会的青年精英和学者们大骂"李鸿章丧权辱国"的时候，又有几个人能想到，在当时那样悬殊的力量对比下，作为中华帝国的代表李鸿章唯一能做的，就是尽可能地减少牺牲。他没有不作牺牲的能力和机会，因为他手中根本没有可以用来同西方强国讨价还价的资本。

更有几个人知道在 1896 年的万国运动会上，各国国旗伴着各自的国歌依次升起。但当中华帝国的黄龙旗升起时现场却是一片沉寂，旋即响起了西方人的阵阵嘲笑——中华帝国，这个远东大国，竟然连自己的国歌都没有。

而就在此时，一名七旬老人，步履蹒跚却坚毅果敢地走到黄龙旗下，傲然挺立，用他那并不高亢的嗓音，深情而激扬地高唱了一首家乡安徽的民间小调"茉莉花"。运动场上的喧嚣霎时归于沉寂，旋即爆发出雷鸣般的掌声。历来崇尚英雄的西方人用自己的方式，来向这名拼死捍卫祖国尊严的老人致敬。在这些西方人眼中，他们面前的这位老人就是他所挚爱的中华帝国的真正脊梁。

打破传统价值观的中华帝国现代化的伟大先驱

在社会学的范畴里，价值观是文化赋予人的行事方式的总和。在所有的社会中，现存的做法需要调整或改变的要求都是存在的，否则文明就不能进步，否则历史上就没有改革。但是，社会动员，或被社会科学家所称的现代化背景中的改革与传统社会中的改革是有区别的。这种区别是慢慢形成的，它的后果不同。中华帝国的传统社会，从商鞅到王安石，伟大的变法不绝如缕，但能使有的变法与改革形成传统社会的延续的，则只有1840年以后的，以李鸿章承前启后的一系列的改革，形成传统社会的终结与解体。

就中华帝国当时的情况而言，现代化的起源开始肯定要追溯到中西文化的第一次强烈的冲突。显然，在鸦片贸易战争爆发以前很长时间内，中西文化就有了接触。在这种表面的接触中，中国人和西方人一样，彼此都是以自己的方式理解对方的。在中华帝国的典型的士大夫看来，西方人是蛮夷之一种。与蛮夷的有限的交往不会改变我们对自己以及对他人的看法。马戛尔尼在18世纪90年代出使中华帝国访问清朝（那是清朝乃至绵亘了几千年的广义上的整个中华帝国的盛世之一，而半个世纪不到，就迅速走向衰落），带来了各种先进的礼品，包括带有示威与炫耀性质的洋枪，但是乾隆及满朝文武没有一个人严肃认真地去观察与思考这些"礼物"，更不可能有人会想到若干年以后，这种洋枪会用来攻击清朝军队。中华帝国文化是至高无上的，我朝乃天朝，这是最根深蒂固的意识。

虎门销烟是古典时代最后一次辉煌，也是中华帝国文化价值的一次顽强的体现：没收已经或明或暗地作为商品流通的鸦片且将其销毁。随后的战争以及失败，开始了中华帝国历史上充满苦难与灾难的现代化历程。区区一个团的兵力，可以从珠江口一直打到长江口并沿海北上威胁津京，这是个巨大的耻辱。

按照传统的文化秩序，蛮夷要么对中华文化与制度俯首称臣，成为受保护、沐浴中央之国文明的藩属（这是典型的、最合乎中华帝国的文化设计的情况）；要么，万一中华被打败了，蛮族"入主"中华，却很快被同化。对于蛮族，文化上的失败抵销了军事上的胜利；对于中华，文化上的胜利补偿了军事上的失败。在鸦片战争爆发以前，他们显然是将英国人纳入第一种世界序列中的（至于英国商人、传教士自己怎么看，是另外一回事），所以他们对英国人的雕虫小技、奇技淫巧不屑一顾。鸦片贸易战争以后，他们希望英国人接受第二种序列，即野蛮人接受中国人的行事方式，接受中华帝国的文化价值，就像曾经的蒙古人一样。这等一厢情愿的设想显然无从实现。这就遇到传统的文化框架无法解释，传统的行事方式不起作用的"文化的尴尬"。

传统价值观的失效是从传统的世界秩序观的失效开始的。

这种文化的尴尬在切实地调整文化观念之前，曾经产生了更为尴尬的事情：实际上是被打败了，被迫割地赔款在表面上，在文化自尊上，这个事实却得到相反的表述与解释：我大清天朝不与蛮夷一般见识，出于对你们的怜恤与恩宠，与你们签订了《南京条约》。

传统文化的失序，出现了无法在传统的框架内解释的新经验，出现了传统的办法难以奏效的新难题。必须用这个传统本身不具备的资源来应变，才能生存。因此，这种新的难题是无法逃避的，不得不正视的，因为它的无法逃避性——你打不过人家，无法赶走人家，因此人家的力量始终在你的领域内存在——和极端威胁性，它是威胁生存的。从鸦片贸易战争以后，统治清政府的满朝文武的最大愿望，就是赶走外国人的在华势力。而这种势力，经济的、军事的、精神的，无所不在，便成了近代中华帝国早期挥赶不去的噩梦。

但是文化与人一样，在遇到难题时，生存依然是第一位的。必须在文化秩序内加进一些全新的东西，对文化秩序进行全新的调整，才能生存，而顺着这个方向，传统社会解体了。传统价值观的失效是社会动员的第一步。在这个阶段，只有极少数处于文化边缘或文化冲突最前沿且具有现实思维的人才能感受到危机。而在此时，近代中国打开现代化之门的伟大先驱——李鸿章适时地出现在东方世界历史的地平线上。

文明的碰撞与精英们的分裂

精英们的分裂是传统价值观失效的结果，也是社会动员的进一步加深。正是在文化冲突的最前沿，处于弱势文化的，也是文化观念的输入端而不是输出端的文化传统中的精英，首次发生了觉醒。对于新出现的情况，旧的解决方案是不行的。必须毫不犹豫地进行新的尝试，必须对文化的秩序进行新的调整。因此，虽然在整个现代化进程中，大众的作用逐渐加强。大众社会的来临一般是现代性的重要标志，但是在现代化过程的起点，就像在人类历史上几乎所有重大的事件或运动中一样，最先感到并被召唤的，是李鸿章等传统的精英分子。

就中华帝国的情况而言，林则徐、魏源、龚自珍是新精英的代表。他们都身处沿海，而林则徐自然处于文化和军事冲突的最前列。林则徐与穆彰阿、琦善等人的区别，并不在于主战或主和，不是岳飞与秦桧之别，而是新的经世致用与心性为本之别。林则徐的反应是典型的实事求是的、干练的政治家的反应：师夷长技以制夷。我们输在技不如人，人家有坚船利炮，而我们只有长矛大刀。在那种情境下，主战与主和结果是一样的。主战如果打不胜（而打胜是有可能的；如果真的打胜了，整个世界历史就要重写）结果可能很惨；主和如果能抓住时机，把自己实力搞上去，其结果可能更好。因此回顾整个中华帝国历史，强烈的主战情绪在林则徐以后所有体制中、最前线的政治家中反而逐渐消失了。这并不奇怪。实际上，对西方的理解越多，权力精英们反而越觉得没有打赢的可能。

权力精英分裂的第一步，便是分成革新派与守旧派。革新派主张借鉴引入获胜者，即自己的敌人的办法。守旧派则反对对传统作任何调整，更反对与仇视借用敌人的办法。道光以后特别是同治以后，所有极端的守旧派依然死抱孔孟之道，认为洋人最惧者是民心，是道德，而不是物质力量。19世纪40年代中期革新派的代表是林则徐及其继承者，19世纪60年代，是镇压太平天国中兴起的权力精英们，以及中央的恭亲王奕訢。因此，总的来说，革新派的力量随着中华帝国历史不幸的加深而壮大了。曾国藩、李鸿章是林则徐思想的自然的继续。

精英们的分裂，主要看他们对政策的决定力量。19世纪60—90年代，也是李鸿章崛起的时代，著名的洋务运动时期，主张强有力地应变的权力精英几乎控制了实际的政策过程，这个时代在中外史学家的眼中，便成为现代化建设的第一个推动时期。

在变革派与守旧派之间，争论围绕着要不要变革。在守旧力量相对小的地方，中央权威有机会组织起强有力的变革政策，这是日本的例证；而在守旧力量与革新力量不相上下甚至更强大的地方，现代化的推进就显得非常曲折，往往是进一步退两步，但基本上是呈波浪式向前推进的，这是典型的中华帝国的情况。由于守旧力量的强大，社会中便产生一股要求更强烈的变革的力量，这就是所谓激进派的起源。

激进派是从变革派中发展出来的。他们的分歧在于变化的限度。在从林则徐到李鸿章再到张之洞等政治家眼中，变化的限度限于所谓物器层。发展自己的军事工业以及与之相关的民用工业，引进西方的技术，这样便可实现国家的强盛，完成数十载努力而未竟的事业：将外国力量赶走，而回到我们以往的梦乡。实际上，西方的价值，在这些大臣看来，也仅限于此。在19世纪90年代，张之洞提出一个著名的公式：中学为体，西学为用。这是对此前40年中华帝国现代化，即传统秩序内的现代化实验的最精确的概括。

但是，就是在19世纪70年代，也是洋务派的黄金时代，正是洋务派提拔起来的相对地位低的官员，如薛福成、冯桂芬、郭嵩焘等人，与李鸿章一代的隐含的争论已经开始了。他们是第一代与西方有真正接触的人，他们似乎给这个古老的帝国带来"那边"究竟如何的消息。结果，他们虽然没有坦率地提出改变政治制度与社会结构的要求，但是他们指出，西方的船坚炮利是建立在它的整个思想与制度环境中的。只是他们依然是体制内的精英，只要他们掌握权力，社会就处于有序状态。

1895年的灾难对于洋务派，对于李鸿章和张之洞等革新派来说，都是致命的打击。它的直接后果就是体制外或未被纳入体制的，因此本质上具有反对与异己倾向的精英力量的兴起。他们属于激进派，要求对社会进行彻底的改变以推进民族振兴。与他们比起来，李鸿章之流成了保守派，而慈禧之流成了反动派。精英们的进一步分裂，也使精英的争吵带上政治、影响全局的特征。这是中华帝国现代化与中华帝国近现代史的新阶段。

激进派的改革要求在1895年以前就出现了，它内含在清政府改革派的下层官吏的主张中，不过被洋务派的成功与巨大影响笼罩住了。甲午战争的失败，一下子使改革、彻底的变法的呼声成为一种惊呼。与此同时，动摇着社会安定的体制外的独立的知识分子精英开始走上前列。在严复，特别是康有为、梁启超之前，走在历史最前列的改革人物如李鸿章等都是朝廷大臣，是传统的士大夫，他们的思维也就是当权者的思维：所有的改变或调整都必须在保障秩序的前提下进行，也必须在保障中华帝国文化的根本前提的条件下进行，没有一种改变如此重要乃至可以付出秩序为代价。因此，此前的改革，是自上而下的改革。但是从康梁开始，秩序的绝对要求降低了。为了自强，为了防止亡国灭种的悲剧，必须做所有必要的，哪怕是彻底的改革。

结果，鸦片战争以后半个多世纪，在中华帝国社会中慢慢地、逐渐地，谁也没意识到地出现了关于中华帝国社会如何改组的相互敌对的，而且都公开化或媒介化（用一个现代社会学的术语，Articulated）的政治力量。这种情况对于几千年的中华帝国历史，是极端异质性的。就重大的政治问题进行合理的辩论，而且有影响巨大的、公开的《湘学报》《时务报》《国闻报》等作为阵地，甚至有极具现代政治特点的强学会、保国会这些公开化的、以影响决策、发表对时局的看法为特征的压力集团或利益集团，这些在几千年铁板一块的政治经验中都是极其新鲜的。中华帝国社会，虽然仍然是极表面性地，但非常具有历史意义地发生了转型。

李鸿章与中国近代史的悲哀

在现代化早期的带有普遍性的历史经验中（无论是后来者还是先行者），当社会因政治观念而发生分化，分为激进、温和与保守的明显的派别时，政策立足于哪一派是非常关键的。而政策立足于哪一派，受哪一派影响巨大，一般来说，又与他们的力量大小或社会基础的是否深厚密切相关。社会的有序，在这种情况下，更需要政治的技巧而不仅是政治的原则。如果政策倾向温和派，社会由温和派来掌权，且他们具有现代的、善于讨价还价、寻求妥协的政治经验与技巧，一般来说，社会就可能被稳住。而且，在这个秩序已经成为疑问的阶段，或社会动员之深刻已经开始危及秩序的阶段，任何偶然的事件或差错都会使社会失去稳定的机会。但可惜，这一切对于中华帝国的经验来说，太陌生了。在中国人的政治思维乃至生活智慧中，似乎根本就缺少寻求妥协的智慧，因为他们在几千年的文明中太司空见惯的事情是，谁掌握了权力，谁掌握了压制性的力量，谁就掌握了一切，秩序不是建立在讨价还价、妥协与共识（哪怕是临时协定）的基础上的，而是建立在"大刀阔斧的高压"之上的。因此，19世纪与20世纪之交的失序，实在是有着深刻的文化根源。

在社会分裂成激进、温和与保守的派别的情况下，社会很容易在温和的改革立场上达成妥协，社会也几乎只有这一种保持有秩序前进的机会。但是，我们知道，在伟大的、充满着泪与火的不幸与荣耀的近代中华帝国，激进派虽然理想高远，但力量太微弱。温和派在最强大的保守派眼中已经离经叛道太远了。结果，当政策立足于温和派，即李鸿章——恭亲王时，慈禧还可以容忍；当政策立足于康有为时，这是对保守力量的公然挑战。结果，在中华帝国，太容易发生的事情一下子就发生了：打倒激进派，把历史拉回到出发点以前。

现在看来，从现代政治经验——政治是一种技巧，而不是一种原则；政治说到底是达成共识的艺术——来看，光绪的失误绝不在于不彻底，而恰恰在于太激进。他做得太绝了。他走向了在任何政治经验中都只能带来危险：都应试图避免的极端化。他的那种行为是政变性的，而满朝文武官员没有人跟随的政变是无法成功的。光绪的失误在于上了康有为的船，在极端敏感的时刻站错了队而且采取了极端不理性的行为。他太缺少的，就是政治智慧。但是从实际看来，在19世纪90年代末，如果使中华帝国社会或中华帝国的不自觉追求了近半个世纪的现代化事业有序进行，只有两个人联手才有可能，这就是光绪皇帝与李鸿章。但这个机会在1895年以后悲惨地失去了。李鸿章因为签订《马关条约》，在群情激愤的时代，成了罪恶的象征。因此，随着甲午战争的结束，实际上，温和的政治力量已经被毁灭，而剩下的李氏的同僚无一能左右朝政。李鸿章是19世纪末温和派政治家，是最有可能把改革（推动自强）与秩序结合在一起，唯一将具有改革与保守统一在政策中的政治技巧的人物。自强运动的领袖和"卖国贼"李鸿章政治生命的终结，意味着有秩序地推进现代化的事业的终结。

当以李鸿章为代表的温和派受到重创，保守派在激怒中对激进派进行绞杀的情况下，受到消灭的不是激进派的存在——因为作为一种利益与要求，它是历史条件的产物，它不可能被消灭，而只能以更尖锐的形式出现，因此被消灭的只能是中华帝国现代化的极其宝贵的资源：秩序与稳定。温和派政治力量与政治生命的结束，是对中华帝国现代化的沉重打击。从此以后，现代化将在革命与反动的较量中曲折前进：由于没有中间力量，甚至没有缓冲的地带，所以全社会卷入你死我活的严重的冲突之中，而现代化的那种建设性的内涵，便被推到遥远的未来。1898 年的倒退是暂时的，在 1904 年至 1905 年的所谓宪政改革中，戊戌变法的主要要求已经被风雨飘摇的中央权威所接受。但是面临着革命的暴风骤雨，面临着群雄并起的军阀割据，再没有一个强大的力量能把社会组织起来，去实现那些已经太超过历史条件的改革内容。

背负沉重枷锁的伟大的探索者和实干家

离 1901 年结束仅剩不到一个月的时候，回銮路上的大清国皇太后慈禧在黄河岸边的辉县收到那个令朝野上下无不悲哀的消息：李鸿章死了。

李鸿章，大清国直隶总督兼北洋大臣，就在他咽气之前的一个小时，俄国公使还站在他的床头逼迫他在俄占中国东北的条约上签字。为大清国与洋人争辩了一生的李鸿章已不能说话，他只有眼泪了。眼泪流尽了，他的眼睛闭上了。

自 1840 年英国人用舰炮打开中国的国门以后，中国人沿海岸修筑的所有整齐对称的炮台和花费巨银买来的位居世界第六的舰队，没有一次阻挡住"蛮夷"的入侵："自道光中叶以来，外患渐深，至于今日，危迫极已。咸丰十年，英法联军入都，毁圆明园，文宗出走，崩于热河……自此以后，法并安南，日攘朝鲜，属地渐失。各海口亦为列强所据，德占胶州，俄占旅顺大连英占威海九龙，法占广湾……"而就在李鸿章死时，因为允许外国在中国驻军和几近天文数字的赔款而成为"将来无数困难问题发生之源"的《辛丑条约》刚刚签订，外国联军仍在整个朝廷逃亡在外的情况下占领着大清国的都城北京。

对于风雨飘摇中的大清国来说，洋人的气焰永远是一个巨大的威胁。而李鸿章一死，大清帝国上下就失去了唯一一个能与洋人周旋的政治家。李鸿章的死令"太后及帝痛哭失声"，大清国犹如"梁倾栋折，骤失倚恃"。

还在与太平军作战的时候，李鸿章就显露出他与大清国其他官员的不同之处：对外国的科学技术和国内的经济活动有极大的兴趣。最初的动机是他组建的淮军需要银两购买武器。当淮军在长江两岸布满太平军营垒的水道上成功地进行了大穿越进至上海，从而一举扫平了长江下游的太平军后，李鸿章利用上海富绅的银两引进洋人的机器设备，创办了中国第一个近代军工企业：上海洋枪三局。李鸿章算过一笔账：一发英国的普通炮弹在市场上要卖到 30 两银子，1 万发铜帽子弹要卖到 19 两银子。大清国凭什么要把白花花的银子给了洋人？

创办近代企业需要的不仅是财力，更重要的是思想和观念的更新。李鸿章曾写有一份描绘蒸汽动力运转的奏折，无异于 100 年前的一篇科普文章：

锁木、打眼、绞镖旋、铸弹诸机器，皆绾于汽炉，中盛水而下炽炭，水沸气满，开窍由铜喉达入气筒，筒中络一铁柱，随气升降俯仰，拨动铁轮，轮绾皮带，系绕轴心，彼此连缀轮转则带旋，带旋则机动，仅资人力以发纵，不靠人力之运动。

在几乎没人知道世界上有蒸汽机的大清国里，头上是顶戴花翎、脑后依然拖着辫子的李鸿章，能够如此细致地观察蒸汽机的运转原理，这着实令人惊叹。

大清中叶以后，由于京杭运河淤塞，朝廷南北货物的调运部分改为海路，李鸿章抓住时机，督办创立了招商局轮船公司。这是中国第一家民营轮船公司，它承揽了朝廷"官物"运输一半的运量，而其随后展开的客运业竟挤垮了英美合办的旗昌公司。

而当洋人要在中国开设电报业务的时候，大清国朝野上下无不惊慌失措，以为"电报之设，深入地下，横冲直撞四通八达，地脉既绝……"李鸿章也不允许洋人从香港铺设来的海底电缆上岸。时隔不久，由他支持铺设的中国第一条电报电缆线在大沽口到天津城之间开通了。李鸿章能够完全不理会"地脉"，也能够完全不理会洋人，因为他知道电报业蕴藏着极高的军事和民用价值。之后，由大清国政府的银子作为投资、以营利为目的的电报公司成立。李鸿章称此举为"官督商办"，因为在中国创办拥有自主权的企业"事体重大，有裨国计民生，故需官为扶持并酌借官努以助商力之不足"。

由于李鸿章的主持和参与，洋务派创办了中国近代第一条铁路、第一座钢铁厂、第一座机器制造厂、第一所近代化军校、第一支近代化海军舰队等。

李鸿章为大清国的近代化所奠基的所有事业，令他身后的国人一直在受益。他是对中国近代化产生至关重要影响的洋务运动的中坚。

但是，李鸿章一生所从事的另一种"洋务"，却使他在生前和身后招致众多的痛骂，因为根据国人一向的认知，中国近代史上的屈辱与不公都是他一手造成的，他所有竭尽心力的努力无不是在把国家的领土、财富和臣民出卖给洋人，这位大清重臣的罪责深重得几乎令人难以置信。

大清国没有"外交"的概念，所有的外事统统归于"洋务"。洋务运动的首领李鸿章不可避免地成为大清国当然的"外交家"。李鸿章的外交生涯不但让西方人知道了大清国有一个"相貌堂堂"且"矜持、自信和傲慢"的李中堂，而且让中国人在19世纪20世纪之交那段悲伤的日子里终于揪出了一个"罪魁祸首"——李鸿章让国人因为遭受屈辱而积淀的愤恨在怒斥他的过程中得到宣泄。

西方人了解李鸿章的外交能力，是通过中英《烟台条约》的谈判。其时，英国人的军舰开入烟台，日本军队开始向朝鲜武装挑衅，以对大清国构成战争威胁。醇亲王奕譞主张与英国人决裂开战，而李鸿章的思路是：大清国不能再在外交上走一贯的老路，即事端一出，动辄开战，战则必败，败则议和，和则割地赔款。1876年9月，《烟台条约》签订。觊觎更多在华利益的英国人事后说："这个文件既不明智也不实用，毫无意义，是一堆冗言赘语而已。"尽管洋人说，面对强大的威胁，李鸿章依然能谈出一个明显存有抵抗态度的条约，是一件"值得惊诧"的外交事件，但从烟台回到直隶总督府的李鸿章还是因为赔款和开放口岸而背上了卖国的罪名。

1894年爆发的中日甲午之战，是李鸿章一生遇到的最大的挫折——"海军费绌，设备多不完，惟鸿章知之深。朝野皆不习外事，谓日本国小不足平，故全国主战，独鸿章深知其强盛，逆料中国海陆军皆不可恃，故宁忍诟言和。

朝臣争劾鸿章误国，枢臣日责鸿章，乃不得已而备战。"

到 1895 年 2 月 17 日 16 时，日本联合舰队在风雪交加中开进威海卫，泱泱大清国败于一个弹丸小国的事实，让自认为是"天朝中心"的国人举国愕然。朝廷顾不得"天国颜面"，再令李鸿章去日本议和。

李鸿章在日本马关被一名刺客击中，子弹卡在他左眼下的骨头缝里，没有医生敢在这个位置动手术刀，李鸿章给朝廷的电报只有六个字："伤处疼，弹难出。"而面对日本人割让辽东、台湾、澎湖，赔款军费 3 亿两白银的"要价"，朝廷在给李鸿章的电报中均是模棱两可的"着鸿章酌量办理"。伤痛和心痛折磨着李鸿章。如果采取强硬的态度和立场，只能导致中日战争继续扩大。以大清国实际的军力状况而言，战争的结果只能是中国的东北被全面占领；而如果答应日本人的条件，大清国主权和财产的损失也是巨大的。两害相权取其轻，这是面对残局的李鸿章的选择。

1895 年 4 月，带着《马关条约》草约和脸上的绷带回国的李鸿章，发现他成了举国的"公敌"：朝廷斥责他办事不力，官员说他丧权辱国，民间暗示他拿了日本人的银子，更有人公开声明要不惜一切杀掉他以雪"心头奇耻大辱"。

每一次在国家面临危机时出来收拾残局的李鸿章，都被全国人民视为卖国贼，只有全体军机大臣在上奏给皇帝的一份奏折中说过的"中国之败全由不西化之故，非鸿章之过"，曾令李鸿章老泪纵横。

1896 年，俄国沙皇加冕，各国派员祝贺，俄国人特别提到代表的级别问题，朝廷只有派李鸿章去。因为洋人们说，对于 19 世纪的中国，他们只知有李鸿章而不知有朝廷。李鸿章以在马关被刺为由一再推辞，而朝廷一再坚决不准，当李鸿章认为确实到了"众望所归"的时候了，便表示自己"非敢爱身，惟虞辱命"，只有"一息尚存，万程当赴"。

在英国，令李鸿章感兴趣的是英国的海军和陆军。他还参加了汇丰银行的招待会，在英国商人们表示要到中国去开拓市场的时候，李鸿章的开明思想令他说出了："实具同心。"

当李鸿章乘坐的客轮到达纽约港时，美国海军最强大的舰队依次列阵港湾，鸣炮致敬以欢迎大清国的重臣。美国《纽约时报》记者报道，当客轮驶往美国的途中，李鸿章在船上对每一位他见到的美国人都问这样的三个问题：你是做什么的？你能挣多少钱？你住得离纽约近吗？

《纽约时报》记者接着报道："没有乘客表示他曾向女士问过这三个问题。"

而对美国记者关于"美国资本在中国投资出路"的问题，李鸿章的回答是：只有将货币、劳动力和土地有机地结合起来，才会产生财富。清国政府非常高兴地欢迎任何资本到我国投资……必须邀请欧美资本进入清国以建立现代化的工业企业，帮助清国人民开发利用本国丰富的自然资源。但这些企业的自主权应掌握在清国政府手中。我们欢迎你们来华投资，资金和技工由你们提供。但是，对于铁路、电讯等事务，要由我们自己控制，我们必须保护国家主权。这不可谓不前瞻。

美国记者的另一个问题是：阁下，您赞成将美国的或欧洲的报纸介绍到贵国吗？

李鸿章的回答是：清国办有报纸，但遗憾的是清国的编辑们不愿将真相告诉读者，他们不像你们的报纸讲真话，只讲真话。清国的编辑们在讲真话的时候十分吝啬，他们只讲部分的真相，而且他们也没有你们报纸这么大的发行量。由于不能诚实地说明真相，我们的报纸就失去新闻本身的高贵价值，也就未能成为广泛传播文明的方式了。

为了抗议美国的排华法案，李鸿章甚至宁愿选择经加拿大而非美国西部回国。他说：排华法案是世界上最不公平的法案。所有的政治经济学家都承认，竞争促使全世界的市场迸发活力，而竞争既适用于商品也适用于劳动力。

结束访美之后，李鸿章搭乘美轮回国。到达日本横滨港需要换船。李鸿章当年离开马关的时候曾表示"终生不履日地"，现在又有了《中俄密约》，让他更有理由痛恨日本人。换船必须先上码头，但是为了不让自己的精神和肉体与日本国土发生一丝关系，李鸿章无论如何也不上岸。侍从们只好在美轮和招商局的轮船之间搭起一块跳板，冒着掉入海里的危险将他扶上船。

李鸿章以为《中俄密约》可保大清国20年无事。然而仅仅四年之后，最先攻破大清国都城第一道城门东便门的正是俄国人。紧接着，曾经告诉李鸿章自己的国土大得用不完、没有侵占别人一寸土地想法的俄国人开始胁迫大清政府将"东三省永远归俄国所有"。这时候，李鸿章终于明白：大清国自与西方人来往以来所奉行的"以夷制夷"的策略是多么的天真无知。

李鸿章在给朝廷的奏折中表示：从某种意义上讲，大清国已经没有绝对封闭的国防。西方势力不但在文化上侵蚀着中国，更重要的是他们有侵占中国的野心，其手段是"一国生事，多国构煽"，列强的"友好"和"野心"从来都是掺杂在一起的，大清国对此必须保持警惕。世界发展至今日，一国已不可能关闭国门而安然生存。大清国如果打开国门参与世界商品经济的往来不但可以富强自己，而且因为贸易是双边的，等于也就制约了别人，这样的制约甚至强过武力，整个地球便可"胥聚于中国"。持有这样的认识，不但在百年前的中国可谓凤毛麟角，即使是在当代中国也可属振聋发聩之声。

1900 年 8 月 15 日，大清国都城沦陷，政府和朝廷逃亡。

此一悲惨事件发生之前，朝廷的电报再一次一封接一封地到达南方，要求李鸿章北上与正在攻打这个国家的洋人议和。朝廷为此将李鸿章由两广总督重新调任为大清国封疆大臣中的最高职位——直隶总督兼北洋大臣。而慈禧的最后一纸任命是："着李鸿章为全权大臣。"——"每当满清政府把这个巨大的帝国带到毁灭的边缘，他们惟一必须启用的人就是李鸿章。"

1901 年 9 月 7 日，代表大清国与 11 国签订了中国近代史上著名的不平等条约《辛丑条约》的李鸿章，在签字回来后再一次大口地吐血——"紫黑色，有大块"，"痰咳不支饮食不进"。医生诊断为：胃血管破裂。

李鸿章在病榻上上奏朝廷：

臣等伏查近数十年内，每有一次构衅，必多一次吃亏。上年事变之来尤为仓促，创巨痛深，薄海惊心。今议和已成，大局稍定，仍希朝廷坚持定见，外修和好，内图富强，或可渐有转机。

难以想象就要离世的李鸿章在写下"必多一次吃亏"这几个字时是什么心情。他毕生致力的"外修和好，内图富强"的愿望此时说出来实在是一种前途渺茫下的伤心无奈。

李鸿章死后两个月，当年的不同政见者梁启超写出皇皇大作《李鸿章传》，称：鸿章必为数千年中国历史上一人物，无可疑也。李鸿章必为19世纪世界历史上一人物，无可疑也。梁启超说他"敬李鸿章之才"，"惜李鸿章之识"，"悲李鸿章之遇"。

日本首相伊藤博文也痛惜地评价说：知西来大势，识外国文明，想效法自强，有卓越的眼光和敏捷的手腕。

美国第二十二任与第二十四任总统格罗弗·克利夫兰评价说：以文人来说，他是卓越的；以军人来说，他在重要的战役中为国家做了有价值的服务；以从政30年的政治家来说，他为这个地球上最古老、人口最繁盛的国家的人民提供了公认的优良设施；以一个外交家来说，他的成就使他成为外交史上名列前茅的人。

李鸿章生逢中华帝国最黑暗、最动荡的年代，他的每一次"出场"无不是在国家存亡危急之时，政府要他承担的无不是"人情所最难堪"之事。因此，国人在对他咒骂痛斥之时，确实"不可不深自反也"，确实不可"放弃国民之责任"。

只是，怎样评价100多年前这位不同寻常的大清重臣，中国人一向的定论与百年以来的世界舆论截然不同。

从客观上讲，仅仅是因为这一点，我们也很有必要阅读本书以下各章节。当然，对于一个处于历史旋涡中的伟大人物所进行的全景式记录与评论来说，这种尖锐的思想撞击火花带给我们的冲击，绝不仅仅有这么一点。

目录
Contents

第一章

为了承担全国的责任而拼命做官：1895 年前的李鸿章

福尔索姆（Kenneth E.Folsom）：

在 1862 至 1895 年李鸿章担任巡抚或总督的 33 年间，他逐步建立了从其任职所在地伸展至全国范围的势力网。这一势力网上至朝廷，以直隶为中心，并渗入清帝国的其他省份，以他在官场上的正式地位和所属的非正规的幕府为基础。然而我们的分析，它又易受朝廷的注意力、保守的反对派势力和外部严峻局势的影响。尽管如此，它继续在中国起着首要建设性力量的作用，直到 1895 年垮台。

李鸿章自认承担的责任是对中国，而不只是对直隶或安徽。他从不逃避全国性责任，而是伸展权力，果断地肩负整个国家的事务。曾国藩说李鸿章是"拼命做官"，这个说法是对李鸿章从 1862 年任江苏巡抚直到 1901 年逝世时的恰当的、带有宿命色彩的评价。在这近 40 年中，他从未离开官场……鉴于大多数官员逃避责任，李似乎是追求责任。他从来不遵从他的老师（曾国藩）的教诲，在面对政敌和公众反对的斗争中决不退缩。

——*Friends Guests and Colleagues*；*The MuFu System*

第二章

中国的 Grand Man（元老）：活跃在 19 世纪末国际政治舞台上的外交巨星

李德夫人（A.B.Little）：

写李鸿章传说就等于写中国 19 世纪的历史。在多事之秋的这一时期，活跃在远东国际舞台上的所有人物中，李鸿章是颇为突出的卓越人物。没有他的活动，恐怕就没有适当的人去应付战争，或者签订条约。在李鸿章生存的时代，中国经历过不少于六次的对外战争以及无数次的内乱。李确实是中国的 Grand OId Man 一样。在与中国有接触的所有欧洲人的眼中看来，李鸿章在中国所占的地位甚至比葛兰斯登在英国的地位还要高。因为困扰的清政府，每次当统治帝国的王公把国家带到战争的边缘，李鸿章就是清政府唯一的必求助的人。外国使节认为在中国可能作为理智谈判对象。

——*Li Hong·chang*

第三章
着眼世界改革潮流的拓荒者：晚清身体力行改革开放的第一人

日本首相伊藤博文尊敬地评价李鸿章：

知西来大势，识外国文明，相效法自强，有卓越的眼光和敏捷的手腕。他的事业充满开拓者的精神。他建设国家的努力，不但包括军事措施方面，也包括经济政策方面……所有关于李鸿章在这个远东大国的没落时期独力支撑富国强兵的理想与实践的研究与评价，都只是开始而已。

第四章
找寻继承者：时代巨变旋涡中之李鸿章的用人观念

托马斯·F.米拉德：

　　李在东方的地平线上仍然隐约发挥着巨大的影响。1901年在他去世之前，我曾和他有过短暂的谈话，他的头脑非常清晰并且仍然关注着国家的未来。在生命处于弥留之际，他把一些年轻人召到床前（其中应有袁世凯），并把改革清国的使命交到了他们的手中。当大清国的改革与李鸿章的这个人相提并论时，还会有人发出冷笑吗？

　　李鸿章和他同时代其他清国高官的不同之处，只是在于他有一个比其他人更为宽阔的视野。当然，在他身上也有他为官环境下不能避免的一些传统恶习。然而，他毕竟远远走在他这个时代的前面，并且预见到：他的国家在即将来到的数年里，会需要那些具有前瞻眼光和进步思想的人。

——《纽约时报》新闻专稿：《改革的事业与李鸿章
留下的使命》，1908年6月14日

第五章
忠诚为先的末世儒臣：外国人对李鸿章的性格解析

福尔索姆（Kenneth E. Folsom）：

李鸿章一生，表现了非凡的精力和勇气。恰如道德与曾国藩联系在一起一样，精力与李鸿章联系在一起。他至少身高六英尺，远远高于他的同胞。他的身材匀称，外貌强健有力。他的举止端庄，给人印象深刻，充满智慧、警觉和果断。……

李鸿章谥号文忠的"忠"字，意为忠诚。这一品质是他特性中最显著的一面。他以极其忠于中国和清朝统治者而著称，在他给朋僚的信中，他再三强调这种忠诚："我辈受国恩厚义未可以言去，只有竭力支持，尽心所事而已。"……尽管他极其忠于皇室，也极其忠于他的朋友、同乡、老战友、家庭、亲戚及师长，从西方人的民族主义观点来看，这似乎是荒谬的，尤其鉴于个人效忠是中央控制削弱的基本原因。但是对具有儒家理论和东方文化的中国人来说，这种不一致并不是显而易见的，或者说是不相干的。重要的是"仁"——关心人的情感。李忠于皇室是因为他能够忠于他的朋友。

——*Friends Guests and Collrshues*；*The MuFu System*

第六章
半神、半人的异邦人：李鸿章的人际交往与人格魅力

一位英国人这样描述了他所看到的73岁的李鸿章：

他像来自另一个世界的身材奇高、容貌慈祥的异乡人。他蓝色的长袍

光彩夺目，步伐和举止端庄，向看他的每个人投以感激的优雅的微笑。从容貌看来，这一代或上一代都会认为李鸿章难以接近，这不是因为他给你巨大的成就或人格力量的深刻印象，而是他的神采给人以威严的感觉，像是某种半神、半人，自信、超然，然而又能文雅面对苦苦挣扎的芸芸众生的优越感。

第七章
死者指挥生者：历史发展进程背后的李鸿章

濮兰德（J.O.P.Bland）：

李鸿章远比他同时代的人物具有更大的历史影响力，甚至比控制大清帝国命运、大权在握的慈禧太后还要来得大。对中国人民来说，慈禧仅是一位外族统治者（满人统治汉人），她的影响力随着她的去世以及清朝的灭亡一起消失了。但是李鸿章的言行事业在中国人生活的暗流中仍旧存在着。例如袁世凯，无论当朝鲜监督、中华民国总统，或者希望当皇帝，总是忠实地表现与传达李鸿章的传统，虽然袁氏缺少了李鸿章的精明与资质。人们说到李鸿章都会认为他是国之干城。

——*Li Hong · chang*

第八章
身后满负诟病的殉道者：李鸿章的自我评价与认知

李鸿章外交之割土记录原出于不得已，其"创巨痛深"的自省之情可见于他死前的一首七律：

> 劳劳车马未离鞍，临事方知一死难。
> 三百年来伤国步，八千里外吊民残。
> 秋风宝剑孤臣泪，落日旌旗大将坛。
> 海外尘氛犹未息，请君莫作等闲看。

李鸿章无论是生前还是死后都因为他的沉重的外交使命而不得安宁。最后因为签订《辛丑条约》，积劳成疾，"呕血碗许"，一病不起，临终时"两目炯炯不瞑"。死后朝廷追以崇高荣誉，入祀贤良祠，"西太后亦为之震悼"。

后 记

第一章

为了承担全国的责任而拼命做官：
1895 年前的李鸿章

福尔索姆（Kenneth E.Folsom）：

在 1862 至 1895 年李鸿章担任巡抚或总督的 33 年间，他逐步建立了从其任职所在地伸展至全国范围的势力网。这一势力网上至朝廷，以直隶为中心，并渗入清帝国的其他省份，以他在官场上的正式地位和所属的非正规的幕府为基础。然而我们的分析，它又易受朝廷的注意力、保守的反对派势力和外部严峻局势的影响。尽管如此，它继续在中国起着首要建设性力量的作用，直到 1895 年垮台。

李鸿章自认承担的责任是对中国，而不只是对直隶或安徽。他从不逃避全国性责任，而是伸展权力，果断地肩负整个国家的事务。曾国藩说李鸿章是"拼命做官"，这个说法是对李鸿章从 1862 年任江苏巡抚直到 1901 年逝世时的恰当的、带有宿命色彩的评价。在这近 40 年中，他从未离开官场……鉴于大多数官员逃避责任，李似乎是追求责任。他从来不遵从他的老师（曾国藩）的教诲，在面对政敌和公众反对的斗争中决不退缩。

——*Friends Guests and Colleagues*；
The MuFu System

儒家务实的爱国者：李鸿章事业的形成阶段

由于他的杰出作为，他时常被同时代的西方文学者、社会学家或历史学家，如麦士尼、濮兰德等人，看成是中国的伊藤博文，甚至是"东方俾斯麦"。

李鸿章（1823—1901）正是这样一个人：他出身士人家庭，在太平军起义时，显示出自己在军事和行政方面的实际才干，但是当他于 1862 年到上海出任江苏巡抚，同太平军作战时，他平生第一次面对西方武力和侵略的威胁。他非凡的务实品性，以及有不平常的机会深刻了解西方武器和西方军事人才，使他在对西方做出反应中居于一种无可匹敌的地位。他是一个杰出的官员，他能够提请朝廷注意革新和改革的建议。从 1862 年以来的 30 多年中，他成为中国自强的首要倡导者，自强政策要求以采用西方技术为主，发展中国武力和财力，以便能够应付西方侵略。由于他担任直隶总督和北洋大臣期间（1870—1895）的作为，他时常被同时代的文学家、社会学家或历史学家看成是中国的伊藤博文，甚至是"东方俾斯麦"——这不仅由于他在清朝外交中的作用，而且由于他通过军事建设和工业化，追求国家的强盛。

笃信"行动更为重要"的独特学生

在回顾李鸿章的早年事业时，必须强调，他所受的教育和社会关系，都是完全属于传统模式的范围。他于 1823 年生于安徽庐州（合肥）一个上层家庭。他的祖父和曾祖都捐资取得低级的功名，李年轻时，全家过着贫俭的生活。然而李的父亲李文安于 1838 年应试考中进士，成为一名京官，19 世纪 50 年代初升至刑部郎中。李以优异的成绩顺利通过科举考试，21 岁中举人，三年后，亦即 1847 年，中进士。他被选派为翰林院庶吉士，并于 1851 年擢升编修。李在 20 多岁便是这样一个十分成功的士人，开始顺利登

3

上仕途。

大约从 1843 年起，李鸿章同曾国藩结成师生关系，曾与李的父亲为同科进士，当时住在北京。曾后来追忆，早在 1845 年，他便已认识到李的才能——但应指出，李并不像曾国藩那样倾心学问。尽管人们设想李鸿章曾经从曾受学，但是从他的后人出版的文集所收他早年著述中，我们没有发现他对"汉学"或"宋学"有任何感兴趣的迹象，而这两者正是曾国藩当时所潜心钻研的。事实上，我们在李鸿章早年著述中，也没有看到他对"经世之学"有任何兴趣的痕迹，而这也正是曾所专心致志的。至今保存下来李的早年著述，主要包括两类：诗与赋。诗主要是关于友情和思亲的固有主题。如果其中有什么不同的话，那也许是偶尔明显流露出对于飞黄腾达前程的热望。李的词赋以这类体裁所常用的绚丽文笔写成，显示出他驾驭文字的熟练技巧和对经书与文学的精湛造诣。诗文的内容则多未能摆脱俗套，除了赞美自然，李还强调诸如"文以载道"之类的主题，以及与忠君相称的道德修养。但他早年诗词中，却可以发现一种雄健的风格，一种不受任何迂腐思想干扰、技巧臻于完美的得心应手的大手笔。李鸿章曾说："鸿章弱冠时，颇有志为学。"但是现存他的早期著作至少表明，他并非是有学者才具的人。像中国过去产生的许多文人一样，他受过经书和文章写作的严格训练，但是他本质上却是一个实干家。

无论如何，李鸿章很快就显示出，比起文学或学问的追求，他认为行动更为重要。太平军打到江南，给了他特殊的机会。1853 年春，他作为工部侍郎、安徽籍人吕贤基的助手，回到原籍安徽，吕是由朝廷派往安徽省组织地方防务对付太平军的。除了李在诗中写到他对于效力朝廷和保卫家乡的急切心情外，我们对于他加入吕贤基营幕回到安徽的动机并无所知。

不管怎样，我们知道他从此开始了军事和行政的事业。在 1853 年末吕贤基去世前，李就已由安徽巡抚李嘉端指派独立指挥军事。早在 1853 年 6 月，这个前翰林院编修手下已有 1000 人，这些人大多是他自己从地方团练和其他部队征集来的。8 月，李鸿章的军队在安徽北部巢县附近第一次战胜太平军。李很快就以他所指挥的小小兵力，使自己声名鹊起，因为根据笔者所掌握资料，这些年一直同他保持联系的曾国藩于 1853 年末就从湖南写信给他说："闻足下所带之勇精悍而有纪律。"

此后三年，李鸿章作为战场指挥官和安徽巡抚的战略顾问，忙于全省的军事工作。1854 年初，他的父亲李文安奉朝命回省，在临淮附近组织团练，但是父子起初似乎是各自工作。李鸿章到当时新任巡抚福济处供职（福济是满人，他恰巧是李 1847 年应试进士的考官）。福济 1854—1855 年的奏折表明，李是他最信赖的一名指挥官，时常亲自率领部队攻取太平军占据的城镇，将部队推进到城墙下。1855 年初，李鸿章和他的父亲一起，在清军对他的故乡庐州进攻太平军中起了关键的作用。7 月他的父亲刚刚去世不久，他不得不中止丁忧守制，帮助福济击退太平军一次猛烈的进攻。他获允重新家居守制只有 100 天，又受命在福济营务处工作，并且协助指挥巢湖一支水师船队。1856 年，他在制订几次陆上作战的计划中起到重要的作用，这些战役以收复巢县而告结束。

虽然有关李鸿章 1853—1856 年生活的资料十分匮乏，但是他在福济之下担任组织和指挥以及参谋工作，则是毋庸置疑的。李获赏擢升，1854 年赏加知府衔，1855 年升为记名道府，1856 年攻克巢县后，赏加按察使衔。

1859 年初，福济离安徽巡抚任后几个月，李应曾国藩的邀请，加入曾幕，曾当时是江西和安徽南部攻打太平军的主要指挥官。李鸿章任曾国藩私人幕宾三年多，曾和其他人信函中时常提到他，从中可以看出他的能力所及各方面，以及他的某些个人特点。当时他才 30 多岁，却有卓越的表现。

曾国藩无疑将李鸿章看作他的一个门生，而且信赖他的才干。李一到达曾设在江西的总营，便成为他的助手之一。曾国藩要他制订征募新军队的计划，1859 年 6 月，又要他去协助曾的弟弟曾国荃指挥攻打太平军在景德镇的据点（该地一个月后从太平军手中收复）。李巡行视察，提出关于提高湘军战斗力的建议。曾十分信任李的判断，此后便由李充任他的文案。从 1859 年 8 月至 1860 年 9 月，曾放手让李草拟信函和奏章。至迟到 1860 年，曾已深信李能胜任省一级的政务官员和首要军事指挥官。1860 年夏，曾国藩计划将他的兵力向江苏北部扩展时，向朝廷推荐李出任两淮盐运使，驻在扬州，为长江下游的战事筹措资金，组织水师。然而这一任命未得到朝廷批准，李继续留作曾的幕宾。

从曾国藩和其他人的评论中似可看出，李鸿章在这一时期给人的印象是一个胸怀抱负、极有个性、有能力的人。他身长六英尺许，仪表堂堂。曾国藩形容他"才大心细"。胡林翼（李在一次因公赴湖北途中遇晤他）为李的外貌所惊讶，感到他"如许骨法，必大阔，才力又宏远，择福将而使之，亦大勋之助也"。如果曾国藩曾经委婉批评过李的话，那是因为后者自负太高，功名心切。有一次李在旅途中，曾国藩写信给他，表示深信他必定成为"匡济令器"，但是爱护地提醒他，高官厚禄乃是天命所定，并非人力所可强求。李鸿章复信说，他近来力求做到"守分知命"。

尽管他的抱负相当明显，李鸿章给予当时与他相识的官员印象则是一个有原则的人。1860 年 11 月，曾国藩的将领，也是李鸿章朋友的李元度由于并非本人的过失而战败，对于应否奏请朝廷予以惩处，李为李元度表白，李、曾两人意见不一致，李因而离开曾幕，曾对李的行为并不怨恨。李前往江西首府南昌，他很快便成为曾国藩同江西署理巡抚之间的联络人，替曾办事。曾国藩一再劝李重新入幕，1861 年 7 月，曾在安庆攻打太平军获得重大胜利前约两个月，李鸿章回来作为他的文案，负责草拟信函奏稿。

李鸿章不久便得到反对太平天国战争中一个关键性的任命。当时作为贸易和赋税主要中心的上海正受到失败后重起的太平军部队的威胁，朝廷敦促曾国藩采取措施保卫上海和镇江。1861 年 11 月，曾国藩接见在上海的江苏重要士绅的代表，他们请求他出兵上海。一度因湘军士气衰落、军纪松弛而深感忧虑的曾国藩，由于无兵可派，要李鸿章去他的故乡庐州所在地的皖北征募一支新军队，率领到安庆训练。

李鸿章利用自己熟悉当地一些团练首领（练长）的条件（这些人自 20 世纪 50 年代中期以来，便同政府军队合作），选聘五六名部将，并且通过他们征募约 3500 人。这些人，连同从湘军新部选派的 2000 人，组成以湘军组织为模式的初期淮军。原先计划这支新军由陆路前往镇江。但是 1862 年 3 月，上海士绅派出向一家英国洋行雇佣的七艘轮船到安庆，运送这支新军队沿江到上海。曾国藩决定派李鸿章前往，于是李便率领首批淮军部队于 4 月初到达上海。朝廷根据曾的建议，于 4 月 25 日任命李鸿章署理江苏巡抚，同年 12 月补授江苏巡抚。

在危及帝国的叛乱中起步

李鸿章在清代官场中惊人的升迁，是由于在太平军威胁下异常的情形，以及他自己具备受人赏识的才干——也就是他在当时的形势下能胜任军事和行政工作的能力。现存的李鸿章于 1856 年至 1860 年间写的 60 多首诗，都是关于对不断骚动和叛乱的焦虑，对已故父亲和同太平军作战阵亡朋友的悼念，以及接受艰巨任务途中所见到的自然美景的主题。虽然李鸿章本人没有留下这一时期的政治著述，但没有确切资料显示，他的这一时期的经世思想同曾国藩有很大不同，曾国藩于 1859 年至 1861 年写的许多奏折和书牍都是由李拟稿。然而在上海，李却面临曾国藩所未面临的形势。他在危机的氛围中，对于西方人的挑战以及他在新的职位上所遇到特殊的军事和行政问题做出了反应。他为西方对中国的明显侵略和西方的武力所震惊，尽管他注重实际，但是他发展了一种新的爱国精神。

从李鸿章给曾国藩和其他同僚的信函中（他到江苏以后几年的信函都完整保存）可以明显看出，几乎在他乘英商轮船沿江而下，经过太平军占领地区抵达上海时，他就已开始意识到西方的挑战。没有迹象表明，在此之前李鸿章曾经对于中国外部危机有过太多的思考，或是确有充分的了解。历经 1860 年秋联军占据北京的英法战争，在他的诗中从未涉及。虽然我们知道有些清朝军队在同太平军作战中曾经使用从香港或上海输入的新式"洋枪"，但是无论是曾国藩还是李鸿章都没有认识到近代西方武器的含义。在上海，李突然面临这一挑战。1862 年初，上海是由大约 3000 名英国、英属印度、法国人组成的军队和一支中国武装防卫的，后者约有 3000 人，以来复枪和榴弹炮为装备，在美国人华尔指挥下，由西方退役军人充任军官，这支武装最初于 1860 年组成，是由中国地方士绅和商人出钱的外国雇佣军，但是由于它的发展壮大，1862 年 3 月清政府颁令承认，并给予"常胜军"称号。李鸿章一抵达上海，便感到自己被这些势力团团围住，而且发现他们由于拥有令人惊叹的武器，在各方面都远胜他自己的部队。李鸿章抵达上海三个星期后，于 4 月 30 日向曾国藩报告英国和法国最近一次依靠枪炮的威力取得对太平军的胜利："洋兵数千，枪炮并发，所当辄靡，其落地开花炸弹真神技也！"在李之前，这样的武器就已给中国官员留下深刻的印象。前任江苏巡抚薛焕及其主要顾问、布政使和上海道吴煦的政策是怂恿与乞求英国人和法国人为防卫上海而承担更大的责任。然而，与薛焕和吴煦不同，李鸿章以藐视的姿态做出反应。他决意维持自己部队的地位，不许他们依赖欧洲人，也不依赖华尔指挥的中国军队。正是在这样的背景下，李第一次使用"自强"一词，意指不断增强自己部队的战斗力，以与外国或外国训练的部队相对应。

早在 4 月 23 日，李鸿章写信给曾国藩说，他计划用所带部队在上海四周防线上专防一处，"力求自强，不与外国人掺杂"。在随后几个星期和几个月内，李极力通过精选军官担任不同职务、以西式武器装备部队，并坚持新法训练和操演，以改进淮军的战斗素质。到 1862 年 6 月，李的一名军官程学启组织了有 100 支来复枪的洋枪队；9 月，淮军各营已有来复枪共1000 支。1863 年 5 月，这支军队吸收了新从安徽征募的士兵和投降的太平军，发展到 4 万人，装备有 1 万支以上来复枪和许多门使用 26 磅炮弹的大炮。与此同时，李鸿章的淮军在重要战役中获得胜利。李利用常胜军的帮助，有时也让他的军队和常胜军共同作战。从 1862 年 7 月开始，他甚至支持常胜军着手从水上出兵进攻太平天国首都南京的计划，这一想法后来没了下文。但是李鸿章由此有了常胜军必须是在中国人有效的控制和战略指挥之下可利用的西式军队的想法。李决意防止欧洲人扩大他们在军事上的直接作用。他于 1862 年 8 月写信给曾国藩，提到在上海的英、法军队："无论军事如何紧急，鸿章却未求他出队帮忙……鸿章亦不敢求他，既输下气，且老骄志。"1862 年 10 月，他接受海军中将何伯关于英、法军队参加进攻嘉定的建议，但是李坚持这些军队必须留在上海租界周围半径 30 英里以内，而嘉定却是在此范围之外。

总的来说，李鸿章力求用西式武器装备他的军队，对清朝镇压太平军做出了较大的贡献。淮军的战斗力有助于上海的防卫，并且使向西进攻成为可能。太平军许多最精良的部队（其中有的也有西式来复枪）被钳制，同时商业繁盛富庶的上海地区税收对于长江上游曾国藩部队和淮军本身又都极为重要。不过李鸿章需要竭尽全力改进部队的武器，还有进一步的理由，因为他面临着反对太平军战争中西方干涉可能引起的政治后果。李的部队总部靠近上海外国租界，他敏锐地觉察到外国人在上海所享有的特权和权势；他对于中国人，不仅商人，而且有像吴煦这样的官员艳羡外国人，心甘情愿秉承他们的意旨，尤其愤恨。1862 年 8 月初，他写信给左宗棠说："上海虽隶版图，官民久已异心，洋人恍若不知中国人尚能办事，中国之兵尚能办事者。"李十分怀疑英国人和法国人图谋在上海和宁波附近多占中国领土，8 月中，他在给左宗棠的信中提到当地西文报纸（幕僚们经常译成中文给他）曾发表过一项关于太平军威胁减少时，上海必须全部，而不仅外国租界置于西方控制之下的建议。李向曾国藩报告："鸿章前复总理工衙门公函云，难保无他日（外人）占据（上海）……履霜坚冰，殊为隐患。"

李鸿章 1862—1863 年的信函表明，他身上正在滋长一种不同于中国传统的以天朝和历代承袭的文化自豪的新的爱国精神。他必须经常同欧洲各国领事和海陆军官员打交道；他不能不注意到这个世界是由不同力量的竞争者所组成，西方在武力和技术方面都比中国优越。当然，正如李毕生所信奉的那样，他继续将清皇朝认同于中国。但是当他使用"中国"或"中土"一词时——他时常使用这样的词语，他所想到的，无疑又不仅仅是皇朝，而是中国的土地和人民。李于 1862 年 9 月末写信给曾国藩，提到正由英、法军队防守的宁波的形势，信中说，必须派强大的中国军队到这个口岸，以便"尽去"正同欧洲人合作的广东商人的影响，"庶粤人之权可渐分，此城终不致竟为异域耳"。李在信中一再提到未来欧洲人在中国的作用，"仍视我兵将之强弱为向背"，如果中国不能自强，"后患不可思议也"。

如果李鸿章新的经历使他意识到中国受到外部的挑战，那么，在他看来，除了用西式武器装备淮军之外，中国还必须采取什么措施呢？

军事方面，除了获得西方武器外，李鸿章的迫切任务是组织并扩充淮军，以便除守卫上海外，还能够发动一场对苏州的进攻，这一战略对于反太平天国战争必定会起到重大的作用。李鸿章担负的是一项艰巨的任务，因为淮军中的成分各有渊源，他们仓促结合起来，带来指挥和军纪方面的棘手问题。从表面上看，淮军严格仿效曾国藩的湘军。军队的招募和统带，都托付少数统领，他们管辖营官，每个营官统带 500 人左右。部队都必须接受与湘军一致的训练，采用湘军的营制和营规。但是淮军的成分远比湘军复杂。后者于

1852 年在湖南相对平静的地区组成，大多由书生出身的人领导，在营官中至少占 24%，13 名统领中八名有科名。而且湘军中虽然有些人当过乡勇，但主要是由农民组成。淮军却是由两种类型的势力组成：（1）皖北强悍的非正规部队，这个地区经历战乱达十年；（2）新近由湘军各部组成，由并非书生出身的官员率领。虽然淮军最早的九名统领中两人有功名——一名举人，一名生员，但是其余七人都未受过教育。1861 年，七人中有三名是皖北非正规部队的首领，四人是湘军和其他部队中的非文人出身的官员（虽然四人中有一人以“武举”自豪）。在李鸿章的部将中，越是粗野，越是善战——刘铭传和周盛波是庐州附近西乡的土豪，从 1853 年起便一直断断续续地同太平军作战；程学启原是太平军，后来投降湘军，为湘军军官；郭松林是未中举的湘军军官，似是木工出身。来自落后的西乡地区的农民，尤其由于他们浓厚的宗族性质组织，形成了团结的战斗单位。但是淮军不易保持作为湘军特点的思想训练，这也许不足为奇——渴求财利成为李鸿章部队大多数人的主要动机，尽管这些人也许是好战士。

李鸿章的方法是尽可能按照湘军制度改造这些部队。部队定期发饷，每日唱以“爱民”为主题的歌。但是在必须迅速补员和扩充部队的紧急状态下，他不得不将从皖北招募的新兵未经适当的训练，便编成新营。他至少聘请一名以上中过科举的人，如翰林院编修、与李认识多年的刘秉璋，担任统领。但是为了应付迫在眉睫、不断扩展的战役，他还得依靠强悍骁勇的刘铭传、用兵方略高明的程学启和骁勇善战但却贪赃好利的郭松林。李鸿章在给他的部将信中，时常劝告他们管好军队，遵守纪律，不得扰民。李告诉他的一个朋友，他取“不爱钱、不怕死”作为自己的信条，以此为他的部将树立榜样。他自己时常在作战时骑马到前线，他个人的勇敢表现甚至赢得西方观察者的赞赏。但是，坦白地说，对于他的部将和属官的贪财行为，他不得不睁一只眼闭一只眼。当曾国藩就淮军纪律不良的报告写信给他时，李仅仅回答说，他正作函尽力禁诫诸将，并且即将做一次巡行。

筹划收入来源，是仅次于部署军事战役的一个迫切任务，李鸿章面临一个必须同现状妥协的类似问题。这从他对厘金的管理方法上可以十分明显地看到，厘金是在太平天国叛乱初年制定的税项，长期以来在商业富庶的上海地区，征收税率特别高。李于 1862 年 4 月初次到达时，江苏东部厘捐系统由贪赃恶名昭彰的布政使和上海道吴煦包揽。吴每月征收厘金 10 万至 20 万两，根据李给曾国藩的报告，我们知道他私挪用于军事目的的款项多达 40%。在可以不需要吴工作，尤其无须他担任李与常胜军之间的联络工作时，就将他调离。吴煦实际上于 1862 年末离职。李鸿章曾请著名的湖南士大夫郭嵩焘代替他，出任上海地方主要的财务官员。然而，郭婉辞这一约请，而出任苏松粮储道（不久迁两淮盐运使）。李最后安排黄芳为上海道，黄原署上海县，了解当地情况，并且是由曾国荃推荐给李。有的学者曾引李鸿章这些举措作为他在江苏建立一个私人"官僚机器"的证明。实际上在当时环境下，人事更动是必要而且可取的，无论是郭嵩焘还是黄芳，都不能证明他们是在李鸿章僚属的小圈子之内。无论如何，李鸿章在吴煦调动前后，在上海实行了财政改革。

虽然李鸿章的确曾将一些他称为"君子"的人引进江苏财政管理机构，然而实际上他不得不同在厘金征收制度中发展起来的既得利益者妥协。例如他感到他不得不保留像金鸿保这样声名狼藉的人员，因为金同地方上有许多联系，而且他发挥了这种后来成为必不可少的专长。正如李在一封信中向曾国藩所解释："金鸿保黠而酷，专管货捐局，月入七八万，责任綦重，难得替人。其才智当随风气为转移。"1862 年 7 月后两年间，李着手许多种新的厘金征收，而且一般都提高了税率，随着城镇和商路从太平军占领下收复，新的厘卡建立起来。1862 年秋李鸿章管辖下的厘捐月入增至 20 万两，1863 年全年都在稳步增加。这一收入使淮军的扩充和李定期给曾国藩部队汇拨款项成为可能。但是像一些江苏士绅最终抱怨的那样，随着厘金税负和关卡所得成倍地增加，征收制度的种种弊端也与日俱增。

李鸿章是否自己就有攫取私利的意图，成为一个有组织的贪污系统的首领呢？从他后来所掌握的资金来看，有关他积攒大宗财产的传闻是不可避免的。李自己写信给曾国荃说："鸿章以窭人子当暴富之名。"不过他的信函表明，他手边经常拮据，不仅为了要满足他所管辖地区日益增加的军事需要，而且要援助曾氏兄弟，送给他们武器和银锭（由官有轮船运送）。淮军在战争中大肆劫掠，看来李本人并未参与。在给潘鼎新的密信中——潘是非书生

11

出身的淮军统领，从19世纪50年代以来一直是李的朋僚，我们知道李一再劝诫潘约束士兵，不得"扰民"；两人之间从未有过金钱往来的任何细微迹象。除了由李委派为厘局主管的薛书堂是他在1862年才遇识的一名江苏官员外，我们迄未发现李同他的厘金征收人员之间关系的情况。不过，在这时期在江苏厘金局工作的已知十名官员中，有五人是李的原籍安徽人。在太平天国战争结束以后，时任京官并且是大学士倭仁守旧派一员的江苏著名士绅殷兆镛，曾上疏指责李办理厘捐所用的人都是"官亲、幕友、游客、劣绅"。李鸿章本人是否和他的一些厘金征收人员一样受贿贪赃，是一个争论未决的问题。但是无论如何，他没有试图对厘金制度和淮军进行更彻底的改组，则是他的过失。在当时特定的情况下，李也许别无选择。但是他对眼前现实的承认，对他关于中国所需实行的政策的构想，有重大的影响。

关注富强

李鸿章虽然忙于组织战役和募集款项的紧迫任务，他仍挤出时间就国家大政方针提出许多建议。和同治时期其他士大夫一样，李注重恢复农业经济，并且坚持历代相承的治理原则。不过，他最突出的贡献在于他旨在增进国家"富强"的建议，随着中国外部危机的加深，他日益关注国家的富强。李的一些建议——关于传统的行政管理问题和"自强"这两方面——受到由李招请入幕的著名经世学者冯桂芬（1809—1874）的影响。但是李并未接受冯的全部思想，他在建议中所强调的只是他自己的想法。

李鸿章并未忽视备遭战争创伤地区的赈济和善后工作。1862—1863年冬，他在上海以西取得一系列胜利后，设立善后抚恤局，向收复地区无家可归的农民发放钱米。官员受命向士绅筹捐，以应紧急的赈济，并且购买种子和耕织工具发放。据称省一级政府此项费用每年不下"数十万缗"，但是仍然指望地方官员和士绅做更多的捐献。李鸿章还向朝廷提出豁免或减轻田赋。豁免限于各府县收复后第一年，由于他的军事需要和朝廷要求大米运京，在未直接受到战争影响的地区，如江北地区，李甚至以"募捐"或"亩捐"的形式向地主征收新税。但是李鸿章确曾于1863年6月向朝廷建议，对于赋税特别重的苏州、松江和太仓地区漕粮应永予减轻。这一重大的建议是效法胡林翼等人在沿江各省提出减税的前例；它得到曾国藩的赞同，曾还在李的 1863 年 6 月奏折上联名会奏。但是这份奏折主要由冯桂芬和江苏布政使刘郇膏草拟。刘郇膏实际上不如冯桂芬雄心勃勃，他只要使田赋或漕粮减额，而不必尽裁浮收，而冯则要将浮收全部裁汰。不过李鸿章赞同冯桂芬的计划，虽然他建议细节以后再行拟订，但是他至少向朝廷奏陈有关裁汰浮收的原则。李还在附片中按照冯的意见，激烈抨击江苏现行大户征赋有时只及一般农户四分之一的制度。李提出的原则一经朝廷准允，他即于 1863 年 8 月设局，拟订具体计划，由冯桂芬负责进行。

在此后两年多的时间，李鸿章经常亲自参与该局的工作。1865 年在体现所拟新税率的最后奏折上呈朝廷时，他再次强调"大户与小户"税率差别必须改正，并且提议至少传统的浮收应予减轻。1865 年初，他着手进行一项重大的计划，吸引其他地区的移民到受战争破坏特别严重的常州府。他的长期朋友、和他同为曾国藩门生的陈鼐在这一工作中起了主要的作用，据说未及数月，便有 100 余万亩土地投入耕作。

李鸿章虽然在农业解困方面工作出色，但是他对同治时期一项重大政策，即坚持必须选取德才兼备的人充任官职，是否给予同等的强调，却值得怀疑。在李鸿章 1862—1863 年信函中，人们读到下面这样的话："吏治亟须整饬，我辈皆当以振兴人才、挽回风气为责任。"但是随着一些地区从太平军手中收复，他需要荐人担任地方政府职务，看来他对候选人的才能比对他们的品德更为强调。他批评一个道员"良善有余，英断不足"。他见到一个他所延揽的署理道台"德优于才"，便于任期满时将他调走。李的目的在于发现"朴质勤能，著有成效者"。但是他对于属下府县官员，主要关注的似乎是他们创造收入，特别是向富绅索取捐献以应军事用费的才干。总的说来，他对在乡士绅并不喜欢。他痛斥"刁劣绅董"将政府税捐转嫁到"穷民"身上；他认识到"租捐大户率多抗欠"。在上述关于江苏田赋改革的奏折中，他不仅提议取消"大户"特惠的税率，而且建议对于短交或从事所谓"包揽"（为权势较小的地主承担纳税责任，从中取利）的士绅，无论举贡生监或职官，一律执法相绳。这些都是重要的建议，但是另一方面，这似乎并不表明李鸿章关心地方治理的基本状况。在李的函稿和奏折中，难以见到有关衙门胥吏滥权或府县官员捐官流弊的任何讨论——这些问题却为冯桂芬等人所深切忧虑。

和同治时期其他官员一样，李鸿章还提倡使科举考试制度重新获得活力。他于1864年向朝廷建议在苏州设立新科，1865年提议增加上海及其邻近地区乡试名额。同年他担任新收复的南京首次乡试监临。

尽管李鸿章在其职责范围内做了这些事，从他的信函中看，他似对宣扬儒学并不十分热情。对于重印历代文献，他似乎未做太多的促成工作；1861年以后，他显然已不写诗。他还放弃了过去收藏书法用笔佳品的癖好。尽管李鸿章并不是同治朝重振儒学的中心人物，但他从另一方面做出了非凡的贡献——倡导以增强中国国力俾得应付国外挑战为目的的新政策。李不断为西方侵略的明显事实所恼怒。他同华尔的继任人，特别是白齐文，甚至态度较为合作的戈登，都有过争执。李觉察到常胜军虽然由中国人指挥，却不免受英国很大影响。1863年秋李泰国要求将他替中国购买的一支舰队置于自己绝对控制之下，李鸿章对此十分愤慨；1863年10月英国陆路提督伯郎要求英国军队参与对苏州的进攻，李十分怀疑他是否出于希望扩展外国在内地特权的动机。李曾于1863年3月奉旨署理通商大臣。他注意到西方商人和船主不仅在上海，而且在开放不久的长江口岸活动日益增多。虽然至迟在1863年春，他已开始认识到欧洲人的主要兴趣在于通商，并无立即侵占中国土地之意，但是他相信这种情况随时都会变化。李鸿章开始在这一长远的背景下使用"自强"一词。他于1863年4月给一位当时在北京居高位的从前老师的信中写道："长江通商以来，中国利权操之外夷，弊端百出，无可禁阻。……我能自强，则彼族尚不至妄生觊觎。否则，后患不可思议也。"1863年11月初，提督伯郎要求派英军参加对苏州的进攻，而当时李泰国舰队问题尚未解决，李鸿章写信给当时离任在福建的一个朋友："盖目前之患在内寇，长久之患在西人。堂堂华夏，积弱至此！"

正如戈登、华尔看到，李鸿章抵达上海后不久，便为淮军一些营筹划购置和使用西方武器。他还雇聘外国教练，包括常胜军的军官，由他们训练军队，并且教中国人使用火炮。不过他很快就相信，中国人自己应当采取措施获得他认为西方军事力量的基础——军事工业。早在1862年9月，李鸿章请华尔推荐外国工匠指导中国人制造炮弹。与此同时，在给曾国藩的信中，他劝曾在安庆内军械所雇用外国工匠，采用新技术，那里当时集中了一批有才能的中国工程技术人员，制造中国旧式火器——在鸦片战争中中国人便已在制造这种式样的抬枪和火绳枪。李的部分动机只是在于保证军火武器的供应，他一直以昂贵的价格购入这些军火武器，但是毋庸置疑，他也想到自强的长远政策。1863 年 2 月，他写信给曾国藩，叙述他对英、法军舰的访问："鸿章亦岂敢崇信邪教，求利益于我，唯深以中国军器远逊外洋为耻。"5 月，他写信给曾国藩谈及他到上海后所知道的世界历史，说到在国际竞争的世界中一个国家的强大依赖现代武器的事实。"俄罗斯、日本从前不知炮法，国日以弱。自其国君臣卑礼下人，求得英、法秘巧，枪炮轮船渐能制用，遂与英、法相为雄长。中土若能加意于此，百年之后，长可自立。"同月晚些时候，李鸿章获悉李泰国正在向总理衙门施加压力，要按照他的条件接收他的舰队，李在给曾的一封信中惊呼："唯望速平贼氛，讲求洋器。中国但有开花大炮、轮船两样，西人即可敛手！"

李鸿章自己设法在上海设立兵工厂。他计划从香港购办造炮器具，雇聘外国工匠。他很难觅到合适的外国人员；不过，他发现上海两家有中国工人的小型兵工厂，便要在广东有督造军火经验的中国官员丁日昌到上海，负责其中一家新工厂。李后来于 1863 年在上海附近的松江设立第三家兵工厂，这家工厂是在常胜军医官马格里领导之下；马格里制造弹药和火帽，曾给李鸿章留下深刻的印象。1863 年末，曾国藩手下的中国工程技术人员说服曾派遣受过美国教育，当时在上海经商的广东人容闳去美国购置机器，这些机器能够转而制造中国兵工厂所需要的机器，李鸿章对此欣喜万分。他为容闳出行筹措资金，并且向曾国藩祝贺说，此举标志着"海疆自强权舆"。

虽然李鸿章急于将西方机器引进中国，但是他也认识到在机器背后另有复杂的知识和技术。李自己对于西方科学只有一般的概念，然而他开始相信，中国在武器方面能够同西方竞争之前，政府的人事政策必须做出重大改变——而且他竟然大胆破例将这一想法提请总理衙门注意。1863 年 3 月，他奏请在上海和广州设立新的外语学校，自他看来，设立此种学校的目的不应只是培养对外交谈判有用的译员——而是应当进一步培养中国青年学习数学和科学，希望有一天他们能够揭开西方技术的秘密。

同时，李鸿章的目光并没有停留在这样一个培养计划上面。一年后，他的上海小兵工厂内中国技术人员和工人使他进一步感到失望，他开始相信，要使中国能够造就优秀的工程师和工匠，就必须有大量有才华的学者致力于技术，而这个目标只有通过改变科举考试制度本身才能达到。1864 年春在一封致总理衙门信中，李鸿章令人信服地主张，为了使中国能够对付西方列强的威胁和欺凌，绝对必须像德川时期的日本那样——访求制造机器的机器，让有专门技能的年轻人献身工业工作。海外蕞尔小国日本尚能及时改变它的政策，中国难道就不能改变自己的政策吗？李指出，中国之患在于士大夫"沉浸于章句小楷之积习"；没有学者身体力行，探究技术问题（即所谓"艺"）的究竟。他认为，只有朝廷决定鼓励技术，这种状况才能得到改变。他提议应在科举制度中为专攻技术的人创设一个新的科目，"士终身悬以为富贵功名之鹄，则业可成，艺可精，而才亦可集"。

然而，对于总理衙门来说，李鸿章显得过于大胆。一年前总理衙门曾支持李关于上海和广州设立外语学校教授科学和数学的建议。但是总署并不赞同他关于科举制度方面的新建议，尽管恭亲王奕訢及其同僚仍然将李鸿章原信附于他们的一份奏折，上呈朝廷。

虽然李鸿章并不歆羡他在上海所看到西方力量的一切，但是后者使他信服欧洲制度的一个重大优点，即它们武器的质量使军队能够以少胜多。正如李在 1863 年 5 月写给曾国藩信中所说："至多以一万人为率，即当大敌。"一支人少而有战斗力的军队，它的好处很明显，由于用费省，可以厚给薪饷，士气也得以维持，而湘军和淮军按中国的标准来说，人数并不多，却经常为筹措费用以及由此引起的士气和军纪的问题所困扰。即使打败了太平军，湘军劫掠了大量财物，却仍有大批官兵开小差，李鸿章发现维持淮军纪律日益困难。1864 年 8 月，南京收复后，曾国藩立即采取措施将湘军裁遣，李奏请朝廷将淮军从当时 7 万人左右裁减至 3 万人，其中包括用于海防、以洋枪洋炮装备的 2.2 万人。但是，如果要求素质较高的淮军裁减和改善，那么作为皇朝正规军队主体的绿营，正在训练使用西式武器，是否也应予以裁减呢？李鸿章认为直接向朝廷或总理衙门提出这样的建议，是不审慎的；他便于 1864 年 10 月写信给北京的两名官员——他的朋友、御史陈廷经和前江苏巡抚、时任总理衙门大臣薛焕，他们都有条件就新政策提出建议。李提醒他们西方侵略有继续的可能性，再次建议顺应局势而变法，尤其是要彻底改组绿营，并以新式海军取代旧式水师。李写信给御史陈廷经："今昔情势不同。岂可狃于祖宗之成法，必须尽裁疲弱，厚给粮饷，废弓箭，专精火器……选用能将，勤操苦练。"陈廷经接受李的建议，奏请改革绿营和各省水师。但是正如李曾经预期的那样，朝廷并未根据陈廷经的建议采取行动，而是将它转给曾国藩和李鸿章考虑。

　　毫无疑问，李鸿章真诚地相信必须进行全帝国范围的军事改革，虽然他给在北京的朋友写信，也许表明他可能试图向朝廷表达这样的想法：目前太平军叛乱已被镇压下去，具有勇营或"非正规部队"地位的淮军，仍然有其用途。无论如何，在李的心目中帝国正规军队改组的模式就是淮军本身。从 1862 年开始，淮军已采用西式武器和西法操练。而且它很快便采用英国口令，按音译成中文，如"前进"（Forward march）译成"发威马齐"。但是军队最初的组织体系仍然没有改变。尽管李鸿章于 1864 年夏曾认真考虑过遣散军队内较差的各营，但是还没有证据表明他曾想对保留下来的 3 万人作进一步组织上的全面改革。李裁减部队的计划事实上并未得到实现。因为曾国藩曾劝他保留兵力，以便同捻军作战，从 1864 年 11 月开始的几个月内，淮军奉旨在安徽、湖北、河南、山东和直隶同捻军作战，在福建同太平军余部作战。到 1865 年 6 月李鸿章去南京署理两江总督（接替当时负责同捻军作战的曾国藩）时，他只将他所部 1 万人裁遣；其余 6 万人中，有不及 2 万人留在江苏。

　　所以不论李鸿章曾抱有怎样的希望，一项全帝国范围的军事改革事实上没有可能了。他写信给曾国藩，痛惜"各省饷源已涸，而徒养无用之兵将"。从此以后，李坚持不懈地致力于将西方军事技术引进中国。从 1864 年 9 月开始，他同总理衙门讨论在上海设立一家能够制造机器、建造船只和生产军火的大型兵工厂的计划，他从 1864 年 6 月起就信赖上海道丁日昌关于此事的意见。1865 年春，总理衙门向他征询关于派遣八旗官兵出国学习兵工生产技术的可能性。李致函总署说，他很久以来一直在考虑派遣学生到西方国家，但是由于满、汉人员中几乎无人具有数学以及像机械学这样科学的必要准备，最好还是先在中国兵工厂接受训练，学习这些课目。1865年夏，丁日昌筹划购买上海沿江一家美商旗记铁厂，建立了著名的江南制造局，它由李鸿章先前在上海设立的两个小兵工厂，加上容闳在美国购买、于1866年运到的机器，合并组成。李于1865年9月一份向朝廷报告的奏折中，提到御史陈廷经关于清朝军队需要西式武器的奏折，并且力陈迫切需要机器制造，以应付中国日益迫近的外侮。李写道，兵工厂一旦建立，"尤有望于方来，庶几取外人长技以成中国之长技，不致见绌于相形，斯可有备而无患"。在江南制造局生产的滑膛枪和榴弹炮直接用于淮军攻打捻军之时，建造轮船和以西方科学技术训练青年（包括为此目的而派遣八旗军队中的满族青年）的计划也在制订中。

李鸿章在江苏的几年，主要关注的虽是军事，但他也认识到任何国家的军事威力都有赖于该国的经济状况。从他在1862—1865年的信函中可以看到他在中国所处新的国际形势背景下，使用了诸如"利权"和"富强"的传统词语。李鸿章时常痛惜上海和宁波的经济发展甚至行政管理，都控制在西人手中。当然，他从外贸商品中得到大量厘金收入，但是清朝军队继续遇到的财政困难，以及历经战乱的江苏已成一片废墟，与上海外国租界的繁荣景象形成鲜明对比，这一切都使李鸿章相信中国在物质方面不如西方。1863年末，他写信给一个朋友说，中国未来的问题"不患弱而患贫"。这在当时确是卓识。

然而，除了由华商在条约口岸之间航运外，李鸿章一时还提不出切实可行的经济方案。早在1862年7月，李鸿章署理江苏巡抚，当时江苏沙船因西方船只在华北口岸牛庄和芝罘揽载大豆贸易的竞争而趋于衰落，他不得不考虑采取保护措施。尤其鉴于这些沙船有赖于漕粮从上海运往北京，李向朝廷建议，原来条约规定禁止外国船只在这些口岸进行大豆贸易的条款必须恢复。然而总理衙门认为此事必须向英国人让步，因而不可能做到。1865年春，李鸿章感到他所能做到的，至多是请旨允准降低沙船商应交税额，使他们得以生存下去。但是这时候他也想到，从长远看，他们只有舍弃沙船，改用西方帆船和轮船，才能够同外国人竞争。李还认识到，条约口岸的许多中国商人实际上已在以外人名义注册，投资于西式船只；最好还是让他们中止这种同外国人私下串通。1864 年 10 月，李接受丁日昌的建议，即必须谋求总理衙门准允，更改清朝关于航运的规定，使中国商人能够合法拥有西式船只。正如丁日昌在上呈李鸿章禀帖中强调的那样，如果中国商人在几个口岸能拥有二三十艘轮船和大约 100 艘西式帆船，向政府正当登记注册，那么，这些船只不仅在战时可以用于军事运输，而且能够为中国人同西方商行在中国展开竞争打下基础，也许会终于使后者从中国水域退出。丁日昌写道，这样一支船队"不唯壮我声势，亦且夺彼利权"。李鸿章将丁日昌的建议呈交总理衙门，并且加上自己的看法："难各国洋人不但辏集海口，更且深入长江；其藐视中国，非可以口舌争。"这个建议得到总理衙门允准，虽然后来因同沿海其他各省官员咨商而耽搁，但是在中国海关总税务司赫德的斡旋下，允许中国商人拥有洋式船只的规定终于在 1867 年颁布。

尽管李鸿章的爱国精神使他在一定程度上同情中国商人，然而他却坚决支持一项对商业不利的政策，那就是继续征收厘金税。虽然厘金对于商业如此有害，他却感到没有其他收入来源可以满足中国军事上持续不止的需要，即使在叛乱镇压下去以后，也依然如此。多数省份农业生产纵然恢复，田赋收入能否大量增加，仍是一个问题。1863 年，李鸿章的行政机关根据冯桂芬建议，对江苏东部少数地区进行试验性的土地丈量。然而由于没有得到地方官员和士绅的支持，丈量的结果表明，应课赋税的土地面积小于原来册籍所载。李鸿章相信厘金对于中国自强计划是必不可少的，他没有指出这和他建设一个富庶昌盛的中国的目的是否一致，而以"自古加赋则为苛虐，征商未为弊政"的说法作自我辩解。然而李的确看到，机器的引进将最终使国家更加富裕。在同一份奏折中——他于 1865 年上呈这份奏折为厘金辩护，以回答江苏著名士绅对其治下厘金税款苛重的攻击，他请求朝廷考虑这样的事实，即西方国家"专以富强取胜"，而中国士大夫"习为章句帖括"，"于尊王庇民一切实政，漠不深究"。在 1865 年 9 月请旨设立江南制造局的奏折中，他表达了对于江南制造局终将生产有裨农业和工业的机器——"于耕织、刷印、陶埴诸器皆能制造"的希望。李预期几十年后，中国人将会精通西方技术，"中国富农大贾必有仿造洋机器制作以自求利益者"。李后来在 19 世纪 70 年代努力实现这些主张，当时他的浓厚兴趣在于鼓励用西方机器开采矿山——他指出这是"借地宝以资海防"。

实用主义的文化改造者

在我们所考察的年代，李鸿章从一个胸怀壮志的科举应试士子崛起，而跻身于声望卓著、权势显赫的地位。但是，在他事业的这一形成阶段，正逐渐离开中国历代相承的文化价值，而且他关于国家大政的建议也不能只从儒家经世准则的范围来说明，这也是显而易见的。

李鸿章对文学和学术兴趣的减退，开始于 19 世纪 50 年代中期。在他必须不断地对付戈登、李泰国和巴夏礼以炮舰为后盾进行的军事经济讹诈与威胁的年月里，对他说来，追求中国的富强，比起学习文学和经书重要得多，而且国家富强问题，就其含义来说，确实也比道德修养问题更为迫切，因此也更加重要。对于富强与技术的追求，在儒家传统看来，仅仅是表面的、次要的，而对于李鸿章，却是他所关心的最重要的关键问题。

熟悉 19 世纪中叶欧洲政治家治国才具或幕府末期日本思想激荡历史的研究者，必定认为李鸿章提出的革新方案是相当温和的。李的主张和西方及日本的"国家建设"比较，显然缺乏近代化的总体方案。但是必须强调的是，李不仅提倡近代军事工业，他也鼓励中国商人同西方商行的竞争。而且李是清朝高级官员中鼓吹在官办学校教授西方数学和科学的第一人，他甚至建议科举制度应为钻研机器制造技术的人专设一科。虽然改革科举制度使之更裨实用的建议，在中国历史上并非绝无仅有，但是李鸿章和他的顾问冯桂芬却是首先建议应当以异族——换言之，夷人——的知识，作为政府选拔人才的标准。李鸿章和冯桂芬还引人瞩目地偏离了自古以来，尤其宋代以来成为中国历史特征的文化自我中心主义。

李鸿章的建议在某些方面虽是大胆的创新，但在另一些方面却是明显地不足。尽管他表现出一定程度上的开明思想，他却从未怀疑儒家礼教之下的社会政治秩序——李的忠君也就是忠于这个社会政治秩序，而这个社会政治秩序又是他个人成功和权力的源泉。有证据表明，李鸿章并不是一直支持在乡士绅的利益。他急切希望获得更多的政府收入，毫不迟疑地建议让有权势的大地主承担他们应纳份额的赋税。然而，李在地方治理和审理案件及其他事务上的改革思想，看来不如同时代的同治朝许多士大夫。而且，李鸿章在同太平军作战中官阶步步高升，似乎限制了他对变革的眼光。尽管他希望帝国的其他部队以淮军作为榜样，他却找不到纠正淮军自身弱点的办法；他从弊病丛生的厘金征收制度中看到了国家收入的可靠来源。尽管他愿意对中国文化加以改造，以便引进西方技术，他的改革建议却到底不是全面的；事实上，李的改革方案只限于教育和人事政策、军队的规模与训练，以及鼓励部分商人利用西方技术同外人竞争。尽管他具有爱国精神，李鸿章的思考看来并没有触及中国社会与政治的基本问题，同时未具有使他更加关心行政与政治改革的道德感情。但是从另一方面说，在他的时代，清政府和社会衰朽而难有救药的环境下，他不正是十分务实，的确做了许多当时的政治条件所允许的事吗？

李鸿章在直隶：一个新政策的呈现

赫德在一封日期署为 1875 年 10 月 25 日的致汉南信中，论及李鸿章为中国购买外国武器和台湾以近代技术开采煤矿所作的安排："天津附近各处和其他许多地方炮台林立，官员们的谈话都喜欢用那中国人的口吐出'克虏伯'一词的悦耳音节。……水雷是无足轻重的玩物，正如一尊 80 吨大炮所造成的惊奇，令人诧异的是千吨轮船还没有替中国人设计出来，像洋针和洋火那样大量成箱地运来！这个巨人真的醒过来了，但是什么时候才能叫他们打呵欠和擦眼睛呢？"

——引自马士：《中华帝国对外关系史》第 2 章，第 263 页

1870 年是德国统一和日本自上而下革命巩固的一年，这一年中国发生了一件大事——李鸿章受命出任直隶总督和北洋大臣。还在 19 世纪 60 年代李的主要精力投于镇压国内叛乱任务时，他便已是"自强"政策杰出的倡导者——"自强"政策主要是通过采用西方技术，增进中国潜在的军事和经济

能力，以应付外国侵略的政策。李鸿章在直隶总督这个接近北京的有权有势的新职位上，继续实行和推广这一政策。

自强运动开始于同治初年，主要由各省发起，但得到朝廷有力的支持。首先提出在官办译员学校讲授数学和科学、建立中国最早的近代兵工厂的，是李鸿章；计划大型造船项目的是左宗棠。然而李和左都得到恭亲王奕訢还处于权力巅峰而文祥仍然健在时代的总理衙门的坚决支持。"地方主义"——督抚对于临时编制的帝国军队（勇营）和厘金的征收呈报享有部分实权——的发展，并没有阻碍北京同各省在新事业中的合作。

1870 年掀开了自强运动历史的新一页。李鸿章被调到如此接近北京的地方，事实上成为一名全国性的官员。他在外交和军事计划领域履行了许多中央政府的职责，他不仅负责直隶一省，同时进行协调帝国之下其他若干省自强的努力。

李鸿章在中央政府的作用

李鸿章被调到直隶，是由于中国对外关系的一场危机。在 1870 年 6 月 21 日天津教案后法国苛刻要求的压力下，朝廷于 7 月 26 日谕令正致力镇压陕西回民之乱的李鸿章，将部队调往直隶，与在此之前已由曾国藩调来的 28 个营淮军会合。他被指派接替正处困境的曾国藩，出任直隶总督。朝廷希望此时应将同太平军和捻军作战中证实卓有成效的淮军，调来保卫京畿，以防止可能入侵的外国军队。

对于一个熟知 19 世纪后期中国政治的历史学家来说，有可能将从那时起控制畿辅军事的李鸿章想象为早期的军阀。这是一个基本误解。虽然李鸿章是作为淮军领袖调到直隶，但是此时淮军本身却是清王朝武装力量的一个组成部分。它虽然继续处于帝国临时军队"勇营"的地位，北京却控制着它的高级官员的指派和财政。从 1864 年起，淮军各营时常奉廷谕从一个省调往另一个省。在宣召淮军赴直隶时，朝廷只不过是要它的一支最优良的部队为京畿的要害地带效劳而已。

另外，由于李鸿章作为一个淮军领袖所起的作用，他获得一个毗邻京师的深受信任的官职，朝廷是依靠他履行属于中央政府官员的职责。1870 年

11 月 20 日，他受任总督不到三个月，进一步受命为钦差大臣，被授予比先前三口通商大臣权力更广泛的职务。李奉命居住在战略口岸天津，而不是住在省会保定。从 1872 年开始，他还每年去北京一次，入朝觐见，并同大臣们磋商。李在 1872—1875 年的信函中提到他同恭亲王奕訢、文祥、沈桂芬、宝鋆和李鸿藻讨论情况——这五个人都是军机大臣，而且除最后一人外，又都是总理衙门大臣。

李鸿章当然要负责直隶省事务。在保定的藩司受权对日常文件代拆代办，但是重要事件则禀呈他在天津的衙署。在全省事务中，李个人尤其注重维持地方治安，李为此利用了练军——一支由前任总督从绿营挑选的约 6000 人军队。李在奏折中提到的内政问题，有地方政府财政（尤其如何减免州县的负担问题）、省对北京的财政义务、盐政以及漕粮转运通州等事。不过，李鸿章最紧迫而艰巨的省政事务问题，是由永定河决堤所引起的。1871 年夏，北直隶遭遇百年未有的大水灾，随后于 1873 年又发生的一次较为和缓。李鸿章的责任是筹款赈济和恢复受灾地区农业。他还必须监督堤岸修复——这一工作后来持续若干年。

与此同时，李鸿章日益担负起他钦差大臣的职责。这首先需要通过天津、芝罘和牛庄海关道管理这三个口岸的对外贸易，其中天津海关道新职是根据他的建议而设立的。总理衙门有关全国的对外贸易问题也依赖李鸿章，总署还不时要李研究赫德提出的建议。例如，赫德于 1872 年春呈递的关于海关申报表、再出口证和转口证章程草案。他以钦差大臣的权位，针对天津、上海和汉口海关道的意见，发出"札饬"。李加上自己的看法向总署建议，赫德原议草案所做的修订，将使中国商人更难逃避税厘。最后的草案由李和赫德在天津议定。

作为钦差大臣，李鸿章有责任同外国代表讨论处理地方问题。例如，解决中法关于天津教案的最后细节，裁定英国和俄国提出的要求。而且李的外交活动很快便包括那些总理衙门认为由他在天津处理更为方便的全国性问题。不仅如此，总署还时常征求李对政策的意见，有时还委托他制定政策。

李鸿章处理的第一个重要的全国性问题，是同日本议约。早在 1870 年10 月，在他第一次同来中国立约的日本代表会晤后，他向总理衙门建议，同日本结成这样的联系对清朝有利。李对于日本同西方打交道比较成功（例如，他不雇佣外国人管理海关和他控制外国传教活动的能力），以及据称日本筹措大量资金建造兵工厂和轮船，都有深刻的印象。李认为中国应同日本结好，为了防止它站在西方国家一边，甚至可以派员驻在该国。朝廷根据总理衙门建议，委托李和南洋通商大臣曾国藩负责制定关于立约的政策。李随后被授全权进行谈判。会谈于1871年夏举行，中国的代表是两名在李指导下品阶较低的官员。八个月后，日本代表来中国要求更改草约时，谈判在天津重新举行。1873年5月，李出任全权大臣，同专程来天津的日本外务卿互换条约的认可文本。李还和他讨论各种问题，包括中国对朝鲜的关注。

与此相似，1873年10月李鸿章还受权会晤要求同中国订立条约的秘鲁代表。谈判断断续续一直到1874年6月，李鸿章的目的在于通过谈判使秘鲁代表接受中国使团前往调查当地华工状况，结果是1874年8月容闳使团前往秘鲁。

从1872年开始，总理衙门经常就其处理的重大问题寻求李鸿章的帮助。是年9月，俄国和德国公使路过天津，李鸿章利用这个机会代表总理衙门同他们讨论有关"觐见问题"。1873年4月，李本人在北京，他支持文祥反对那些坚持叩头的人而提出的妥协的解决办法。据说李的干预对于"清除了所有的困难"很重要，并导致6月14日举行觐见时采用经过修改的礼仪。

1874年5月和6月，日本人为琉球遇难船员被土著居民杀害一事谋求赔偿在台湾登陆而引起的危机时，李鸿章参与解决问题的努力。李建议总理衙门采取军事措施以加强中国在谈判中的实力——"阴为战备，庶和速成而经久"。当日本驻中国公使于1874年6月抵达时，总理衙门希望他能留在天津同李谈判。然而他却像5月来的特使大久保利通一样，径往北京。在威妥玛爵士调停下，于10月31日达成由中国偿付日本50万两的协议。可是，与此同时，李却一直在积极寻求刚从日本到来、时在天津的新任美国公使艾忭敏斡旋。

如果李鸿章是作为一个中央政府官员参与外交活动，那么他在清政府军事计划中所起的作用也同样如此——尽管他在这个时期清朝重大的军事成就，亦即1873年镇压甘肃回民反抗者和随后三年再度征服新疆中，都没有起过什么作用。然而，朝廷还是依赖李鸿章守卫畿辅，并且协调沿海沿江各省的战备。前已述及，作为直隶总督，李鸿章控制了主要用于地方治安的 6000 名练军。作为钦差大臣，他进一步承担监督管理畿辅海防，包括守卫大沽口和京津之间的要地。1857—1860 年危机时任钦差大臣的蒙古族亲王僧格林沁和 1861—1870 年任北洋三口通商大臣的满族亲贵崇厚，先前都曾担负类似的责任。崇厚在大沽修筑炮台，组织洋枪炮队人数达 3200 人，由天津总兵统带。李受权负责要塞和部队，虽然他的前任总督，包括曾国藩在内，从未被授予这样的权力。1870 年 11 月，李任命著名的淮军炮兵军官罗荣光为负责炮台的大沽协副将。淮军最好的大炮，以及金陵机器局制造的新炮都运到大沽，而且订购了新的克虏伯炮。李将洋枪炮队重新训练，特别是训练淮军所喜用的扎营技术。

1870 年 11 月，朝廷指示原属淮军刘铭传部 28 个营（约 1.4 万人）从直隶调出，加入李鸿章留在陕西的淮军九个营。根据李的建议，淮军郭松林部十个营也前往陕西，郭本人则带十个营去湖北，协助对付两湖地区的秘密会党。不过刘最精锐部队中有两营和淮军马队两营仍留在保定。李的亲兵两营驻守天津。此外，周盛传部 23 个营（约 11500 人）驻扎在天津的南部地区，尤其在周准备设立基地的马厂。1873 年，周盛传部队被派去修筑大沽和天津间一个要塞市镇，以后还派去修筑河堤和将盐碱地改造为良田。但是他们也接受最新式的枪炮操练。李鸿章称他们为"拱卫畿辅之师"。

李鸿章还参与当时朝廷关于帝国其他地方的军事计划，这主要是由于他同淮军的关系。他在西北地区未起很大作用。1870—1872 年间，他从直隶练军中挑派两镇各 1000 人前往库伦协助防守，避免外蒙古受俄国可能的侵凌。1871 年 9 月 1 日，朝廷接到俄国占领伊犁的消息，令因病请假的刘铭传带兵从陕西到甘肃，从那里进入新疆。刘再次称病乞假，9 月 21 日，朝廷更改旨令，命他只需进军至甘肃肃州。李鸿章虽然并不相信新疆在中国战略全局中的价值，但是他写信劝刘遵从廷旨。然而刘并未征求李的意见，再次向朝廷请求给假，并且推荐没有淮军背景的曹克忠自代，由曹带兵进攻肃州。这一要求得到允准。曹克忠于 1871 年 11 月应召入京觐见，并被派去指挥。李许诺以淮军军饷支持曹克忠，不过他建议只将刘铭传 37 个营中 22 个营转交给他。1872 年 8 月，曹克忠部队中有些营发生兵变；朝廷征询李的意见，李建议应由刘铭传之侄、原淮军将领刘盛藻接替。刘盛藻到天津征求李的意见，并且接受朝廷的任命。李鸿章曾想提议刘盛藻将在陕西的淮军全部调回沿海地区，但是在陕西巡抚邵亨豫要求下，有 22 个营留下。

李鸿章自己深信，在不知餍足的日本加速做战斗准备时，沿海尤其需要保卫。自捻军叛乱结束以来，吴长庆所部淮军八个营就已驻扎江苏若干要地；朝廷根据李的建议，于 1870 年 11 月准许他们仍留驻那里。这些部队受两江总督曾国藩指挥，但李时常写信给曾，就诸如炮队所需操练和部队应驻扎战略地点等问题提出建议。就曾国藩而言，当他命令部队从一处调到另一处时，也会通知李鸿章。1871 年 11 月，陕西淮军转归曹克忠统辖，李利用这个机会向朝廷建议，37 个营中有 15 个营应调驻苏北徐州。朝廷同意这个意见，指示这些营（由名叫唐定奎的淮军将领指挥）归曾调遣。1872 年 3 月曾国藩去世后，李继续向两江总督继任者提出军事方面的建议——包括组织一支由江南制造局制造的炮艇装配的小型海军。虽然曾的继任者可以随意指挥在江苏的淮军，但无论何时部队奉派新的地方，他们仍继续采取过去的做法，将决定通知李鸿章。

1874 年夏，日本侵犯台湾引起危机时，李鸿章对闽台地区表示关注。正是根据李的建议，总理衙门奏请朝廷派福州船政大臣沈葆桢兼任办理台湾防务的钦差大臣。6 月，李向沈葆桢暨总理衙门提议将徐州淮军唐定奎部 13 个营（6500 人）派往台湾，归沈节制。这个建议以及李关于陕西淮军 22 个营应调至江苏和山东，以应付中日冲突紧急情况的进一步提议，于 7 月末都得到朝廷允准。

与此同时，李鸿章通过信函与沈葆桢、两江总督李宗羲和江苏巡抚张树声联系，安排军火从江苏和直隶运往台湾。7 月 13 日，李奉旨"统筹全局"，并同与防务有关的各省官员"会商"。李向沈建议，如果加紧战备，同日本的冲突就有可能避免。李安排轮船招商局的三艘船只和福州船政局建造的三艘轮船将部队从江苏运往台湾。由于这六艘船只必须航行三次才能将 6500人运送完毕，第一批虽于 8 月中到达，而最后一批直到 10 月才抵达目的地。李鸿章就防务措施问题同福建和两江官员通信。李宗羲和张树声为有关日本意图的传闻所震惊，要求淮军 22 个营从陕西调到江苏南部。然而李鸿章决定只应派五个营前往，其余 17 个营（包括五个营马队）应留驻山东济宁，那里不论南下或北上都较便易。李向同僚保证，即使发生战争，考虑到日本人的储备力量，军事行动在几个月内不会扩展到沿海。因此有时间细密布置海防炮台，订购外国制造的大炮和来复枪。很难说这些防卫努力对于 10 月末日本接受和平解决有什么关系。但是李鸿章在这一系列事件中，却显然作为清朝台湾和沿海战备的协调而出现的。

这场危机也显示李鸿章依赖朝廷的支持，连续筹措淮军费用。从 1872 年开始，像山东、浙江、四川等省和上海拨给淮军的每年协饷，由于北京施加压力而用于其他目的，它们即使不是全部拖欠未付，也一直在减少。1872 年，淮军仍然从江海关、江汉关和两江（尤其江苏厘捐和江西盐厘）收到大量款项，但是从 1873 年 1 月 29 日起 18 个月内，收到江苏厘捐（淮军开支最大的单项来源）年平均数，从 1000019 两减少至 873332 两。这种趋势有持续下去的危险。因为李鸿章时常写信给江苏巡抚和两江总督，敦促他们务必及时拨付。李不得不提醒这些官员，拨款是得到朝廷直接支持的。他警告李宗羲，不要拒付淮军饷需，"免致呼吁，上渎天听"。对于从前担任淮军统领但此时同淮军利益未必一致的张树声，李鸿章直言不讳地写信对他说："乞勿扣淮饷，扣短则必力争，请先歃血为誓。"实际上，李鸿章不止一次就淮军拨款问题向朝廷发出吁请。他在 1874 年 9 月 1 日的奏折中请旨饬催四川逾期欠解协饷 20 余万两。在给四川总督等人的信中，他强调淮军为国家效劳，应当得到全国的支持。

自强——一项李的新政策的出现

李鸿章为国家效劳，并不限于外交事务，或向朝廷提出使用淮军的建议。正如他自己认为的，他在朝廷军事计划中的作用还应包括增强中国的军事实力——只有它才能保证维持同列强的和平关系。李鸿章认为西方海上大国在中国的目的在于通商，而不在于扩充自己的版图。然而他担心一个或几个大国动用武力的情况会发生，而且真正的威胁来自日益强大的日本。他激励同僚："要当刻刻自强，便可相安无事。"

李鸿章感到他必须对自己的自强方案加以阐明并且扩充。虽然他的首要任务是继续建设军事工业，但经验已经表明，经营兵工厂和造船厂绝非易事。而且西方在这些领域不断革新，不可能迅速赶上。为了满足不久将来的需要，必须购买外国制造的最新式武器，建立一支用外国船只装备的海军。李进一步认识到，中国兵工厂和造船厂的能力因合格的人才和资金岁入匮乏而受到严重限制——人才和资金。在探求军事工业的逐渐扩展时，必须对人才的培养给予支持，为国家收入的增加想方设法。

怎样才能使国家最有效地鼓励技术人才，或者增加岁入？也许李鸿章意识到它们并不是很容易做到，不过他却倡导自19世纪60年代中期以来他一直在思考的某种制度改革。台湾危机和随后的海防讨论，给他机会向朝廷表明自己的看法，同时提出关于根本改变朝廷战略观念的建议——放弃重新收复新疆的计划，代之以将可用的资源集中于海防和沿海自强计划。

虽然李鸿章可以时常指望朝廷对他处理外交或部署淮军的建议给予准允，但是要说服朝廷接受包括革新在内的自强措施，却不是那么容易。总理衙门热情支持他的某些建议，但对于其他建议既表示淡漠，也无力给予支持。而且在省一级的层次上还需要做协调工作。自1872年曾国藩去世后，李鸿章日益感到需要将两江地区和中国南方其他地区联合起来，我们看到他利用自己在朝廷的影响力，考虑将沈葆桢和丁日昌这样的人派到关键的位置上。

有限权力的代表者

由此可见，李鸿章方面甚多的计划只有一小部分付诸实施。然而和同治初年自强运动开始时相比，它当然有了扩展。自强运动出于对具有战斗力的武器的渴求，加上对利用西方技术增加国家财富的渴求，在新的航运和开矿企业方面，开拓了另一个空间。建立一支以外国制造船舰装备的海军计划，反映了对中国新的船厂的能力予以现实主义的评价，和对战备迫切需要的意识。紧跟着派遣幼童留美之后派遣学生去欧洲，是对技术人才需求的进一步认识。在高级官员中，像李鸿章这样亟欲看到科举制度和军事制度急剧改革的人，为数极少。但是在外国列强持续不断的压力下，李鸿章如此令人信服地鼓吹使国家达到"富强"的目标，如果说他并没有得到积极的支持，那至少也已赢得广泛的接受。

而且，自强运动因李鸿章在天津担任北洋大臣而有了一个身居战略地位的协调人。很明显，李的权力是有限的，他只能使朝廷接受他的建议中很少的几项，而他所需要的财政和其他资源，却经常有赖于他管辖以外的省份。但是也许可以说，在 19 世纪 70 年代，李鸿章至少得到扩展他的努力尝试的良好机会。直隶和各地淮军有朝廷的支持。他关于兵工厂、出洋留学、商办轮船和开发矿山，以及新式海军的计划，都得到朝廷的允准。从 1875 年开始，由李鸿章荐举的沈葆桢和丁日昌，身居两江和福建的重要地位，连同其他各省抱着同情态度的官员，至少已有一个使自强运动可能成为整个帝国范围内努力的机会。如果"地方主义"意味着督抚在各省军事和厘金管理方面享有伸缩的余地，那么这种趋势从同治初年以来便一直持续不断。但是朝廷对于帝国各地军队调动和岁入如何动用的权力从来是不容置疑的，北京至少在高层次上对各省官员的任命权并未消失。朝廷的支持仍然明白无误地是任何新政策施行的关键。在李鸿章关于政策和人事的建议得到朝廷允准的范围之内，他事实上代表了实现他所思考的全国迫切任务集中化的力量。

一个全国性官员的角色：
执掌中国近代化牛耳的李鸿章与伊藤博文的对比

按近代文化标准，伊藤博文要比李鸿章"文明开化"得多。1896 年李鸿章访俄时，俄国财政大臣维特谈论对李的印象说："从中国文明的角度看"，他是"高度文明的"，但"从我们欧洲的观点看，他是没有享受什么教育，也并不文明"。

有的日本论者说，伊藤博文的"智略未及李鸿章"。然而他的世界识见和近代头脑肯定在伊藤博文之下。近代国际关系包括国家主权原则、国际法原则和势力均衡政策等内涵。岩仓使节团 1873 年访德时，俾斯麦告诫说，方今世界各国实际上"是强弱相凌"。毛奇告诫说，万国公法完全"系于国力强弱"，"唯守公法者，乃是效果之事。至于大国，则无不以其国力来实现其权力"。伊藤博文对这些说教心领神会，奉守唯谨。而李鸿章虽说过"洋人论势不论理"的话，但一直到1894年日本蓄意使朝鲜局势破裂时，他仍沉湎于"万国""问日开衅之罪"和"俄人兴兵逐倭"。显然，与李鸿章相比，伊藤博文"对于国际关系的明察和识见，是特别高人一筹的"。

近代化不仅是一种具有客观必然性的自在的历史运动，而且是一直明显地凸显出社会主体主观能动性的自为的历史运动。在近代化运动中，人们的社会观念，尤其是居于运动前沿的领导人物和领导集团的主导意识，深刻地影响着运动进程的本质和面貌。因此，中日近代化比较研究，不仅可以进行诸如洋务运动、戊戌维新和明治维新等中日近代化运动本身的比较研究，而且应该进行主导中日近代化运动的有关代表人物和政治集团、社会群体的比较研究。

在大清朝坎坷地推行洋务运动的时候，彼岸的日本则在雷厉风行地进行着明治维新。

日本的明治维新比大清的洋务运动整整晚了八个年头。

在1868年1月3日，长州、萨摩两藩根据天皇下达的讨幕"密敕"会兵于京都，有了依靠的天皇终于有望结束皇室"喜乐忧戚皆仰幕府之鼻息"的日月，向操持日本实权已达700多年的幕府发起挑战。

然而，作为一个新生的政权，明治政府面临着一没有军队、二没有多少国土可供统治的尴尬局面。他先是收回了各藩的土地人口，1871年8月29日，天皇又召集在京的56名藩知事，宣布"废藩置县"，旧藩主一律解职，留住东京，坐食俸禄，被明治政府闲养了起来。

完成了军政大权统一的明治政府，立即着手播种他所极力崇尚的资本主义文明。1871年11月——"废藩置县"完成仅两个月，明治政府由岩仓具视为团长率庞大的使团出使欧美12国，到1873年9月回国，历时一年零十个月。这不仅是日本历史上空前的外交壮举，也是世界外交史上的一大奇观。使团的任务重点是调查和研究资本主义各国的政经文教制度。使节团到达美国后，由伊藤博文起草并由岩仓具视、木户孝允、大久保利通共同研究确定的工作要点中有这样一段话："我东洋诸国现行之政治风俗，不足以使我国尽善尽美。而欧美各国之政治、制度、风俗、教育、营生、守业，尽皆超绝东洋。由之，移开明之风于我国，特使我国国民起速进步至同等化域。"

为了迎合西方文明，显示日本的开化，明治政府耗资18万日元，费时三年，在东京修起第一座洋楼——"鹿鸣馆"，作为接待外国客人的迎宾馆。日本政府的达官贵人和外国官员在这里大摆酒宴，举办晚会、舞会。曾经两次担任明治政府内阁总理大臣的伊藤博文，更是身体力行，全力推进"洋化"。1887年他任内阁总理大臣时，曾经在官邸举办400余人参加的大型化装舞会，朝野的显贵士绅及其夫人、子女，聚集一堂，寻欢作乐，闹得满城风雨，并不信基督教的伊藤博文还常常往教堂里跑，以示"开化"。由此，在日本近代史上开创了一个提倡衣食住行、语言文化甚至极端到日本人种也要"欧化"的"鹿鸣馆时代"。

日本社会特别是权力高层对西方科学技术近于贪婪的重视，更是大清国望尘莫及的。当大清的封建士大夫们在慷慨陈词修铁路会损伤"地脉"、买机器会夺民生业的时候，日本明治政府正在大量引进外国专家、技术和设备。具体负责殖产兴业的工部省，外聘专家最多，仅1868—1875年外聘达到2497人次。明治政府给予外籍专家的待遇很高，其薪俸一般均超过本国的高级官员。当时日本一个部长的月薪是500日元，而外籍专家则多在800日元之上，个别专家的月薪高达2000日元。极善于向外国专家们学习的日本人，这钱没有白花。以修筑铁路为例，日本在1870年开始修筑第一条铁路的时候，"自测量、计图、督工之技师，以至火车司机，皆用外国人"，而八年后开始修筑京都至大津的铁路时，日本人已经参与设计隧道、铁桥等，再过了几年后，日本人修铁路"仅留二三顾问技师而已"。也就是说，日本的技师和工人在短短十多年的时间里，便基本掌握了铁路设计和施工技术，其刻苦和钻研哪怕就是它的仇敌也不能不由衷地佩服。

到甲午战争前，日本已经迅速发展成为令世界刮目的新兴帝国。李鸿章和伊藤博文是对19世纪中日近代化全局发生过重要影响的人物，通过对他们的分析比较，有助于拓宽和加深对当时中日近代化成败历史的认识。

不同凡响但识见有异

19 世纪中期，中日两国被西方资本主义势力强行纳入世界市场体系和近代国际格局之后，由于两国资产阶级还未产生，居于重要地位的"士"阶层便自然地发挥了不同程度的历史主导作用。李鸿章和伊藤博文就是中日两国社会由传统向近代转型过程中由"士"成为官僚政治家的开拓性人物。

伊藤博文在日本的声望和地位与李鸿章在中国的情况不分轩轾。他出生于长州藩（今山口县）的一个破落藩士之家。早年受开国论影响，拜"学兵习儒，兼及洋学"的吉田松阴为师，旋参加"尊王攘夷""开港倒幕"活动，明治政府成立后累迁要职。迨 19 世纪 70 年代后期"明治三杰"相继故世后，他很快成为日本政界头号实权人物，曾四次组阁，四任枢密院议长，是明治天皇最信赖的重臣。

李鸿章和伊藤博文都确实不同凡响，且很有相似之处。但他们的识见和政治作为却有诸多不同。这不仅是由于他们在"士"的出身上有隆望和破落之别，而根本上是由于他们所处的内外环境有别，以及李所属的中国士大夫和伊藤博文所属的日本下级武士的阶级属性不尽相同。

史实表明，中日两国门户被西方列强打开以前，两国社会商品经济的发展对两国封建社会的经济结构和阶级结构的侵蚀程度有明显的差别。鸦片战争前后，中国封建社会结构还相当牢固。封建阶级内还未异化出代表新的生产关系的反对势力，地主阶级包括它的士阶层在内尚未发生带有实质性的分化。用时文和章句取士的科举制度，给士人提供了一个相对公平的竞争功名和官职的机会，造成他们对既有封建政治体制的一种向心力，这也有助于阻碍封建统治阶级内部的分化，所以当太平天国运动爆发后，除少数像何震川那样低层次的士人附和运动外，大部分封建士人尤其是科举功名比较高的中上层士人，在起义农民面前基本上是"铁板一块"。就李鸿章来说，虽此前已进入翰林院，但他政治上的真正起飞却是从"卫道""救时"开始的，19 世纪 50 年代办团练成为道员，19 世纪 60 年代统率淮军成为督抚。社会存在决定社会意识。李鸿章长期"靖内"的经历使他更忠于清王朝，又自恃为强者，并铸成迷信"官力"和"不以民为重，其一切法制皆务压其民"的封建官僚本质。

固然，李鸿章曾与其他洋务派首领一起倡始举办洋务企业，为资本主义潮流通过历史关卡不自觉地亮起了"绿灯"，说明已开始接受某些资本主义影响，但从其为挽救清朝统治而血战的经历和以后的主要政治倾向来说，他只是一位比较具有开拓意识的封建官僚。

近代前夕的日本，由于含有资本主义因素的商品经济的发展已侵蚀了封建领主经济，促使了农业商品化的发展以及农民阶层和武士阶层的分化。一些下级武士在商品经济的冲击下，经济状况日益低下并趋于破落。他们怨恨因出身低微而不能升迁，有的甚至诅咒"门阀制度乃我父之敌"，以致对幕藩体制日益不满，在日本被迫"开国"的过程中，便对现存的封建统治秩序从离心走向对抗。伊藤博文正是在资本阶级化的下级武士反对封建幕府的斗争中崭露头角的。他作为奇兵队中坚的力士队队长，坚持支持高杉晋作等人实现了"藩的革命"，首先在长州藩内形成了"开国攘夷的主体"。

在倒藩过程中，他深感必须"明察世界大势，欲与五洲各国并立，就不能以世禄之制建立国政"，为此于明治元年首先提出"废除诸藩"，"使全国政治划一"的建议。可以认为，伊藤博文的身上虽留有封建武士的痕迹，但从其反对封建幕藩体制斗争的经历和以后的主要政治倾向来说，他追求的是近代资本主义日本的方向。

一定文化是一定社会政治经济在观念形态上的反映，它又能动地影响着一定的社会政治经济。一位政治家的政治主张不仅取决于他的阶级属性和政治识见，而且在文化素养和文化观念方面表现出很大的差异。

李鸿章自幼受严格的儒学熏陶，又是沿着传统的科举道路进身的，他的知识结构是中国传统文化中的所谓经、史、子、集。尽管他接受了鸦片战争后的"经世之风"和"经世之学"的影响，但"经世之学"一般是指传统文化中相对于"义理""考据"和"辞章"的"经济"之学和其他切于社会民生实用的"实学"，"经世之风"一般是指传统文化中讲求经国济世、识时知变、重视实学、学以致用的一种士风和学风。它们本身不是"新学"，也不含有超越传统文化的新内容。随着西学的不断传播，光凭这种传统文化而不直接广泛吸取西学，很难成为一个真正的新学派。据他的幕僚范当世说，李鸿章在直隶任内，喜看《管子》，甲午战争后喜看《庄子》。再从李鸿章留存的众多著述来看，他一生言事论政一般都只限于中国历史、文化的范围内，对西学的了解和称引始终停留在非常浅薄的水平上。

伊藤博文的知识结构和文化观念要比李鸿章开阔和新颖得多。他学过汉语，受过儒学影响；在倒幕运动中又学会了英语，不断从洋学中获得启益。1863 年至 1864 年间，他曾留学英国。时日虽短，但得来的知识和见闻，比之留学之前所学已有天壤之别。伊藤博文亲眼看到英国的"统一"和"隆盛"，便决心回国后"非撤废封建制度不可"。与李鸿章的"盛年不学"不同，伊藤博文在日本政要中向以"勤学家"和"读书癖"著称。据记载，他"不断的读书研究，以致做了总理大臣后，他依然驱车至丸善书店看书"。为政很忙时，也手不释卷，"对于外国的新闻杂志等他亦极要看"，尤注意"关于远东的纪事"，"命左右翻译给其他大官阅览"。他很爱看《拿破仑传》《彼得大帝传》等国外"历史传记之类"的书籍，从此类的书中"得到了政治的暗示不少"。他后来承认，"以前实施了的海防献金和保安条令，均是取法于《加富尔传》和《俾斯麦传》"。

显然，按近代文化标准，伊藤博文要比李鸿章开明得多。1896 年李鸿章访俄时，俄国财政大臣维特评论对李的印象说："从中国文明的角度看，他是'高度文明的'，但从我们欧洲的观点看，他是没有享受什么教育，也并不文明。"

在维特评价李鸿章五年之后，伊藤博文于 1901 年 9 月获赠美国耶鲁大学名誉学位。

世界近代史有一个重要特点，就是国际联系、国际交往的增多和国际竞争的强烈。一个国家的近代化，从国际关系来说，就是一种走向世界、参与世界并自立于世界的过程。因此，当政者具有时代意识和世界眼光对实现一个国家的近代化具有重要意义。应该认为，李鸿章的近代意识和世界眼光比起他的同僚大员们要高出一筹。但是，清末的对外关系是在先前的"朝贡体系"或谓"华夷秩序"被打破之后建立起来的，在一个较长的时期内，清政府仍未完全改变先前的"与西洋各国唯彼来而无我往"的被动局面。李鸿章虽以"善待外人"著称，但中华传统文化的重负，大清王朝重臣的地位，使他长期足不出国门。他只是在甲午战争失败后才被迫出洋。先是求和于日，继而乞援于俄。1896 年他由俄赴德访问时，德国内大臣欢迎时说："唯早来二十五年，岂不更妙？"亲昵之中不无辛讽之意。而伊藤博文在青年时就"好和外人接近"。他比李鸿章小 18 岁，但他第一次踏上欧洲国土却比李早 33 年。留英归国后的 40 多年间，他又四下西洋，四来中国，总计在欧美考察的时间共达五年半。这样丰富的西洋阅历，使他更了解世界的大势和各国的情形。

李鸿章向以"才大心细""劲气内敛"见称，政治才能也许不在伊藤博文之下，或如有的日本论者所说，伊藤博文的"智略未及李鸿章"。然而他的世界识见和近代头脑肯定在伊藤博文之下。近代国际关系包括国家主权原则、国际法原则和势力均衡政策等内涵。岩仓使节团 1873 年访德时，俾斯麦告诫说，方今世界各国实际上是"强弱相凌"。毛奇告诫说，万国公法完全"系于国力强弱"，"唯守公法者，乃是效果之事。至于大国，则无不以其国力来实现其权力"。伊藤博文对这些说教心领神会，奉守唯谨。而李鸿章虽说过"洋人论势不论理"的话，甚至在 1894 年日本蓄意使朝鲜局势破裂时，他仍沉湎于"万国"，"问日开衅之罪"和"俄人兴兵逐倭"。显然，与李鸿章相比，伊藤博文"对于国际关系的明察和识见，是特别高人一等的"。近代国家思想包括主权、统一国家、官僚制度（政治、军事）、公法、私法等方面的内涵。别的方面不讲，单就近代法治观念而言，李鸿章也无法与伊藤博文相比。伊藤博文是一位被称为"以法治为主义"的政治家，是日本明治时期近代法制的主要奠立者。而李鸿章基本上是中国的"有治人无治法"的传统观念的承奉者，只是一位精明强干的事务性官僚政治家，他对确立近代法制始终缺乏认识。1873 年，当李鸿章不知近代法制是何物时，作为岩仓使节团副使、从欧美考察归来不久的伊藤博文，便负责"调查政体"，以期制定"建国大法"。尽管他不赞成自由民权运动，但他认识到"不平士族的崛起，和世界思想的影响"有关，认定"立宪思想为世界的大潮流，非有司之所可抑制的"，仍坚持他既定的"立宪"思想。伊藤博文对近代宪政知识的追求，在 1882—1883 年赴欧考察中可见一斑。他在德国，与著名宪政法学家格乃斯特（今译古纳依斯特）每周交谈三次，此外还聆听法学家斯泰因的法学课程，"从德国宪法以至政府百般之组织，地方自治之界限等，依照法学上之顺序，每周作三次之讲演考究"。他在给岩仓具视的信中说，"将其大要，一一笔记，意欲日后亦可供诸公之浏览也"。可见，伊藤博文的近代头脑和虚心"求知识于世界"的态度，是不褪中国封建官僚虚骄之气的李鸿章所绝难比拟的。

取法西方，其"道"不同

李鸿章和伊藤博文都是 19 世纪中日两国取法西方的突出代表。但由于中日两国内外环境有异，两国统治集团对内忧外患所采取的相应态度形成了差别，因而李鸿章和伊藤博文所行取和"借法"之"道"及其成效有很大不同。

这首先表现为他们对发展近代产业采取了不同的政策和举措。

从洋务运动和明治维新起，中日两国政府鉴于内外形势，都实行一种强兵政策，两国的近代工业差不多都是从举办官办近代军事工业开始的。然而，尽管它们都很重视军事，又强调富强，但在对富强问题、官民关系的认识和处理上却有明显的差异。李鸿章和清政府采取的是一条片面以军事为中心的产业政策。19 世纪 60 年代，在"自强"的口号下创办了一批官办的军事工业。19 世纪 70 年代以后虽创办了一批民用工业，含有某种"寓强于富""富强相因"的用意，都反映了产业政策有所长进，但实际上许多民用企业的创办仍多是从军事着手。如李自称，创办招商局之初意是"欲浚饷源"，创兴铁路本意"专主于用兵"。李鸿章在"唯兵之为务"的思想指导下搞"制造"，"疏于基本工业之建设"，不仅缺乏总体设计，产业部门不配套，而且连最切于民生日用，被英国等先行国家作为产业革命中心的纺织业，也受到不应有的忽视。不仅起步比日本晚了十年，而且不许建立商办近代纺织企业。可以说，李鸿章的产业政策是一种缺乏近代经济灵魂的中心错位的产业政策。其产业政策的第二个偏误是始终奉行一种"重官"方针。他创办洋务企业的根本目的是为清政府"谋得财，未尝显其为华人谋生利"。固然，洋务企业的"官督商办"相较于先前的"官办"是一种进步，但中法战争前后，"官督商办"企业的"由官总其大纲"，"以君主之权行其间"的弊端日益遭到非议，上海等地发出一片"略官场之体统，扩商务之宏规"，"官督商办万万不可"的强烈呼声。李鸿章和清政府出于财政和"饷源"至上等诸多考虑，不仅没有改弦易辙，调整政策，反而强化"官督商办"主义，以致严重影响了洋务企业的经济成效，阻塞了一些商业企业的生长之路，从而延误了中国近代工业发展的时机。

耐人寻味的是，尽管日本明治政府强调"富国强兵"，逐渐走上了军国主义道路，但是明治政府和伊藤博文没有推行片面的唯军事的产业政策。他们虽然逐渐建立起新式的军事工业体系，但是，也很注意各种基本工业部门和金融、外贸等各项近代经济事业的建设；始终把"殖产兴业""后殖民产"、发展近代经济实力作为"强兵"的基础，从而含有全面推行资本主义工业化的思想。

明治政府成立之初，伊藤博文任大藏省少辅。他为了吸取西方文明，第一件事就是力排众议，向英商借款 100 万英镑，修筑东京至横滨间的铁路。这条日本最初的铁路于 1872 年 9 月完工，比李鸿章主持修筑的唐山胥各庄铁路约长两倍，早完工九年。第二件事是"着手货币制度的确立"。他提议建立新的统一货币制度，为此于 1870 年至 1871 年亲赴美国考察银行和公债制度，从而促进了日本新货币的发行。1970 年他改任工部大辅，大力"劝奖百工"。1873 年又升任工部卿兼参议，推行"殖产厚生之实务"。首先着手矿山和铁路建设，并开设各种传习技术的"模范工厂"。还通过银行对民间企业和个人发放"劝业贷款"，推动私人资本主义的发展。19 世纪 70 年代中期起，扶持三菱会社等航运企业与英、美等国轮船公司开展国际航运竞争，又采取多种示范与保护措施，把出口工业转向民间，使"殖产兴业"达到新阶段。

1881 年，明治政府鉴于民间资本的成长和官办企业存在的"有司干涉"和"亏损"等弊端，遂停止以往侧重"官营示范"的方针，代之以"振兴民间事业"为主的产业政策。与李鸿章和清政府的强化"官督"政策相反，日本政府将一批官办企业廉价"处理"给私人资本家，直接扶持和保护民间资本发展。伊藤博文担任内阁总理大臣期间，先后颁布了许多促进近代产业发展的经济法律，如取消棉花进口税和棉制品出口税，这对改变农业生产结构、扩大贸易出口具有重要意义，制定《航海奖励法》和《造船奖励法》，则有力地刺激了航海、造船业的发展。

李鸿章和清政府实行"唯兵""重官"的片面产业政策，伊藤博文和明治政府实行从"官营示范"到直接扶植"民间事业"的全面工业化的产业政策，产生了两种明显不同的效果。在伊藤博文组成日本第一届内阁后的1886年至1890年间，日本出现了产业革命的热潮，棉纺织业成为当时民间近代工业的中心，开始成为纺织品出口国。私营铁路、航运、造船和其他轻重工业均得到较为迅速的发展。具有讽刺意味的是，当李鸿章批示"不准另树一帜"，阻止中国商人自办航运企业时，日本民间机器厂从1885年开始为政府制造军舰。李鸿章和清政府在洋务运动期间未办起一家银行，而其时日本办起多家银行。1893年，横滨正金银行还把分行办到中国上海。到1894年，日本私营铁路达2473公里，为官营铁路929公里的两倍半以上；而同年年底，中国仅有官办和官督商办的铁路425公里，仅为日本铁路里程的1/80。到1893年底，日本以民营为主的航运业有16万吨船舶，航线通达亚洲各地；中国只有一家被李鸿章自诩为"开办洋务四十年最得手文字"的轮船招商局，吨位不及日本船舶的1/6。到1894年，日本已初步实现了资本主义工业化，而中国的工业却在畸形的轨道上爬行。

中国封建官府历来有害怕商民的传统，多方设禁。李鸿章在奏办江南制造局时说过这样的话："臣料数十年后，中国富农大贾必有仿照洋机器制作以求利益者，官法无从为之区处。"这段话一向被视为李鸿章预见到中国资本主义发展的重要史料，但细察李鸿章这段话所流露的心态，他对中国将出现许多"富农大贾"显然不是站在资本主义立场上欢呼的，而是表现出基于封建官府立场的对"官法无从为之区处"的无可奈何。何启、胡礼垣批评李鸿章和清政府重官抑商时曾言："今之国若有十万之豪商，则胜于百万之劲卒。"历史表明，李鸿章重视"劲卒"，不重视"豪商"，结果中国没有"豪商"，也没有"劲卒"；伊藤博文重视"劲卒"，更重视"豪商"，结果日本既有"豪商"，又有"劲卒"。除其他原因外，显然这主要是上述两种不同产业政策所产生的结果。近代化是从欧洲和西方向各个国家和地区延展的一种历史进程，一个国家的近代化如何对待"西化"和西方文化，实是一个非常重要的问题。李鸿章和伊藤博文都羡赞西方文明，但由于他们的政治属性和文化观念有别，所以对吸收西方文化的态度和举措也有很大的区别。

应该认为，在清末大员中，李鸿章是"采西学"主张的一位着力鼓吹者。早在 19 世纪 60 年代初，他就称赞"洋人视火器为身心性命之学者已数百年"，主张"师其法"专设一科取士，以转移风气，造就人才。此后，他极力鼓吹改科举、兴洋学、创办洋务学堂，又多次奏派学生出国留学，从而开拓了中国早期近代教育事业，造就了一批新式人才，并促进了西学的初步发展。但其兴西学的举措，"大率皆为兵事起见，否则以供交涉翻译之用"。他在 19 世纪 70 年代至 80 年代所奏派的 200 余名正式留学欧美的学生，全是学习军事和工程技术等，没有学习西方哲学、政治和文史等学科的。他所抱有的"中国文物制度迥异于外洋榛莽之俗"的自得观念，妨碍他在深层次上吸取西方近代文化。19 世纪 70 年代中期，美国驻华公使卫廉士劝李鸿章积极推行"西化"。李表示："西化为必须，但不能行之过急，中国环境不成熟。"美使报告说："鸿章若过于急进，将不能久于其位。"可以认为，李鸿章出于自己对中西文化关系的认识，又考虑到举朝文化保守主义严重，故恪守"中体西用"原则而绝不越雷池一步。

而伊藤博文是明治政府中倡导"欧化政策"的主要代表人物。早在明治维新始初，他已"具有新文化思想"，木户孝允称赞他"欲在日本做新文明的开拓事业"。1872 年，随岩仓使节团在美国逗留期间，他在草拟的《奉命使节要点》的长篇意见书中说："以我东洋诸国现行之政治风俗，不足以使我国尽善尽美。而欧洲各国之政治制度、风俗教育、营生守产，皆超绝东洋。由之，移开明之风于我国，将使我国民迅速进步至同等化域。"1879 年，他提出建立近代资产阶级教育体系，反对以"仁义忠孝为本，知识才艺为末"的儒学复辟逆流，坚决主张把"知识才艺"放在所谓"道德之学"的前面。19 世纪 80 年代，他支持外相井上馨提出的"欧化政策"，大力推行"文明开化"，在日本开辟了所谓"推行欧化主义时代"，力图使日本在对外关系和文化上"脱亚入欧"。他"喜好洋风"，甚至带领大臣举行化装舞会，自己装扮成威尼斯商人。尽管此事闹得满城风雨，一时传为笑谈，但从中也可看出他在推行"文明开化"、转移社会风尚方面煞费苦心。

近代化的一个关键是政治民主化。清政府和明治政府都是自上而下开展近代化活动的，因此其自身的政治改革便成为中日近代化进程中的一大关键问题。由于政治识见和政治处境等原因，李鸿章和伊藤博文在取法西方方面的不同更表现在对政治改革的态度上。

在晚清大员中，李鸿章是一位"喜闻谈洋务"的"洋务"论者，也是一位极力呼吁"今当及早变法"的"变法"论者。李鸿章所主张的"内须变法"，突出地表现在主张改变兵制和科举这两个方面。事实上，洋务运动时期，除对淮军等部分清军采用了一些洋枪洋炮，进行了一些新式训练以及后来建立新式水师外，兵制的改革十分有限。而日本早在 1868 年 12 月，伊藤博文就建议统一兵权，"并参照欧洲各国兵制进行改革"。1869 年 8 月，明治政府成立兵部省，到 1872 年 4 月，又分设为陆军省和海军省，实行兵制改革。到 1873 年 1 月，根据"国民皆兵主义"颁发征兵令。

1878 年 12 月，日本成立了军令机关参谋本部。在 1885 年后第一届伊藤内阁期间，日本将以"镇压草寇"为主要目标的"镇台制"改为适应野战和境外作战的"师团制"，大体上完成近代兵制改革，从而拉大中日军事近代化的差距。

应该认为，李鸿章把改革兵制和科举制作为他"内须变法"主张的重要内容，还是颇有眼光的。但是，晚清变革法制的中心内容和必然趋势是改革官制使政治体制近代化，而李鸿章对此却一直噤若寒蝉。虽然在 19 世纪 80 年代后期他说过"变法度必先易官制"，但又感叹"中国文守千年，谁能骤更？"表现出他在政治改革方面既囿于识见，更缺乏胆略。

伊藤博文是日本明治维新后一系列政治改革的主要推动者，人称他的业绩是"足以遮蔽维新以后明治年间的一切政治、文化史。明治年间日本的一切进步的设施，可以说得均由他创始由他完成"。他作为明治政府的主要成员，参与或支持被称为明治维新"三大改革"的制定学制、实行征兵制和地税改革。而他的突出作用更在于主持了有明治维新第四大改革之称的"编纂法典"的工作。1875 年，根据伊藤博文所拟的政体纲领，明治天皇颁发立宪政体诏书，使明治政府朝着"国家立宪政体"迈出决定性的一步。以后伊藤博文逐步掌握了制宪权，主张采仿德国宪政体制。在赴欧考察宪政归来后，他于 1884 年出任制度取调局长官兼宫内卿。1885 年 10 月提出全面改革政府机构，用内阁制取代太政官制，"清除了朝藩体制的残渣，创造了适应制定宪法和开设国会的主体"。提高了政府工作职能和办事效率。由于伊藤博文按既定目标推行"立宪主义"，日本于 1889 年颁发了宪法，1890 年召开了首届国会。伊藤博文在推行政治改革时，认为日本没有像欧洲基督教那样使人心"归一"的宗教，因而可以利用"皇室"来"归一"人心，所以他推行的"立宪主义"是"天皇制的立宪政体"。但这毕竟是对自由民权运动高涨的一定让步。将日本天皇制立宪政体与欧美近代民主政体相比，固然还相差甚远，但拿李鸿章力图加以"修葺""皆务增其新而未尝一言变旧"的清政府与之相比，一个仍只是中世纪封建王朝的苟延，一个毕竟已是近代资产阶级国家的开端。

根本差别和客观处境

李鸿章和伊藤博文生平三次会晤，一次是 1885 年在天津会谈朝鲜问题，一次是 1895 年马关议和，一次是戊戌政变后的北京会见。天津会谈之初，李鸿章说过一些硬话，但最后又因"虑事机决裂"，签订了"授人以柄"的《中日天津条约》。十年后，再见于马关，他是以纳款乞和失败者身份出现的，再也没有傲慢之气。甲午战争固然是一场侵略与反侵略战争，但从另一个角度来说，也是中日近代化成效的一种检验以及李鸿章和伊藤博文生平事业的一种总结。清政府战败，使"洋务自强"在中国人心目中的希望破灭，也使李鸿章自叹"一生事业，扫地无余"。马关归来，李鸿章名为"入阁办事"，实是"久居散地"。而伊藤博文则于 1895 年 8 月晋赐侯爵，赐金10 万。李鸿章和伊藤博文在北京第三次会面，是两人的最后一次会晤。李鸿章虽"身居事外"，但向以"顶奉慈禧为神圣"，所以在政治上采取一种中间偏"后"的态度。变法运动失败后，他又显露出再起的迹象。历史发展的轨迹常常是曲折、交叉的。19 世纪日本近代化潮流经历了从明治维新成功到发动甲午中日战争向"脱亚入欧"转变。从某种意义上说，李鸿章和伊藤博文三个时间、地点的会晤所连成的中日关系的一条历史曲线，实际上既是 19 世纪日本近代化运动成功与折变和中国近代化潮流曲折与失败这两条历史轨迹撞合成一种两重性投影，也是二人事业成败的一种历史悲喜剧画面。

在把李鸿章和伊藤博文加以分析比较方面，梁启超可谓是第一人。1901年 12 月 26 日，即李鸿章死后 50 天。梁启超便写成《李鸿章》一书，并与伊藤博文作了比较。梁启超认为，在早年的"栉风沐雨之阅历"方面，"伊非李之匹"，而李在政治识见和政治处境方面有难比伊藤之处。梁还把李鸿章放在近代"国民国家"的政治理性标准下进行评判，批评他"不识国民之原理，不通世界之大势，不知政体之本原"；"知有洋务而不知有国务"，"知有兵事而不知有民事，知有外交而不知有内治，只有朝廷而不知有国民"，指出："殊不知今日世界之竞争不在国家而在国民"。既缺乏近代国家思想，更没有近代国民观念，这确是 19 世纪中国洋务派官僚的政治通病，也是具有一定资本主义意识的封建官僚李鸿章和保留一定封建思想影响的资产阶级改革家伊藤博文在政治识见上的根本差别。梁启超的批评虽然很尖刻，却是触及了问题的症结。

建立"国民国家"是近代各国所要解决的共同的时代课题。这个课题可以分为建立近代民族"国家"和形成近代"国民"这两个相辅相成的方面。日本"明治维新课题也一分为二：创立'日本'与形成'日本人'。前者是民族革命的课题，即建立与万国对峙的中央集权'国家'；后者是资产阶级革命的课题，为了利用人民的创造性和全体意见支持这个国家，从而实行改革以形成'国民'"。由于伊藤博文和日本资产阶级化的下级武士成为明治政府掌握主要权力的官员，他们革除旧有封建制度，使日本逐步成为近代宪政"国家"；又努力推行"殖产兴业"和"文明开化"，将西洋"开明之风"移于日本，使日本"国民""迅速进步至同等化域"。尽管日本"国家"是"天皇制国家"，"国民"有"臣民"的一面，但明治维新课题大体上是完成了的。故日本能自立于"国民国家"的国际秩序之中。洋务运动作为中国学习西方谋求近代化的一种历史进程，其根本任务和发展趋势理应也把建立"国民国家"作为自己的课题。但李鸿章等洋务派主要是由在与起义农民血战中成为清政府当权派的由上层封建士大夫官僚所把握，又是在维护清王朝封建统治的连续性下开展洋务运动的，他们眷恋"中国文物制度"，难改"重官抑民"的封建政治惯性，他们的"自强""求富"努力，除在"火器""技术"等有限的范围内效法西方，萌生一种近代经济民族主义之外，从根本上缺乏创立近代"国家"和形成近代"国民"的认识与举措。但历史总是按着时代的客观趋向前进的。当中国历史潮流的发展需要洋务运动凸显，而又不能凸显"国民国家"这个近代化历史课题时，只得让戊戌维新运动代之而起，当戊戌维新夭折后，这个历史课题又由继起的共和革命运动去凸显。日本近代化课题在明治维新及其以后历史的连续发展中一气呵成，而中国近代化课题却在历史的崎岖演进中一波三折，欲细究这种差异的原因，除比较近代开始前后中日两国社会条件差异外，不能不以剖析李鸿章和伊藤博文的政治指导为一大关键。可以认为，"识见未明"、自称是"做到那处，说到那处"的李鸿章是靠政治感觉和传统的实用理性去"借法自强"，而深悉欧洲"政治之美原"的伊藤博文主要是用"国民国家"的近代政治理性去指导近代日本的塑造。这就导致了他们的改革成效迥然不同，并显示了洋务运动和明治维新在近代化层次上的根本差异。

李鸿章除主观的政治识见不及伊藤博文外，他的客观政治处境也比不上伊藤博文。梁启超说："日本之学如伊藤者，其辈无数；中国之才如李者，其同辈中不得一人，则又不能专为李咎者也。"这确是将李鸿章和伊藤博文进行比较研究时应注意的另一方面问题。

其中最关键的一个事例，就是洋务运动的阻力不仅来自顽固派，洋务运动的倡导者自身也有一些难以突破的局限。

关于这一点，我们可以从李鸿章与日本驻北京大使森有礼的一次对话中体味出来。那是 1875 年 12 月的一天，森有礼到河北保定直隶总督府拜会直隶总督李鸿章，主要就朝鲜局势问题进行会谈。席间谈起了日本的明治维新，李鸿章让森有礼谈谈对中西文化的看法。

森有礼直言不讳地说："西国所学十分有用，中国学问只有三分可取，其余七分仍系旧样，已无用。"

李："日本西学有七分否？"

森："五分尚没有。"

李："日本衣冠都变了，怎说没有五分？"

郑永宁（日本使馆代办）代为回答："这是外貌，其实本领尚未会。"

李鸿章对日本改变服装一事不以为然："对于近来贵国所举，很为赞赏。独有对贵国改变旧有服装，模仿欧风一事感到不解。"

森："其实原因很简单，只需稍加解释，我国旧有的服制，诚如阁下所见，宽阔爽快，极适于无事安逸之人，但对多事勤劳之人则不完全合适，所以它能适应过去的情况，而于今日时势之下，甚感不便。今改旧制为新式，对我国裨益不少。"

李："衣服旧制体现对祖宗遗志的追怀之一，其子孙应该珍重，万世保存才是。"

森："如果我国的祖先至今尚在的话，无疑也会做与我们同样的事情。距今 1000 年前，我们的祖先看到贵国的服装优点就加以采用。不论何事，善于学习别国的长处是我国的好传统。"

李："贵国祖先采用我国服装是最贤明的。我国的服装织造方便，用贵国原料即能制作。现今模仿欧服，要付出莫大的冗费。"

森："虽然如此，依我等观之，要比贵国的衣服精美而便利，像贵国头发长垂，鞋大且粗，不太适应我国人民，其他还有很多事不能适应。关于欧服，从不了解经济常识的人看来，虽费一点，但勤劳是富裕之基，怠慢是贫枯之原。正如阁下所知，我国旧服宽大但不方便，适应怠慢而不适应勤劳。然而我国不愿意怠慢致贫，而想要勤劳致富，所以舍旧就新。现在所费，将来可期得到无限报偿。"

李："话虽如此，阁下对贵国舍旧服仿欧俗，抛弃独立精神而受欧洲支配，难道一点都不感到羞耻吗？"

森："毫无可耻之处，我们还以这些变革感到骄傲。这些变革绝不是受外力强迫的，完全是我国自己决定的。正如我国自古以来，对亚洲、美国和其他任何国家，只要发现其长处就要取之用于我国。"

李："我国绝不会进行这样的变革，只是军器、铁路、电信及其他器械是必要之物和西方最长之处，才不得不采之外国。"

森："凡是将来之事，谁也不能确定其好坏，正如贵国 400 年前（指清军入关前）也没人喜欢现在这种服制。"

李："这是我国国内的变革，绝不是用欧俗。"

透过两人关于服饰问题的对话，我们可以明白地体味到洋务运动自身的一大局限。洋务派们为洋务运动定位的指导思想是"中学为体，西学为用"。所谓"中学为体"，就是以封建主义的统治秩序为体；所谓"西学为用"，就是学习和运用西方的科学技术来维护这个"体"，目的是为了巩固封建统治。因此，当具有资本主义特色的洋务运动本身冲击到封建统治体系（这种可能是显而易见的）的时候，就是洋务运动倡导者也会本能地维护封建统治。

反观日本，众所周知，日本明治政府是在倒幕斗争和戊辰战争中建立的，是在自身的不断改革中发展健全的。虽然三条实美、岩仓具视等开明旧公卿任高职十多年，但掌握政府主导权的一直是大久保利通、木户孝允、伊藤博文、山县有朋等下层武士出身的官员，明治政府的主要官员绝大多数曾留学或考察过欧美，以"内治"为主的治国方针一直居于主流地位。如 1885 年12 月组成的首届伊藤内阁，内相兼农商务相山县有朋、陆相大山岩、海相西乡从道，都曾赴欧洲考察过兵制。文相森有礼曾留学英美，是日本著名启蒙思想家。外相井上馨是"欧化政策"的首倡者。藏相松方正义是日本 19 世纪80 年代新产业政策的制定人。这样"异体同心"的领导核心自然能使伊藤博文的政治主张顺利推行。中国清政府在洋务运动时期除新设一个总理衙门外，原有封建政治体制未作变动，"执政大官，腹中经济，只有数千年之书，据为治国要点"。整个洋务运动时期，没有一位实授尚书和督抚以上的官员跨出国门一步。少数号称开通的大员，对近代政治原理也几乎是懵然无知。在政府中，李鸿章有过很多的反对势力，如封建顽固势力和反淮系势力。但总的政治特征是比李鸿章"保守"；伊藤博文也有过很多的反对势力，如"自由民权"势力和反萨、长势力，但他们比伊藤博文还"激进"。

李鸿章和伊藤博文在中日两国政治声望都很高，但他们实际拥有权力并不一样。伊藤博文从 1873 年访问欧美归来后，一直是明治政府实权人物大久保利通和木户孝允的左右手。1878 年 5 月大久保被刺后，他接替其参议兼内务卿的遗缺，成为"事实上的首相"。以后 20 多年间，他长期居于明治政府的中枢地位。而清朝历行君主专制，李鸿章名为首席大学士，实"总督兼官，非真相"。他又从未进入军机处，甚至在洋务运动时期与总理衙门大臣职务无缘，更不用说掌管这个总揽洋务的机构了。长期任首席军机大臣和总理衙门大臣的奕訢等王公大臣被李鸿章私下认为"庸鄙无远识"，其近代政治识见自然无法与日本岩仓具视等人相比。即使像沈葆桢这样著名的洋务大员，也因"识见不广"，"徒邀取时俗称誉"，竟在任两江总督时从英人手中以重价买回淞沪铁路加以拆毁。李鸿章终其一生未获得清政府枢密大权。作为大臣，他与伊藤博文的情况也不一样。中国清政府由骄奢淫逸，权力欲极强的慈禧太后临朝，操纵驾驭，因循腐败。而日本明治天皇和洽臣众，"励精图治"。当慈禧太后挪用海军经费致使中国海军停止发展时，19世纪90年代初明治天皇在伊藤博文策动下每年"省内廷之费"30万日元充作海军经费，并要求大臣献10%的薪俸作为"海防献金"，鼓动倾全国之力发展海军，使日本海军实力于甲午战争前夕赶上甚至超过北洋海军。李鸿章在这样的政治处境中，很早以来就从"外臣"即地方官的地位发出一种力不从心的感叹。可以做这样的比喻，自叹"有倡无和"的李鸿章，在举朝浑噩的环境中，犹如"鹤立鸡群"；被日人称为"际遇最好"的伊藤博文，在"臣民一心并力"的政治环境中，好比"水涨船高"。鹤立鸡群，群鸡不能效鹤昂然挺立；水涨船高，涨水可以助船扬帆远行。这说明，在近代化发展过程中，首领人物的政治素质和主导意识固然非常重要，而从某种意义上说，领导集团的群体素质和群体意识甚至更为重要。这是李鸿章和伊藤博文的政治处境不同所提供的一条重要的历史启示。

李鸿章权力网的经营与娴熟的政治技巧

李鸿章的密友兼顾问宓吉在其所著《阿礼国传》（*The Englishman in Cluna*）一书中十分清楚地叙述了这一情况："李相能在其衙门所辖范围之外的其他省份行使自己的权力，这的确是走向集中行政权力的一步，随着时间的推移和志同道合的后来者的相继崛起，很难说政府体制不会从这一核心生发出什么变化。"

在 1862—1895 年李鸿章担任总督和巡抚的 33 年，他逐渐建立起一个权力网，这个权力网从其职任所系的狭小范围辐射开去，遍及全国：它根植直隶，上至朝廷，渗透帝国的其他省份。这个权力网以李鸿章在官僚政治制度中的官职和非官方的幕府为基础，但是归根结底，它是朝廷那些怪诞观念的产物，是保守派反对势力的对立物，是外患频仍的结果。尽管如此，直到 1895 年李鸿章垮台，这一权力网一直是中国最富有建设性的力量。

李鸿章所承担的义务是保卫中国，而不仅是直隶或安徽。因此，他不是逃避国家的责任，而是伸手揽权，毅然决然地肩负起解决各种问题的重任。他论述起国家形势来很像是一个国家的最高统治者，用他偏狭的观点表达他对国家安全的关注："公等可不喜谈（洋务），鄙人若亦不谈，天下赖何术以支持耶？""天下之才本供天下之用，必云某军食某饷专顾某省，则左相（左宗棠）诸军久应饿毙矣。""海内将才无几，时事日益艰难，鄙人力小任重，襄助乏人。""中外责问过甚。"

李鸿章自愿承担起拯救中国的任务，并不仅是出于他真诚的爱国精神，而且出于他的自负和他的洞察力。他孤傲自负，认为只有自己具有担当重任所需要的远见和能力；他以敏锐的洞察力，充分认识到朝廷及清朝官吏们的虚弱无能："朝廷之计似更茫如捕风。""（朝廷）既无定见，复堪恒心，……闻者能勿愧愤欲死？""朝议夕迁，早做晚辍，固不敢量其所终极也。""我中上非无聪明才力，士大夫皆习于章句帖括，弗求富强实济。""无人敢与主持（总理衙门），遂尔中止，此亦堂官太多之病也。"

虽然不可否认李鸿章喜欢揽权、固执自负，但是他的首要目的是拯救中国。然而，对他的政策、思想、行为和个人品性的分析表明，他认为中国获得拯救的唯一办法是将中国建成一个强大、统一的国家，而达此目的的手段，如果按其逻辑推论，结论应该是创建一个全新的、发生彻底变革的中央集权政府。实际上，李鸿章无意中提倡的是由一批依据能力和人际关系选拔出来的、受过专门行政管理方面训练的专业人才参加政府，以代替建立在科举考试基础之上的现存的官僚政治体制，幕府制度的专业化将代替历史悠久的非专业化的官僚政治体制。

没有证据证明李鸿章曾自觉地鼓吹推翻现存中央政府，但是，他对大多数官吏缺乏信心或对他们不尊敬，确信只有自己堪膺重任，坚信在中国权力必须集中，所有这一切都表明，他的矛头是指向推翻现存中央政府这个方向的。1872 年，他在致曾国藩的一封信中说："兴造轮船兵船，实自强之一策。惟中国政体，官与民、内与外均难合一，虑其始必不能善于后。……日本盖自其君主持而臣民一心并力，则财与才日生而不穷。"1895 年《马关条约》签订前，李鸿章在与伊藤博文谈话时说，中国战败的原因在于地方主义，他把中国比作封建时代的日本，当时日本有许多地方割据势力相互争斗。他还说，中国有许多行省，没有统一的权力。这种对中国需要中央集权的一针见血地分析，竟出自一个已经建立起地方分权的人物之口，如果这不是可悲的，倒是颇具讽刺意味的，令人啼笑皆非。

李鸿章关于需要建立中央集权的思想于早年得之于曾国藩和冯桂芬。曾国藩曾强调军事行动需要集中统一的指挥，而李鸿章则在其军事行动中遵行了这些教导；冯桂芬则着重指出，为使这个庞大帝国不致分裂为战国林立，实行中央集权是必需的，1895 年李鸿章对伊藤博文说的话就是冯桂芬这一思想的翻版。

以上结论提出这样一个问题，即李鸿章是否曾试图自立为帝。没有证据表明他曾主动计划这样做。然而，他的确有过这样的想法，但是他是个地地道道的现实主义者，而且对皇帝无限忠诚，所以他并不曾打算把这种想法付诸实践。1880 年曾有谣传，说俄国打算立李鸿章为傀儡皇帝，正在怂恿李鸿章造反。同年，戈登拜访他时，也建议说，既然他拥有中国唯一一支有实力的军队，他就应该率军进京，夺取最高权力。据报道，李鸿章回答说："那当然很好，但是，你知道，我从未背叛过朝廷。"接着又说："另外，那是不会成功的，我会掉脑袋的。"他并没有采取行动自立为帝，相反，他选择了这样的道路，即在现存制度下做事，同时逐渐建立自己的小王国，这一小王国则服务中国和朝廷。问题的症结在于，李鸿章将朝廷与中央政府看作是两码事。他的幕府可以取代毫无效率的中央各部，但是他对皇帝的无限忠诚不允许他取皇帝而代之。这种矛盾表明，李鸿章思想中从未有过深思熟虑的改革方案，他的所作所为仅是对西方威胁的反应，仅是基于其性格、思想和现实条件，尽其最大能力的随机应变。

19 世纪晚期，中国的实权掌握在地方疆吏手中，李鸿章的权力就是建立在其封疆大吏的职位上的，虽然他是首善之区（直隶）的总督，但是他将其衙门建在天津，这样就不会受到朝廷的严格约束。而天津这个地方，离北京又很近，近到使他能够对朝廷施加影响。天津为入京主要口岸，在这里，外国公使入京前李鸿章得以首先会见他们，他得以与外国领事讨论自己的观点，他们则将他的话转达给各自国家的驻京公使；他还得以在受到清政府大臣们最小限度干涉的情况下放开手脚做自己的事。如果是在北京，他会有更高的官职和衔名，但是不会有实权。

李鸿章权力的基石是他的军队——淮军。这支开始时只是地方武装可是后来却担负起保护整个国家重任的军队，发轫于 1853 年李鸿章之父李文安奉命自京返籍在合肥地区兴办团练之时。同年早些时候，李鸿章已回安徽，其父到后帮同他一道统带团练。1855 年，李文安一命归阴，1858 年李鸿章也离开安徽，加入曾国藩的幕府，但是李家的声望却在两淮地区扎下了根。1861 年李鸿章回籍募勇组建他的新军队时，他就是向他父亲的旧部将领求援来招募勇丁的。

李鸿章在安徽招募的最初五营共 2500 人，1862 年 2 月 22 日这支军队到达安徽安庆曾国藩大营后，曾国藩又调拨了自己的湘军 5500 人，使这支军队大大扩充。此后两年间，淮军人数迅速增加，到 1864 年 11 月即已达到其顶峰，有 6 万或 7 万人。随着太平天国的覆灭，淮军人数只缩减到约 5 万人，因为还有捻军待其剿杀。然而，到 1868 年捻军彻底败亡后，就是否全部遣散这支军队出现了一场严肃认真的讨论。

1868 年秋冬间，李鸿章与曾国藩及其他疆吏就淮军的遣散问题进行了旷日持久的商议。开始他希望将这支军队全部遣散，但是曾国藩请他留下 2 万人或更多一些以备不时之需，左宗棠、毛昶熙（旭初）、英翰（西林观）再三要求保留这支军队，以之守卫北方边疆，由刘铭传统率，因为他们不相信守卫比辅（直隶）的练军的战斗力。最后，1869 年 1 月，李鸿章致函闽浙总督，将淮军裁减到约 3 万人，而且分布在中国北部和中部，但是它仍然在李鸿章及其朋友们的控制之下。

清朝前期，战事结束之后，如白莲教起义和鸦片战争结束之后，遣散团练而由绿营专责国防已成定例。然而到了 1868 年，这一定例却已经不可能再坚持下去。国家用了 18 年的时间平息叛乱，原有绿营军队半数以上已被消灭，余者多半亦已离开绿营加入团练，因为"勇"的待遇优于"兵"。其结果是，绿营兵数减少了约 90%。纵使绿营不久即得到恢复，但是再没有能力在大的军事行动中发挥作用了，而是降级为担负地方巡查任务，其作用与现代警察相类似。淮军和其他勇营则担负起国防重任，驻扎在通都大邑，称为"防军"。原来纯粹是地方武装的团练军队，现在实际上成了中国的正规军。但是，这些地方武装在训练、装备及一般组织形式上并不统一，每一支地方武装都是某一地方疆吏控制的私人军队，兵部甚至不知道他们的全部兵员人数。

1870 年，李鸿章移督直隶，他的军队随之调防，此后 25 年间，他的军队一直是中国主要的武装力量。这支军队的人数保持在 3 万人左右，采用近代军事技术训练并装备最新式的欧洲武器。如果能得到各省的支持，李鸿章希望使之成为国家军队。但是本位主义和个人效忠使他的希望成了泡影。然而，他的军队毕竟取得了高于一般地方军队的重要地位，控制着长江以北、满洲以南的中国，而且在发生危机的时候，他的军队还被用于中国南方甚至国外。1874 年中日台湾事件中，淮军有 6500 人被派往台湾接受沈葆桢的调遣。沈葆桢乃李鸿章旧友，由于李鸿章的荐举，他当时已被任命为办理台湾事务特命钦差大臣。但是，在事件的整个过程中，应付措置的主动权始终掌握在北洋大臣李鸿章手中，尽管这次军事行动是发生在南洋大臣辖区内；南洋大臣甚至并不把它当作是自己应该管的事。在 1882—1885 年朝鲜事件的整个过程中，凡是用来维持秩序、平息暴乱，阻遏日本的中国军队均来自淮军。

为了使自己不完全依赖淮军，将军队的控制权收归中央，叛乱平息以后，清政府做了微弱的尝试，即建立了练军，这是一支特地用外国方法训练的军队，其士兵选自绿营。清政府指望它能同化各式各样的地方军队如淮军，与八旗和绿营一起，组成国家经制军队。然而，练军各部被派驻各省，置于各省提督控制之下。由于练军大部驻扎在直隶，李鸿章能够做到让他的人担任提督一职，因而他就不仅在理论上而且在实际上控制了练军。此外，驻扎北京的练军及驻北方的八旗兵和绿营兵的军火取于李鸿章的天津机器局，而且练军的规章及组织形式乃是仿效曾国藩湘军而来，因而个人效忠这一因素也就成为这一国家军队的一个组成部分。因此，李鸿章就能够通过各种手段来搅乱中央政府的计划，使其永远依赖效忠于他个人的淮军。李鸿章的军队巩固了他的地位，而他对皇帝的忠诚则保证了他的军队会服务于中国。

在尔虞我诈、明争暗斗的中国政界，一个人要想获得成功并保住其职位，光拥有军队是很不够的，尽管它很重要，位高权重的朋友也是必不可少的。1862—1872 年，李鸿章一步步成为一位重要的封疆大吏，很大程度上依赖于曾国藩及其在地方和中央位居高官的朋友们。在这十年中的七年间，曾国藩任两江总督，辖区包括安徽、江西、江苏三省，其余三年，是李鸿章和马新贻（李鸿章在福济手下供职时他任合肥知县）先后出任此职。因而，在这严酷艰难的十年间，担任中国最富庶地区的这一十分重要的职务的不是曾、李，便是其密友。这不是偶然的，而是特意安排的。1865 年曾国藩奉命剿捻时，他想方设法要让李鸿章坐镇南京以保证其军需供应。也正是在他的建议下，1866 年底他和李鸿章对换了位置。1868 年曾国藩移督直隶时，李鸿章已是湖广总督，因而马新贻被任为两江总督。这样，从 1868 年到 1870 年，中国最重要的三个地方职权就掌握在李鸿章及其师友手中。天津教案和马新贻被刺引起的人事混乱使得李鸿章向朝廷施加压力，让曾国藩回南京任两江总督，而不是让他退休进京当大学士；尽管李鸿章现任直督，但是他在长江一带仍还有利益，因而希望有一个他可以依赖的人出督两江。

同时在这十年中，李鸿章之兄李瀚章曾代他署湖广总督（1867，1869—1870），当时他正忙于镇压捻军及贵州和西北地区的叛乱。李瀚章还曾先后任湖南巡抚（1865—1867）和浙江巡抚（1867—1869）。李鸿章于 1870 年出任直隶总督后，李瀚章实授为湖广总督，担任此职一直到 1882 年。

1872 年，曾国藩去世，李鸿章失去一个强有力的保护人兼同伴。曾国藩从他开始在北京任职时起就在那里广交朋友，以之为他及他的门徒们的奥援。李鸿章虽然从 1862 年开始在京师交结朋友，特别是巴结上了恭亲王，但他似乎在很大程度上是依赖曾国藩及其权势的；然而，曾国藩去世两年后，李鸿章开始有了一种交往，这一交往将延续其终身并保证他在反对派的激烈攻击面前保住其职位——这就是他和慈禧太后的交谊。

没有确凿的证据表明这种交谊始于何时，它似乎是孕育于 1874 年和 1875 年间发生的一系列事件中。1874 年，两宫皇太后谒清陵时，慈安太后召李鸿章护送谒陵，这就给了慈禧太后一个判断李鸿章个人品性的机会。翌年，围绕着同治帝去世和慈禧强行将光绪帝推上帝位发生的一系列事件，给慈禧提供了另一个验证李鸿章的忠诚和能力的机会。关于李鸿章在这一系列事件中的作用有互相矛盾的记载，但是，不论是当时还是此后最为人们普遍接受的说法是：李鸿章及其忠诚的淮军在北京积极参与这一政变。据说事情是这样的：由于朝廷中的反对派极力反对慈禧让他侄子继承帝位的计划，她便向直隶总督也是皇室合法保护人的李鸿章求援，请他率兵进京支持自己的行动。慈禧计划中继承帝位的人选与大行皇帝同辈，而他继承帝位是直接违反清朝继位制度的。按照清朝继位制度，新皇帝应该是大行皇帝下一辈的人。李鸿章的军队由天津出发，兼程行军，于午夜到达北京，这就意味着他答应了慈禧太后的请求。他命士兵裹住了马蹄并用筷子别住了马嘴，悄无声息地包围了紫禁城。那些不可靠的满洲侍卫被捆绑起来拖进监狱，反对派首领被逮捕，到早晨，紫禁城已控制在李鸿章手中。慈禧太后既已降服反对派，便宣布由她四岁的侄子登基继位。目的既已达到，李鸿章便率军悄然返回天津。

然而，马士和濮兰德（J.O.P.Bland）的记述却说，李鸿章并未亲自率军进京，而是派了一支淮军由慈禧的心腹亲信、护军统领荣禄指挥；从李鸿章的信函看，他似乎对政变曾感到惊讶，而且直到 1875 年 1 月 28 日，即同治帝去世和政变发生大约两个星期后，他才到达北京。尽管关于李鸿章在这次政变中的作用记载彼此矛盾。不管怎样，李鸿章确曾三次觐见慈禧太后（1875 年 1 月 29 日、30 日，2 月 2 日），慈禧令其返回直隶，这样，在帝位更选这一非常时期，她就可以依靠李鸿章控制京畿地区。李鸿章在信中谈到这些事件时，表达了他对慈禧强硬政策的信心和尊重，也表示他相信这些政策能使中国走向和平与稳定。存在于这两个才能非凡、位高权重的人物之间的那种长久、忠诚的交谊显然就是从这儿开始的。

慈禧和李鸿章都以对朋友忠实而闻名，但是他们之间关系的真正基石是他们互相承认对方的才干、互相需要而且还对对方心存惧悸。慈禧有权罢斥李鸿章，而且有保守派做她坚实的后盾，但是她十分精明，从不公开反对这个拥有淮军、北洋海军和一批对他忠心耿耿的通晓商务、外交之士的人，她惧怕他的强大势力却又不得不依赖他。据记载，李鸿章曾说："皇太后总是干涉我的事情，她认为我太亲外了，她怕我是太有势力。"为了抑制李鸿章权势的扩张，她在李鸿章和保守派之间挑拨离间，却又装出一副倾听"言路"的样子。她允许甚至暗中鼓励排外势力的喧嚷，这样，李鸿章及其志趣相近者提出的建议往往就会遭到来自各方面的反对。然而，一旦她下定决心要进行某项活动，她就迅速有效制止住这种喧嚷。尽管李鸿章威权极重，而且有时能公开拒绝朝廷的旨意，他仍然是慈禧的工具，是慈禧操纵着他，而不是他操纵着慈禧。

在这方面，一旦慈禧下定决心要做某件事，李鸿章从不违抗她的旨意，终其一生都对她忠心耿耿。李鸿章对她的种种限制感到恼怒，但他从未透露过有造反的意图。他的忠诚终于得到报偿，每当千夫所指的紧急关头，慈禧总是站在他这一边。在 1885 年《中法条约》的条款引起的怒浪中，慈禧在后面给他撑腰，使他得以在谴责的浪潮中稳渡难关，并得以对政敌的种种指责藐然视之；1895 年中国被日本打败后，朝野上下纷纷要求杀李鸿章以谢天下，这时又是慈禧救了他的命。虽然慈禧和李鸿章二人的方法各异，但他们的目的是相同的——保全中国、保全皇室。正因如此，二人互相尊重对方，慈禧虽然骨子里是个保守派，仍能对李鸿章的许多自强措施予以支持并就国事征询他的意见。

李鸿章在兴办经营自强事业的过程中，还得到两位最重要的满洲亲王的支持，这就是恭亲王和醇亲王。恭亲王是道光帝第六子，同治朝时他在政府中起了重要作用，但在光绪朝他的影响开始下降，其原因部分是因为在1875 年时反对派曾支持的皇帝人选是他的儿子，不过，19 世纪 70 年代后期他依然是朝廷中一个重要角色，他对自强措施和外交事务的兴趣使他与李鸿章走到一起。然而，真正有实权的是醇亲王，他是道光帝第七子、光绪帝之生父。由于他是皇帝之父，所以各项事务都是以他的名义批准、使之合法化的。他的福晋是慈禧太后的胞妹，通过她，他得邀殊遇，升为大臣。李鸿章与醇亲王结交甚密，并竭力引起他对国防事务的关注，通过这一途径，李鸿章在地方上实行的措施便能成为国家的事情。通过醇亲王，李鸿章得以在相当程度上用自己的思想影响朝廷，使朝廷相信，采用外国长技对中国没有危害。醇亲王也确确实实醉心于海军事务，1885 年他受命总理新创建的海军衙门，而由李鸿章为会办。尽管他生性庸懦，而且事实上是他妻姐的工具，但他还是尽其所能站在李鸿章一边，支持扩建海军，支持在中国兴办洋务企业，他于 1891 年初去世，使李鸿章失去了朝廷中一个宝贵的支持者。

在直隶的 25 年间，李鸿章一直保持着与其他封疆大吏们的交谊和联系，这是他从 1862 年就开始了的。随着老同僚的谢世或退休，他们的位置被年轻人接管，这些年轻人有的或曾在淮军中供职，或曾在李鸿章幕府中担任过其他职务。1872—1894 年，两江总督一职（这或许是中国第二个最重要的地方职位）先后由下列人员担任：何璟，李鸿章的丁未同年；张树声，李鸿章前幕友；彭玉麟，前湘军将领；李宗羲，李鸿章的丁未同年；刘坤一，曾国藩之友；沈葆桢，李鸿章的丁未同年并曾同为曾国藩的幕友；左宗棠；曾国荃，曾国藩之弟。担任过四川总督的有丁宝桢和刘秉璋，丁宝桢曾任山东巡抚，当时李鸿章曾与他在剿捻之役中携手，刘秉璋则曾在李鸿章幕中赞划军事。何璟还曾任闽浙总督，刘坤一、张树声、曾国荃和李瀚章这一时期则依次先后实际掌握着两广总督一职，只有 1884—1889 年例外，这几年间掌握两广的是李鸿章的冤家对头张之洞。

上述担任总督职位的人中还有许多人曾当过巡抚。曾国荃及李鸿章的丁未同年源深曾任山西巡抚；钱鼎铭，李鸿章前幕友，任河南巡抚；丁日昌、何迅、刘铭传，福建巡抚；刘秉璋，先江西巡抚，后浙江巡抚；潘鼎新，李鸿章前赞画军事的幕友，云南巡抚；刘铭传还成了台湾首任巡抚，他担任这一职务的时间是从 1885 年到 1891 年。

尽管这些督抚中有些人曾是李鸿章的幕友，另一些人则是他的旧友，但这并不一定就意味着这些人都受他控制。或许沈葆桢和丁日昌比其他人更顺从他的意志，特别是在海军问题上，因为他们均为其密友，他对他们有提拔扶掖之恩。与之相反的是张树声。张树声为淮军宿将之一，1882 年李鸿章请假 100 天丁母忧时，请他代为署理直隶总督。据记载，他接替直督后，曾想方设法要赶走李鸿章的幕友，并打算以"揽权"为罪名向朝廷弹劾李鸿章。李鸿章的幕友将这一阴谋通知了李鸿章，使他得以将其消灭于萌芽之中。为执行公务，有必要与其他督抚保持私人联系和交谊，但是不能依靠他们建立权力网。李鸿章的每一个同僚似乎一直都主要为自己的利益打算，一旦形势需要，他们会从一边摆到另一边。李鸿章在全国的督抚中有许多朋友和旧相识，但是他并未任意支配过任何一个人。

李鸿章尽管位高权重，但在选拔官吏时他并不是朝廷一个可以为所欲为的代理人。他可以荐举，也可以施加压力，但是通常情况下还是吏部说了算。而李鸿章也并不越过吏部直接请命于皇帝，特别是当他想用某人而又已经被以某些规章和成例为根据拒绝的时候。他的响当当的理由是，才智之士匮乏，而他又特别需要某某人。他坚持认为，时势的艰难需要在某些情况下任人因时因事制宜而不是死守法律条文。

太平天国时期，在绝大多数情况下，吏部对他和曾国藩荐举的官吏人选不加任何考虑就予以批准。这二人经常讨论某一特定职位几位不同候选人的个人素质，一旦取得一致意见，即据以上奏，然而形势恢复正常之后，朝廷不再完全依赖他们了，中央政府的权力又重新被加强起来。李鸿章能够在直隶官场中尽量多地安排自己的人，这是他权势的标志，是他熟悉中国政治底蕴的标志。

既然李鸿章能够在直隶建立一个强有力的地方政府并在其他省份建立一个广泛的私人关系网。其他地方官员也能这样做，哪怕是低一个层次。中国尤为突出的不可遏制的地方主义，是李鸿章建立以自己为首领的国家海军计划终成泡影的潜在原因。海军舰队被视为地方官吏们的私人财产，如果一个辖区的舰只进入另一个辖区，就会引起对方的疑忌，就会被当作外国军队一样看待。1874 年日本舰队侵犯台湾引起的危机使有关官员深切感到各海军统一指挥的必要性。危机过后，曾协助李鸿章建立江南制造局的老友丁日昌，在一道奏折中建议海防实行分区制度下的统一指挥：在北方，设北洋海军提督负责直隶和山东，驻天津；东洋提督负责浙江和江苏，驻吴淞；南洋提督负责福建和广东，驻澳门。署山东巡抚文彬不久又建议由李鸿章任北洋海军提督，曾国藩手下将领、湖南人彭玉麟为东洋提督，李鸿章丁未同年、两江总督沈葆桢为南洋提督，此三提督归一海军大臣节制。李鸿章亦视统一指挥为上策，但是他认识到中国尚不具备条件这样做，因此，他支持将海军分为三洋。依照旧体制，海防分责南北洋大臣，这在日本侵台事件中已经证明不可行，假如来一个与李鸿章作对的人如左宗棠任南洋大臣，事情会更糟，海防分为三区，李鸿章就得到这样一个机会，即使他不能全部控制另外两洋，也能控制其中之一。然而，此议未获采纳，1875年李鸿章被正式赋予北洋海防之责，南北洋两大臣督办海防的格局得以进一步巩固。但是1879年丁日昌被任为南洋大臣之前，南洋大臣并未被正式赋予南洋海防之责。

1885年10月之前，中国并未准备采取措施实现海军的统一指挥。由于南洋海军在福州被法军摧毁，这时，中国才决定设立海军衙门，以醇亲王为总理海军大臣，庆郡王和李鸿章为会办大臣，1875—1885年还有些人出谋划策试图整顿各省水师混乱不一的状况；1877年沈葆桢曾建议北洋大臣可率先建立舰队；1884年张佩纶建议在总理衙门下设海部，恭亲王衷心赞同，甚至暗示应由李鸿章掌管。然而，直到1885年，各水师仍被紧紧地控制在各地方疆吏手中。

这时，李鸿章既是北洋大臣督办北洋海防事宜，同时又是海军衙门大臣之一。因而他得以将二权合而为一。他不但全权负责所有北洋海防事宜，而且由于他是海军衙门唯一真正的内行，所以他对南洋海防事宜亦可发表意见，这就等于他控制了全国的海军。1891年醇亲王去世，海军衙门的控制权落入对海防并不热心的一帮人手中，这些人对李鸿章是阻挠而不是协助，加之恭亲王已不再掌管总理衙门，李鸿章在朝廷中就失去了保证其海军军费有可靠来源的强有力的支持者，结果便是他不得不重新倚恃他的地方职位来维持和发展他的海军。

李鸿章的地方职位使他有可能为中国夺回被外国入侵夺的商业利权、为防止外国人在中国攫取新的经济利益而建立各式各样的工商企业，而这又必然会加强他的地方权力，会促进其陆海军建设，因为这些企业的收入只要掌握在中国人手中，就可以使国家富裕，就有可能促进军事力量的发展，使其有能力抵御外国的入侵。同时，李鸿章还可以借此加强自己的政治地位，或是通过用一个企业的赢利建立另一个新企业，或是用这部分赢利到北京行贿以得到他所需要的支持来保证其官位。因而，实际上这些企业具有双重作用：从经济上、军事上加强中国的实力，同时加强李鸿章的地位。

李鸿章这一企业网大大加强了他的政治军事实力。轮船和铁路为其陆海军运输军队和辎重提供了可靠的保证；煤矿为其轮船、火车提供能源，为其制造局提供燃料；电报线为其陆海军提供了迅捷的联络手段，并为其外交谈判提供信息，据道格思爵士所著的《李鸿章》说，其他国家外交人员在天津电报局发出的电信的抄件在一小时之内就能到李鸿章手中，而且，他在上海的电报线与海外电缆相连接，在云南和广东的与法国相连接，在满洲里边界的与俄国相连接，使其极易与世界各国首都取得联系。轮船招商的漕粮运输使李鸿章一箭双雕：一方面，因为北京依赖于江南稻米，他可以通过招商局部分控制漕粮的运输，这样就使他在首都政治舞台上有了潜在的影响力；另一方面，从漕粮运输中得到的利润可用来购置军械。1880年，李鸿章就曾被允许预支招商局漕运赢利的100万两银子支付他在英国订制的若干军舰的价钱。

李鸿章从他的企业网中得到的最大的政治利益之一，是这些企业使他能够源源不断地广施赞助。赞助，和财富一样，是中国政界一个重要工具，李鸿章就是用它来提高自己的地位的。官吏们都有亲戚，亲戚需要差事干，李鸿章的这些企业就是他们得到肥缺的一个源泉，反过来，李鸿章获得这些官吏对其各种计划的支持，政府贷款被顺利批准及其他好处。不幸的是，由这些官吏推荐来的这些人才具平庸，他们前来任职降低了他的办事效率。1879年担任轮船招商局总办的郑观应说，由这些官吏推荐到招商局任职的那些人毫无经验，他们想既当官又不办事，只是坐支干薪。李鸿章对这由资助引起的弊端并非视而不见，但是这是揽权固位的一个不可或缺的手段，因而，他并不试图改变这种状况，而是利用它。

　　李鸿章还将他的企业及其经营人员用于外交目的。1874 年台湾事件期间轮船招商局上海总部曾作为货物和情报中转站；在中法冲突中的最初几年间，该局在越南的办事处以及与该国的稻米运输贸易曾被用来掩护李鸿章的探子。1875 年后，中国首批驻外使节通常是通过轮船招商局上海总部向国内传递电信的，1878 年，轮船招商局内正式成立了政府电信处（A Central Offce for The Transmission of Govenrnment Correspondence），这一做法遂成为制度。这样，李鸿章既拥有了得到海外电信的正式途径，又拥有了得到海外电信的非正式途径。

　　李鸿章在中国外交事务中的地位是奠基于其北洋通商大臣这一职位之上的，这一职位是 1860 年中国允许外国公使驻京后创设的。中国人曾反对外国人进驻北京，但是第二批条约签订（1858—1860）后，按照条约规定他们不得不允许外国人进驻北京。恭亲王提出了一个巧妙的办法处置商务与外交事务，按照这个办法，外国人便不能自行其是，这个办法就是在天津设置一新通商大臣，负责所有与外国人有关的通商事务，恭亲王希望借此使所有与外国人有关的事务在天津商办，从而减少外国人进京的必要。朝廷批准了恭亲王的建议，并在上海另设一通商大臣负责南洋各国通商事务，还令各地方当局自行处理外交事务，不必提交总理衙门。北洋通商大臣一职 1870 年以前与直隶总督一职不是一人兼任，也没有什么实权，1870 年李鸿章集二职于一身，使二者合而为一。李鸿章据有了这两个职位，很快就盖过总理衙门，成为中国事实上的外交大臣。李鸿章意志坚强，精力充沛，对外交事务和增强个人权力都极有兴趣，他为自己的办事能力，为自己有一帮志同道合的追随者感到自豪。虽然总理衙门是官定的外交部，但是大多数外交问题都要转送到天津征求李鸿章的意见，通常情况下他只是陈述己见而不做决定，但是一旦危机来临，他通常都被派作中国全权代表去议和谈判。正常情况下，朝鲜问题是由礼部来处理，但是约在 1880 年总理衙门却奏请由李鸿章负责中朝关系问题。从此，李鸿章成为中国对朝政策的幕后操纵者。他所处的地理位置是他得到这些差使的另一个原因：他的衙门在天津，是举行外交谈判的地方，离北京远近适当，近到易于向朝廷通报消息并接受朝廷的指示，又远到使外国谈判人员不能进入北京。19 世纪 70 年代中国开始向国外派遣外交代表时，总理衙门请李鸿章推荐人选。他忠告总理衙门说，出使欧洲列强诸国之人须极为可靠并为朝廷命官，这样他们才不至于被外国人歧视，但是，由于没有人愿意出使国外，李鸿章很是聪明，将实际选择一事推给总理衙门。当时的中国人一般认为，出使外国比受惩罚还要糟糕，明智的人是不会自愿出使外国的。1875 年，朝廷任命了第一位驻外公使。但是他企图谢绝这一差使。不过，在中国派遣驻外公使的头 30 多年间，大部分驻外公使或是李鸿章的朋友，或曾作过他的幕友，正如 1875—1901 年驻英中国公使名单表明的那样：郭嵩焘（1875—1878），李鸿章丁未同年、前幕友；曾纪泽（1878—1885），曾国藩之子；刘瑞芬（1885—1889），安徽人，太平天国时期曾在李鸿章手下供职；薛福成（1838—1893），前幕友；龚照瑗（1893—1896），合肥人；罗丰禄（1896—1901），曾多年担任李鸿章私人秘书和译员。

因为中国公使是被派往异国他乡生活在蛮夷中间，因此人们认为只有公使们才应该有权力挑选随从人员并支付其薪金，通过这种办法，驻外公使就能在自己身边集聚一批和谐相处并能加速事情进展的人。这是一种由政府许可了的幕府制度的扩大，它间接地有助于李鸿章维持其政治权力。李鸿章有如此众多的前幕友和朋友担任驻外公使，使他有可能在公使馆中安置自己的人去历练。其子李经方为了获得办理外交的经验，担任过驻英公使馆参赞，后来成了中国驻日公使（1890—1892）。这样，李鸿章就既能招徕追随者，又能多少垄断外交界。

从理论上讲，公使和使团都直辖于朝廷和总理衙门，1877 年朝廷下令各公使每月向总理衙门汇报情况，但是，这一旨令却鲜被遵守，事实上，总理衙门只得到处理日常事务的权力。按照惯例，驻外公使可越过总理衙门直接上奏皇帝，但是他们的电信是由李鸿章设在上海的轮船招商局总部中转的，因而毫无疑问李鸿章也能得到一份电信抄件。反过来也是一样。朝廷的指示是由兵部送交在天津的李鸿章拍发给各公使的，因而，李鸿章对正在进行的事情了如指掌，更何况公使们通常都与李鸿章保持着某种联系，毕恭毕敬地向他提供有关西方枪炮、轮船、新发明和政局等情况的情报。

尽管李鸿章拥有如此广泛的权力网，但是，要想使其组织在全国范围内发生效力，他还缺少一种必要的因素——最高权力。虽然他肩负着许多额外职责，但归根结底还是朝廷说了算。他的不幸就在于，他不得不依赖这样一个主子，这个主子从心底里是排外的，同时又惧怕国内各集团权势的增长，尤其是如果这些集团势力是汉人的话。正由于此，李鸿章从来没有能得到主子对他全心全意的支持，而这是他要战胜保守派对其自强措施的阻挠和同僚的嫉恨所需要的。在清朝政治体制下，每一位大学士、总督、御史、巡抚及其他高级官吏都有权对国家各种问题发表自己的意见，因而，朝廷得以利用各种对立的意见，挑拨离间，达到防止地方督抚在某人领导下团结起来夺取最高权力的企图。李鸿章能够取得斐然可观的成绩，但是他不能压制住他的敌手，而这些敌手时刻都在准备着乘人之危将他打翻在地。

李鸿章不是独裁者，而仅是一个总督，他的思想与政策具有令人厌恶的亲外色彩。因此，他不但要与那些也有自强思想的高官显吏如左宗棠、张之洞、翁同龢等相竞争，而且要忍受在人数上占优势的保守派无休止的批评。他对敌手们一方面是极尽嘲讽之能事，另一方面又为他们的势力强大而由衷叹服，因此，尽管他把御史及其他保守派比作"盲眼'书蠹'，欲以一不变之古方疗百疾"，将其喧嚷形容为"犬吠"，但是他还是密切关注着他们的一举一动。1877 年保守派抨击郭嵩焘、反对出版其日记的喧嚣和中法战争中对李鸿章个人的恶意辱骂，使他强烈感到保守派势力是相当强大的，单靠他们的人数和众口一词的力量就足以使权位稍低的人身败名裂。在 1879 年崇厚签订《里瓦几里条约》及其因此被革职拿问所引起的一片喧腾中，李鸿章与外国人一起合力保全崇厚的性命。据记载，李鸿章曾说，有 40 道奏折请杀崇厚之头，在这样巨大的压力之下，不能想象有什么人能侥幸活命。他又说，五道奏折即足以把某人革职，15 道或 20 道奏折则能置其于死地。

关于中国与西方的关系，李鸿章的基本政策由三点组成：（1）以他从同外国人打交道过程中和从以前西方列强对中国发动的战争中得到的教训为基础重整国防；（2）严守与外国人订立的条约，使其无可指责抱怨；（3）与外国人发生矛盾时，不论谁对谁错，亦不论原因为何，须照其所请迅速办理。李鸿章从内心来讲并不是个和事佬，也不是个和平主义者，他是在拖延时间，以便在中国建立起抵御列强的力量。不管主战派如何喧嚣，他个人的亲身经历和他所有的关于西方的知识都告诉他：中国无力抵御外来进攻。因而，为了购买外国武器，也为了争取时间，他不得不顶着保守派的阻挠反对，顶着这个国家所奉行的政治信条和社会道德观念。

　　在中国政治装模作样的文雅表面背后，隐藏着一个半遮半露的地下世界，这个世界充满了激烈的派系斗争，个人小集团、朝秦暮楚式的忠诚和凶狠残酷的暗斗。尽管法律禁止，在密折中对别人造谣诽谤却已成惯例；政治原则和道德原则往往合二为一，或是被自私的、妒忌的愿望所代替。机会主义者，还有那些牢骚满腹或谨慎戒备的追官逐权之徒，常常用冠冕堂皇的理由为借口，或使其敌手陷入窘境，或使其敌手身败名裂。表面上看来交谊甚深的人，有时内心却隐藏着深仇大恨，表面上的亲密关系不过是幌子而已。中国社会中人们追逐财富、地位和权力的强烈愿望使得任何一个仕途得意的官吏——不管他内心是如何关心国家利益——必然成为那些不如他的人攻击的目标，地位越高，就越易受到攻击。李鸿章恐怕是中国最有权势的封疆大吏，因而他自然就成了团结在较有权势的保守派首领们周围的那些机会主义者和一心向上爬的人们主要的攻击目标。

　　带头攻击李鸿章的有两派，一派是排外势力，其核心是清流党，另一派是主战派。清流党尽管人数不多，但是他们是大多数官吏的非官方发言人，这些官吏盲目、愚昧，反对一切外来事物，他们不仅自命为"纯"儒家文化的捍卫者，而且是现实社会的既得利益者，因而顽固反对任何可能威胁其舒适地位的变革，那些敢于试图变革中国的人被他们指为"名教罪人"，他们论证说，他们只听说过"用夏变夷"，却从未听说过"用夷变夏"。为了证明改革是异端，他们精心引证儒家经典语录。作为主要的改革倡导者和西方技术的引进，李鸿章被列为中国文化的叛逆，被比作中国历史上臭名昭著的主和人物秦桧。

　　主战派与清流党是紧密相连的，尽管其中有些人也是洋务派。比如，张之洞曾是清流党成员，但他又是洋务派，也是主战派，之所以有这种隐藏在表面看来极不协调的现象背后的共同特性，是因为张之洞所关心的是保存中国的文化。顽固派支持那些想把外国人赶出中国的人，即使他们不得不依靠西方武器赶走外国人。主战派的首领是左宗棠，左宗棠相信先打后谈的信条。

虽然他和李鸿章曾同在曾国藩幕府中供职，又同为镇压太平天国和捻军的军事统帅，但是两人却交恶甚深。毫无疑问，左宗棠是李鸿章最大的对手，两人在每一件事情上都有冲突，小到拜发奏折的时间，大到国防政策，无一不大动干戈。

李鸿章之所以能够在长达30多年的时间里经受住他的敌人们对他的攻击，要归功于慈禧太后的支持，要归功于他玩弄中国政治游戏的能力，归功于他的权力网。然而，1894年日本人决定对中国采取行动时，主战派迫使他不得不违背自己的意志起而应战。李鸿章仅是一个人，他的权力奠基于脆弱无力的地方官职、非国家正式机构的幕府和波动不定的个人关系网之上，他认识到试图改变在中国社会中占据统治地位的儒家道德观念是徒劳的，他是在依靠自己的努力来加强中国抵御外来侵略所需的力量。他了解中国、了解中国的弱点，1894年他也知道中国还无力击败哪怕是一个已经全心全意走上西化道路的东方小国。然而，主战派控制了皇帝，当时唯一可依恃的李鸿章的海陆军被派赴朝鲜——不过是送去让日本人给毁掉罢了。逝者如斯，李鸿章和他的权力网最后落了个一败涂地的下场。

第二章

中国的 Grand Man（元老）：
活跃在 19 世纪末国际政治舞台上的
外交巨星

李德夫人（A.B.Little）：

　　写李鸿章传说就等于写中国 19 世纪的历史。在多事之秋的这一时期，活跃在远东国际舞台上的所有人物中，李鸿章是颇为突出的卓越人物。没有他的活动，恐怕就没有适当的人去应付战争，或者签订条约。在李鸿章生存的时代，中国经历过不少于六次的对外战争以及无数次的内乱。李确实是中国的 Grand OId Man 一样。在与中国有接触的所有欧洲人的眼中看来，李鸿章在中国所占的地位甚至比葛兰斯登在英国的地位还要高。因为困扰的清政府，每次当统治帝国的王公把国家带到战争的边缘，李鸿章就是清政府唯一的必求助的人。外国使节认为在中国可能作为理智谈判对象。

——*Li Hong · chang*

李鸿章对外国军事人才的使用：形成时期

赫德的日记表明，这时他已成为李鸿章的顾问，两人就出访欧洲的外交和教育使团、煤铁矿、外国轮船、武器和兵工厂，以及海关的事务详细交谈。这些谈话留给赫德很深的印象，他后来在这一年（以及随后几年）痛惜李鸿章没有在总理衙门任职——尽管他性格急躁，而且对细节相当不留心。从这时起，赫德终于将李鸿章看作是他寻求中国近代化的一个"支持者"；在以后几十年中，他继续给李鸿章提供帮助和建议。

在 19 世纪的中国，没有一个高级官员同外国人的联系比李鸿章更加直接而且持久。李鸿章在 1862 年至 1901 年时期的奏疏、信函和电稿，即使作最粗略的浏览，也能看出美国人和欧洲人在李的社会交往中，不论公私两方面，都十分突出。李鸿章对西方人的注意，当然可以从晚清时期帝国主义向亚洲扩张这一简单的事实中做出部分解释。19 世纪 40 年代以来，中国官员发现无视外国人来到这个"中央王国"（Middle Kingdom）是日益困难的，如果不是不可能的话。但是并非所有清朝官僚都以同样的方式对西方做出反应，正如并非所有西方人都以同样的方式对清朝官员做出反应一样。李鸿章态度的突出特点是他的杰纳斯式的努力，亦即为了使中国臻于富强而利用西方人的科学技术，然而始终努力克服对他们的依赖，或者如他所指出，学习西法而"不必尽用其人"。李鸿章办理"夷务"的战略是怎样产生的？他早期同外国人共事的经历，怎样影响了他的看法？他在追求双重目标中，又是怎样成功的？

聘用外国人在中国历史上自然不是新鲜事。到 19 世纪中叶，中国政策制定者可以回顾 2000 多年前为了内政和军事而使用"夷人"的先例。清朝初期这一传统包括指派耶稣会传教士为钦天监官员，吸收俄罗斯士兵加入皇朝的八旗精锐部队，雇佣荷兰军队作为反对郑成功的"同盟军"，以及鸦片战争中一段时间内利用个别西方人充当雇佣兵和军事技术人员。但是中国的 19 世纪环境至少在两个基本方面都是独一无二的。首先，帝国主义造成西方人在中国的政治和经济势力同他们的人数极不相称；其次，美国人和欧洲人在技术上，也许甚至在文化上给予中国的，远远超过了过去任何夷狄。

李鸿章于 1862 年 4 月署理江苏巡抚时，不用多久就注意到这两方面的情况。问题在于应当怎样应付这种情势。从某种意义上说，李鸿章几乎没有什么选择。他受任的地点和时间，都将他不可避免地置于中外关系的旋涡中。随着太平军叛乱汹涌而来，似乎已经无法控制，朝廷和地方官员都已采取行动，取得西方的帮助，同叛乱者对抗。1860 年，外国列强守卫上海，对付李秀成的太平军，尽管他们也为了使清政府遵守《天津条约》（1858 年）而同时采取军事行动。1860—1861 年中国开始谈判购买西方船只枪炮，以及正式和非正式地雇佣外国陆军和海军人员。到 1862 年初，不但清朝中央政府已经答应购买一支配备英国军官的海军，用于长江防务（李泰国—阿思本舰队），而且江苏和浙江地方官员也已开始招募像常胜军这样由中外雇佣兵组成的军队，全力对付太平军持续不断的威胁。与此同时，1854 年在上海成立的中外海关税务司，已成为中国国家行政机构一个最引人注目的有影响的特点。尽管李鸿章向曾国藩声称，他只是"力求自强，不与外人掺杂"，但是他无法避免同外国人的联系，即使他想要避免。

李鸿章与常胜军

李鸿章于 1862 年很快对情况的发展作了估计。这位新任的署理巡抚立即认识到同外国人打交道的不可避免性，并且不失时机地努力使自己在同他们打交道中居于上风。在抵达上海后两个星期内，他看到了用近代西方武器直接对抗太平军的功效，开始为他的淮军购买这些武器，随后很自然地雇用了常胜军中的西方教练。到 1862 年末，李的军队已有 1000 余支来复枪，雇用了六七名常胜军的西方教练。不到一年，淮军已扩充到 4 万余人，这时它已拥有 1 万余支来复枪、若干门大炮以及十几个新来的外国教练而自豪——

这些教练大多数来自常胜军。

　　李鸿章在他的军队实施近代化的早期阶段，深深依赖常胜军管带，引人注目的美国人华尔的个人帮助。他利用华尔的关系取得枪炮、船只和其他军需品，他设法赢得这个美国指挥官的友谊，以博取列强的欢心。过高地估计美国在地方上和首都的影响，成为李鸿章处理对外关系的特点，然而他更加实际地把握住国内的政治现实。例如，他深知华尔同贪赃舞弊、但有权势的当地道台吴煦私交密切，试图削弱其中一人地位的任何努力，势必招来另一个人的敌意。

　　作为近代第一个取得清代军事等级制中官衔的西方人，华尔提出了责任和制约的特殊问题。虽然这个美国冒险家已经请求归化中国，而且娶了一个中国女子，但他的忠诚如何，李鸿章却难以作出判断，更不用说对他深信不疑。虽然华尔在作为一名中国军官的早期经历中，以对付太平军勇敢善战而树立了非凡的声誉，但是李鸿章的前任薛焕于 1862 年 3 月和 4 月报告，这个美国管带并未按照满洲式样剪发易服，因他担心其他外国人的讪笑会引起朝廷为此而颁发几道令人不安的谕旨。然而李鸿章对此却相当冷淡。他 6 月间写信给曾国藩说，虽然华尔不薙发，也未对他作礼节性的访谒，但是他无暇同国人"争此小过"。

　　意味深长的是，清朝官员（包括恭亲王）对于华尔对帝国事业的忠诚所表现出来的关心并非全无理由。根据华尔于 1862 年夏写给美国公使蒲安臣的信函，他抱怨上海"无赖的官员"，说他们抹煞了他同太平军作战的功劳，拒付应给他的大约 35 万两酬劳。值得注意的是，华尔要蒲安臣"替我的人"向亲王"说句话"，他并且说，"要不是我身陷困境太深，我就把他们全部甩掉"。最后一句是表露他心迹的话，因为它表明，到 1862 年 8 月，华尔已经落入地方官员精心编织的控制罗网之中。虽然他声称他厌恶四周"撒谎、欺诈和走私"，但由于他同贪污确凿的杨坊和吴煦多方面打交道，他自己已成为这个难题的一部分。

　　李鸿章明知华尔至少参与了杨坊和吴煦的某些非法活动，然而他在这个美国管带生前并没有对他或他们二人公开采取行动。结果华尔继续同李鸿章密切共事，在获取武器方面提出建议和帮助，并且在对太平军的军事行动中，同淮军密切合作。尽管华尔偶尔抱怨这个"坏透的巡抚"的政策和做法，但是看来他同李鸿章的关系还是很好。这个美国管带认识到需要李在的政治上的支持，而这个江苏巡抚也在华尔身上看到一个"奋勇攻打""能倾服上海众洋人"的西方领袖人物，他的武器极有威力，而他的中国士兵"与洋人是一是二"，没有什么区别。

华尔于 1862 年 9 月末在慈溪战役中亡殁，给李鸿章同时带来了机会和困难。一方面，这帮助李削弱吴煦的势力，因为这个上海道台对华尔深为倚仗。另一方面，又使这个江苏巡抚失去一个重要的外国顾问，并且将大量管理上的难题带到他的面前。这些都不得不涉及替代华尔充任常胜军管带问题的政治策略。虽然英国人和法国人都提出了他们自己领导这支部队的候选人，但是李鸿章坚定主张，如果由一个西方人带领常胜军，此人"必须如华尔之呈请归入中国版图，愿受节制，方可予以兵柄"——对他的"奖罚"要完全在中国管辖之下。北京表示同样的看法，指出如果外国人要带领中国军队，他们必须像华尔那样呈请成为中国臣民，受中国节制。

华尔的得力助手白齐文看来正符合这样的要求。他和华尔一样，是一个勇敢的军官，曾具禀要求成为中国的臣民，娶了中国妻子，全心全意献身反太平军的事业。不过，和华尔不同的是，他鲁莽暴躁，言行放肆，不负责任，难以共事。1863 年 1 月初，在同中国当局连续争吵几个月以后，白齐文为了常胜军的饷给问题同杨坊有过一次特别严重地争吵，他打了杨坊，并且抢走 4 万两。李鸿章立即要求将这个美国指挥官撤职，指责他抢夺、叛逆、不忠。据报道，中国政府曾悬赏 5 万两要他的首级。白齐文在未能恢复原职之后，最终加入太平军，不料被清政府俘获。他于 1865 年在拘禁中"意外"失足溺水毙命。

正在这时，李鸿章感到有必要派两名正规的英国军官统率常胜军。先是皇家海军奥伦（暂任），然后是 1863 年 3 月到任的皇家工兵队军官戈登。戈登有才能，但令人难以捉摸，他设法把常胜军团结起来，再度用它有效地对抗太平军。他像华尔一样，和李鸿章密切合作，尽管他对这位江苏巡抚管理的一套做法也感到不满——最为不满的是他对部队饷给拖延拨付。事实上，戈登在他的常胜军管带任内，有几点同李鸿章意见基本分歧，这预示着他们的合作事业将受到损害。至少有两次常胜军和淮军几乎要闹翻。

李鸿章和戈登之间最严重的争吵发生在 1863 年末这个江苏巡抚将几名太平军高级首领处决之后，这些人是在得到戈登亲自保证其人身安全后，于 12 月 4 日交出战略城市苏州，向淮军投降的。这起所谓"苏州事件"引起在华西人方面强烈抗议。例如，在上海，列强的代表以措辞激烈的声明斥责李鸿章。蒙受耻辱而愤慨的戈登扬言要将苏州交还叛军，并且用他的由外国人率领的常胜军攻打李鸿章的部队，甚至加入太平军。英国驻华陆军提督伯郎将常胜军改归自己指挥，并且指示戈登"中止给予帝国（即清朝）事业的一切积极援助"，英国公使卜鲁斯通知清政府"除非得到他的命令"，戈登不得同李鸿章有任何往来。

清政府方面认为，鉴于投降的叛军首领持威胁的态度，李鸿章对苏州局势所做的反应是完全合适的，外国列强没有权力或理由介入此事。因此，虽然李鸿章在上呈朝廷关于苏州事情的报告中曾自请严议治罪，以平息西方当局的愤怒，清政府却没有这样的打算。朝廷只是指出"洋人不明事理"，将这件棘手的"包袱"交给总理衙门。

由于西方人情绪仍然激烈，外交上又陷入僵局，李鸿章从新任中国海关总税务司赫德的身上，找到一个强有力的外国支持者。赫德在上海结清那注定要失败的李泰国—阿思本舰队的账目，并且处理条约口岸的海关有关业务后，很快而且几乎出于本能地开始作为清政府的斡旋者进行工作。他这样做，不管有意还是无意，都成为李鸿章重要的同盟者。赫德在中国的长期生涯中，以或多或少的热情，继续发挥李鸿章的中介人和拥护者这样的双重作用。

这个总税务司一开始就相信，戈登应当上战场同太平军作战，而不是留守在大本营。在他看来，当务之急毫无疑问是将叛军迅速镇压下去。赫德认为，这一发展结果对外国列强和清政府两方面都有利——尤其在扩展中外贸易方面。而且，尽管常胜军最近存在饷给和纪律问题，赫德把这支军队看作是清朝同太平军战斗的有力武器。值得注意的是，赫德也想设法保护戈登，免受李鸿章对他违抗命令的"指责"——他根据李泰国—阿思本舰队事件和自己同清朝官僚打交道的日益积累的经验，预见到有这种可能性。最后，和李鸿章一样，赫德真诚地相信，由于中国人支持常胜军，他们有充分理由要常胜军为中国效力。

在中国的其他外国人，没有人和赫德持同样的观点。例如，伯郎将军力主常胜军立即遣散，"让中国人为他们自己而战"。

1863年12月19日的《北华捷报》社论说："我们很高兴……戈登少校将避免采取进一步军事行动。只有这样的办法才能对中国人起作用。没有希望呼吁他们要有荣誉感，因为他们并没有荣誉感；但是他们对自己的利益深为关切，而不是牺牲这些利益，但愿他们的所作所为能同欧洲的原则符合一致……（如果李鸿章发现）他的行为结果必定使他失去这支训练有素的中国部队（常胜军）至关重要的帮助，他在将来就会放弃采取背信弃义的行动。"

李鸿章虽然对这些外国侮辱十分怨恨，但是他也急于想安抚戈登。因此在苏州事件之后，他立即派马格里医生去见戈登，试图安抚这个愤怒的外国指挥官，马格里也是在不久前作为独立的顾问和兵工厂监督而在李手下工作。正如戈登痛斥马格里充当李鸿章说客，指责这个好心的苏格兰人不合乎英国绅士的行为。然而过后不久，也许出于李鸿章的主动，戈登同这位江苏巡抚重新有了往来——尽管他自己最初激怒不已，而卜鲁斯的指令又是一清二楚。为什么会这样呢？答案很简单：戈登极其希望回到战斗中去。

这个英国指挥官除了他那众所周知的对战斗永不满足的热爱外，还相信常胜军如果仍留在昆山大本营，就会日益蜕化，难以驾驭。而且戈登完全意识到淮军在他不在时也确有能力取得军事胜利。这就提出了一种令人不快的可能性，即他和他所自夸的中外合组部队会被看成对于上海安全和镇压太平军不再是必不可少的——这是对戈登自尊心的打击。最后，按照伯郎将军的说法，戈登曾接到"直接暗示"，如果他拒绝上阵同太平军作战，李鸿章就会将他辞退。戈登后来在给英国公使卜鲁斯的一封信中声称："我确信白齐文正在斡旋解决回到叛军之事，有多达300名品性不良的欧洲人准备加入叛军。如果我离职，抚台（巡抚李鸿章）不会接受另一名英国军官，（清朝）政府就会让某个外国人加入，要不部队就置于华尔或白齐文式的人物率领之下，对他们有时的行动我们从来就没有把握。"

与此同时，赫德一直试图依靠自己的力量敦促戈登回到李鸿章那里效力。虽然这个江苏巡抚 1864 年 2 月 25 日写的一份奏折中提出，他要利用赫德作为中间人，主动同戈登和解，但是总税务司的日记没有提供这样的暗示。1 月 18 日的日记只是记载："我的意图是尽力使戈登重新工作，并且查明与抚台将苏州诸王斩首的行动有关的全部情况。"赫德在这时显然倾向于劝说戈登回来作战，而不问他对处决一事觉得如何。这不仅出于总税务司对上海安全的考虑，而且正如他私人日记所指出，他担心中国当局会将戈登拒绝作战看作是对这个"有能力而且可靠的人"无法驾驭的明证，此人恰巧是一个在清政府供职的外国人。赫德自己也正是这样一种人，他明显地感到加在戈登身上的任何诋毁或怀疑，也会加到他身上。在这样的情况下，个人道德问题便屈服眼前利益的需要。

无论如何，经过多次失败的开端以后，2 月 1 日赫德、李鸿章和戈登终于在苏州会晤，并且同意常胜军应于中国农历新年过后出战。从此时起，赫德在常胜军事务中扮演了一个不可或缺的角色。他帮助戈登按时而且正常地取得他的部队饷银，他还派出海关职员好博逊充任部队的翻译。此外，赫德又帮助李鸿章改善他在北京外国公使中那"破烂"的形象。例如，2 月 6 日，赫德写了一封长信给卜鲁斯，为李在苏州的行动作了长篇有力的辩护。这封信毫无疑问地提高了李在外交界中的声誉。

赫德的日记表明，这时他已成为李鸿章的顾问，两人就出访欧洲的外交和教育使团、煤铁矿、外国轮船、武器和兵工厂以及海关等事务详细交谈。这些谈话留给赫德很深的印象，他后来在这一年（以及随后几年）痛惜李鸿章没有在总理衙门任职——尽管他性格急躁，而且对细节相当不留心。从这时起，赫德终于将李鸿章看作是他寻求中国近代化的一个"支持者"；在以后几十年中，他继续给李鸿章提供帮助和建议。不过，在这位巡抚同西方人联系的最初和发展时期，总税务司绝非是他唯一的外国顾问，甚至不是最有影响力的西方人。所有迹象表明，那个渴望在 19 世纪中国居于和清初耶稣会士汤若望和南怀仁相似地位的马格里，才是李鸿章最重要的顾问。根据戈登自己的说法，李和马格里曾就西方发明、对外关系以及其他最关心的事"谈话数小时"。戈登并无明显妒意承认马格里为面对重重障碍的中国人做了许多事。不过，这个英国指挥官并不太愿意承认马格里在常胜军内部事务中所起的关键作用。

常胜军于 1864 年 2 月恢复战斗以后，在攻打太平军几个主要据点中起了重要的作用，但是到 5 月，不论是对李鸿章还是对戈登来说，他们都很清楚这支部队已经走过它的全盛时期，他们因此匆匆做出裁撤的计划。根据他们的意见，常胜军过于"靡费"，也过于无能，而且更多的财政资助证明它们过分忠于"地方"。两人都相信，淮军是保卫江苏省卓越的足以胜任的工具。但是赫德和上海英国当局感到，这支中外合组的部队不应当太早贸然裁散，常胜军至少有一部分应作为地方防卫力量和训练项目而"永予保留"。在赫德、英国领事巴夏礼、戈登、李鸿章以及不久前召来的李十分能干的助手丁日昌等人进行了广泛有时很艰难的谈判之后，各方达成折中的方案，常胜军中大约 1000 人保留下来，由戈登指挥，作为上海西南约 25 英里小镇凤凰山的外国训练项目的核心。

"驭夷"的早期教训

到 1864 年夏，李鸿章事实上已经认识到他所必须知道有关他艰巨复杂的自强事业中使用外国人的全部有利和不利之处。他同常胜军接触的经验以及他同诸如华尔、白齐文、戈登、赫德和马格里等外国人的联系，形成了此后 30 年间他关于利用外国援助和西方军事技术的主张的基础。他究竟学到了什么呢？

虽然李鸿章不难感受到利用外国武器、训练方法和人员而得到的种种好处，但是他也认识到接受外国帮助，尤其军事方面帮助所包含的具体问题。一种困难当然是外国过度影响的危险。在中国担任军事职务的西方人，几乎没有人愿意以传统的模式"向化"。大多数外国军官并不钦慕中国文化，正如很少有中国人学外国语言一样，只有包括华尔和戈登在内少数几个人才费心学习中文。西方军官和中国人之间时常发生争执。常胜军和其他相类部队的士兵穿着半西式的服装，应答外国语口令，他们在大多数中国人的心目中是"假洋鬼子"——薪饷过厚，粗暴好吵，对孔子道德教义无知。用曾国藩的话说，就是"粗野无文"。常胜军的外籍教练制度所产生的问题，远远超过了文化颠覆和中外日常接触不可避免的摩擦的范围。像华尔、白齐文以及他们的下属这样独来独往的海盗，往往桀骜不羁，难以驾驭，而像奥伦和戈登这些从正规的西方陆军和海军借调来的指挥官，招来了他们本国政府持续不断的干预。甚至像赫德这样的文职顾问——虽然是清朝的官员，而且据称"有着和中国人自己一样，彻底的中国人的思想感情"——也给李鸿章带来了难题。尽管李鸿章赏识这个总税务司供职有所裨益，而且精力充沛，但是他偶尔也说"心虽深很（狠），而贪恋薪俸，愿为效力"。

此外，外国人涉足中国军事事务，不可避免地构成对国家安全的危害。华尔一生谣言不断，说他计划推翻满族朝廷；白齐文实际上同常胜军其他一些军官于 1863 年叛逃太平军；戈登在"苏州事件"结束后威胁说要加入叛军，攻打淮军；1864 年常胜军解散以后，这支部队几名主要军官都加入太平军李世贤部。

从清政府的立场说，暴露外国人在清朝军事内部的活动，只是增加授人以柄的可能性。根据一些报告，同常胜军中的西方军官接触，鼓励了汉族普通士兵中某些"反满"的倾向——虽然排外主义似乎一直是更为普遍的结果。此外西方人在清朝担任军事工作，显然是处于一种向他们自己政府报告中国军事情况的位置。即使是最受李鸿章钦佩的两个外国人之一的戈登（另一个为美国前总统格兰特），根据梁启超的说法，他利用其对清朝军队的了解，向英国人建议怎样攻打中国最好。西式操练也有其明显的危险之处。因此恭亲王曾为了国家安全而猛烈抨击在中国军队训练中使用外国口令——虽然这种做法仍在继续。

雇聘西方军人的另一个问题，虽然威胁性较少，但令人沮丧，即它可能造成外国政府方面对中国军事事务的干涉。西方大国，尤其是法国和英国，在含糊的利他和私利混合的动机驱使下，在增强各自在中国军事影响力的竞争中，显得特别喜欢干涉，军事援助成为对外政策的工具。整个 19 世纪 60 年代及其以后，北京外国公使在华供职，除要求给予他们各自国家荣誉、权威和其他特别的优惠外，还不断要求中国按照西方路线进行军事改革。在地方一级，外国文职和军事官员为了促进个人和国家的利益，不多加掩饰便进行威胁。白齐文事件表明，不让外国政府正式参加，甚至让外国人入籍，都不能杜绝外国列强干预理应属于国内的事务，而"苏州事件"则加强了外国控制中国武装力量的潜在能力。

李鸿章了解这一切，并且深感遗憾，但是他也知道有办法处理它们。一个办法是利用国际竞争。例如，在1863年初，他写道，如果英国人竭力要求委派他们自己的常胜军指挥官而继续找麻烦，那么就不妨将这支部队由法国的买试勒或庞发统率，他们两人都是不久前由北京授予军阶的法国国民。英国人如果未能自主行事的话，他们能够（而且已在）威胁撤走常胜军的枪炮，但是如果李鸿章宁愿依靠法国帮助，他们就无法肯定法国人会不向李的部队提供军官或大炮。与此相似，在苏州杀戮之后，英国人没有出于愤慨而简单拒绝给予清朝进一步帮助的一个理由，看来是担心李鸿章利用此事使法国或其他国家取得对常胜军的影响力。1864年4月，卜鲁斯写信给在伦敦的罗素勋爵："如果我们准备撤回我们的官员，我们将因此对这个政府采取了不友好的行动，但是我们不应阻止外国人接受聘任。"戈登于5月间用同一种腔调指出："拒绝许可（为李鸿章）效力，将迫使中国人向除我国外的外国人求助。"

李鸿章还学会如何操纵各个外国雇员。李尤其根据他同华尔和白齐文共事的经验，十分清楚了解到像"入籍"中国这样传统的外夷顺服的表示，既不能保证外国人的忠诚，甚至不能确保他们会服从中国法律管辖。另外，李鸿章又诚然不能不赞赏个别人如娶中国人为妻的马格里和1862年起在李处担任军事工作的法国人毕乃尔在文化上的转变。

毕乃尔原属刘铭传的洋炮营，1863年剪发，改着中国服装，开始学习中文知识。不久后，娶中国女子为妻，1866年以战功接受几次奖赏（包括满洲巴图鲁名号和总兵身份）以后，禀请成为中国居民，并隶合肥县（安徽庐州）籍。李鸿章报告毕乃尔禀请的奏折措辞符合标准的世界秩序，他提到外国人崇慕中国风土人情和"皇上怀柔远人"。但是李鸿章也认识到，与华尔和白齐文不同，毕乃尔的禀请有实质性的内容。毕乃尔彻底中国化使他在淮军中完全能够与中国同事融洽相处，而且这也有利于李鸿章对他的控制。

对李鸿章来说，不幸的是，和马格里一样，毕乃尔的文化敏感性在19

世纪中国的外国人中间是绝无仅有的。这位江苏巡抚认识到这一点，采取了一种强调具体劝诱比文化信奉更为重要的驭夷战略。2000 多年来，中国人深深依赖金钱奖赏，将其作为吸引和维持外国人忠诚的手段。华尔对金钱臭名昭著的渴求，和长期存在的对外国人固定不变的成见，至少在李鸿章眼中，连戈登也是十分贪婪的。然而事实上，戈登鄙弃金钱奖赏，他辞受清政府在"苏州事件"后给他的 1 万两赏银，把它看作是一个行为准则问题。

尽管戈登能够不为物质利诱所动，他却和华尔一样，渴望得到赏识。李鸿章因此有效地利用了他的自尊心，不断告诉戈登，他在奏折中提到这个英国指挥官的作战成绩，向他传达了对他表示赞赏的御批内容。他甚至给戈登这样的印象，慈禧太后个人对常胜军也深有兴趣。与此同时，李鸿章的淮军部属其他部队单位同戈登经常保持联系，不仅同他交流情况，而且向他问候致意。应指出的是，李对戈登的赞誉是出于真心实意。虽然偶尔受到后者急躁、狂暴和突然发脾气的滋扰，李鸿章的奏折一再述及这个外国指挥官勇敢、坦诚、恭顺以及他的军事才能和有效地使用西方武器的优势。

李鸿章运用官僚控制作为自觉恭维的制度上的补充。这位江苏巡抚一开始聘用戈登，就经常提醒这个英国指挥官以及其他英国文职和军事官员，常胜军是在李鸿章麾下的清朝武装力量。在戈登被任命为这支部队的管带后不久，李鸿章便告诉英国领事马安，他最近已请求授予戈登总兵一职，使戈登能够想到他是"我的部属"。李鸿章事实上于 4 月 12 日奏折中提出此事——虽然他不得不承认自己是根据 1863 年 1 月中旬同英国人的定议，给予戈登总兵的职任。4 月 27 日，北京批复李的奏折，准授戈登为总兵的临时职任，在其节制下负责管带常胜军。值得注意的是，给军机处的谕旨并未要求这个英国指挥官成为中国的臣民，或改着中国服装。李鸿章向戈登传达了这些内容和有关的文件，要他对自己的地位勿存错觉。戈登于 5 月初写道："抚台认为这支部队是他自己的，由一个已在中国供职、并且在他供职中国期间不再与英国当局有关的军官指挥。"

同时，李鸿章要他的外国雇员服从监督。向戈登传递信息和问候的清朝指挥官也同样密切注意他。例如，我们读到绿营军官李恒嵩单独送呈李鸿章关于戈登管理问题和军事行动的报告。其他清朝指挥官，包括淮军的程学启，也是如此。同时，文官如松江知府贾益谦也曾提出有关戈登活动的报告。而且，李鸿章依靠淮军作为强有力的控制工具。到1863年末，淮军已经发展到约6万人，虽然他们有些是由外国军官训练，但没有一个忠于他们——也许毕乃尔除外。外国观察家时常说到李鸿章部将统率下的许多"精锐部队"，《北华捷报》甚至提出（在"苏州事件"后），常胜军将会失去对抗程学启部队的一个"可惜的机会"，如果这两支部队冲突的话。李和他的部将显然并不为这种冲突担忧，但是他们也不惧怯戈登的部队。

外国军事援助的遗产

李鸿章在其成就卓著生涯的其余时期，在所有自强的领域，继续利用西方的援助。

凤凰山外国操练项目，向李鸿章提供了一个在没有太平军叛乱直接而严重的压力情况下贯彻他的驭夷政策的机会。不过，他对这个操练营的由来，原不存有幻想，没有英国的压力和赫德的力劝，它也许绝不会产生。李从同常胜军接触的经验中知道得十分清楚，外国的帮助会招致外国的干涉，他从西方要求扩充外国操练的项目中开始就觉察到他们"揽我兵权，耗我财力"的企图。因此当巴夏礼领事于1864年秋要求委派六名英国官员充任凤凰山教练时，他感到"震怒"。

李鸿章同赫德以及其他大多数外国观察家一样，知道一支"配备英国人充任军官——不论你叫他们是教官还是指挥官"的军队，都会引起其他西方大国之间的竞争。但是当时上海附近的英国军官鉴于法国在外国操练项目中的影响日增，认为这一举措无可非议，甚至是必要的。例如，1864年7月29日，巴夏礼领事惊恐地向威妥玛报告，在清政府军事职任上服务的法国人"也许"比英国人更多。在1862年表现突出的这一英法竞争的主题，一直是19世纪其余大部分时间西方对清政府军事帮助的一个特点。具有讽刺意味的是，赫德海关的雇员，著名的日意格和美里登，在增进法国利益、反对英国人方面，表现得尤为积极。

凤凰山操练项目轰轰烈烈地开始。1864年8月操练营才设立一个月左右，戈登就已经写道，他在部队操练、队列和演炮等方面取得"重大进步"。

他写道："这比我所设想的要容易得多。"但是这个精力充沛的英国指挥官也发现，仅有的军队操练，"过于单调乏味"，需要有"比我多得多的耐心"。他因此决定返回英国。他宣布离任，从而推动了中国人和英国人关于凤凰山前途的谈判。戈登本人对于这个项目表示满意，他感到应当继续"在……服装、薪饷和训练方面，吸收尽可能多的人到帝国（即中国军队）那里"。戈登承认，没有理由对李鸿章管辖下的凤凰山项目表示抱怨，但是他相信，必须同中国当局达成谅解，一旦李调动的话，操练营也有一个更永久的基础。

巴夏礼和丁日昌之间长期谈判的结果，是 1864 年 11 月 12 日达成的双方都感到满意的 13 条协议。虽然李鸿章不得不接受第六十七团陆军中尉质贝接替戈登作为总教练，但是他成功地将凤凰山办成实际上和名义上都是一个中国的机构。根据协议条件，中国统领负有升擢、斥革、营规、薪饷、给养以及其他军事管理重要方面的全责。质贝和他的外国教官只负责教练操演。李鸿章以当地淮军军官潘鼎新做统领，以丁日昌做道台（后为江苏布政使，最终为江苏省巡抚），他能够有理由确信凤凰山的事务是在中国人掌握之中。赫德 1864 年 11 月 9 日的日记指出，虽然中国当局最初将操练营看作是给外国人的一个"抚慰品"，但是现在李鸿章完全支持它。据他记载，"有 3000人和 60 艘炮艇，整个部队总共 4500 人，在潘藩台（布政使潘鼎新）治下，即将实现正规化"。

几个月后，1865 年 5 月，赫德重访凤凰山，对这个项目作了赞许的报告。根据这个总税务司的说法，有 900 名中国士兵在淮军余在榜和袁九皋直接统领下，"操演十分出色，教练干预极少"。虽然质贝告诉赫德，巴夏礼不时干涉"损害了"这个项目，并且使潘鼎新泄气，不愿更加积极地参与凤凰山的工作，但是他"不能抱怨中国人所作的一切，把有关操练营未完成的工作丢下不管"。

然而 6 月质贝接受调动回英国，引起由谁继任的麻烦问题。巴夏礼自然认为新任英国司令官盖伊应提名为继任人，但是丁日昌在李鸿章的暗中支持下，巧妙地绕过正常的渠道，取得对曾在常胜军供职的前英国军官司端里的任命。为了说明这一举动是正当的，丁日昌强调戈登曾从国内来信推荐司端里，并且煞费苦心地指出，司端里同英国政府没有正式的联系，这是有利条件。上海英国当局高声抗议丁日昌的这项成功之举，但是没有用。在北京，威妥玛承认中国有权委派质贝的继任者，他只要求中国人在最后选定时通知他。

在随后几年，凤凰山的日常工作像在戈登和质贝指挥下一样继续进行：由中国人而不是英国人发号施令；中国官员监督操练营的基本管理；淮军军官充任统领或营官的军职；以关税收入维持操练营。但是到1873年，在工作将近十年并且花费近150万两白银以后，这个操练项目衰落了，没有任何挽救的希望。早在1869年，《北华捷报》就把它描绘成"从前的叛军、鸦片鬼和懒汉"的结集所。时任江苏巡抚的丁日昌表示了类似的看法，他写道，营中士兵训练不当，贪污成风，奢侈铺张，肮脏混乱，领导无力。大多数中级军官吸食鸦片，他形容凤凰山两个中国营官"郑有暮气，袁多滑气"。总之，丁日昌认为整个项目"有名无实"。

司端里也强烈抱怨这种情况，但是限于1864年的协议，他和他的外国同事"无权纠正内部弊端"。上海的英国官员和司端里本人试图扩大外国人在凤凰山的作用而未成，中国人认为外国人干预营内事务已经过于明显。1879年，凤凰山项目突告中止，当时英国官员对此极感不快，而清朝当局则非常满意。过于注意西方人方面，并没有抵消对中国人方面的忽视。的确，两种趋向在加速这个项目的衰落中起了互为补充的作用。

凤凰山的失败总的反映了同治时期（1862—1874）外国训练项目的失败。这些项目缺乏中央政府指导和支持，只能靠地方赞助人的热情和他们的在任得以维持下来。大多数项目在凤凰山之前便已萎缩消亡。然而，在缺乏产生中国军官近代西式训练营的正常制度的手段下，包括李鸿章在内的清朝官员继续利用外国人训练他们的军队。不过，李鸿章从两个方面对待利用西方人才的问题：一个自然是众所周知的根据当前需要雇聘在华西人的临时权宜的战略；另一个在观念上和实施中都更加复杂的是派遣中国人出国探究西方军事的作用。

1870年李鸿章出任直隶总督后，他感到自己现在能够利用更加广泛的对外联系来追求这两方面的目标。这一发展可从他自己迅速扩展包括像丁日昌那样具有进步思想的受庇护人的关系网得到部分解释，丁不仅在清朝官僚中权势日增，声望日隆，而且在在华外国人中名声也很好。李鸿章能够更多地接近外国人才，还由于他同赫德的长期友谊日臻成熟，赫德允许海关的西方雇员在不同的近代化企业为李（以及其他中国官员）效力。不过，李鸿章成功的另一个解释是他在天津——同时作为畿辅省份的总督和北方三口通商大臣，事实上成为一个中央政府的官员，身居致力协调中国外交、军事防务和自强计划的地位。外国代表在去北京途中，很少会放弃拜访李鸿章的机会，探询他的看法，并强调他们自己特别倾心的计划。19 世纪 70 年代中期一位杰出的外国来华访问者、美国将军埃默里·厄普顿把访谒李鸿章并且检阅淮军作为他宏伟的亚洲军事旅行的一部分。根据李的说法，两人谈了关于设立中国军事学校的想法，但是讨论并未产生结果。虽然李鸿章当时写的东西表明他清楚地意识到采取这样一个步骤的价值，但是考虑到在中国国土上建立一所完全合格的军事学校所需的费用，他显然认为这一需要并不十分迫切。在同一时期，李鸿章还探讨派出一些中国军官到西点军校的可能性——这大概是著名的 1872 年赴美教育团的具体而微的小试，结果也是什么都没有实现——这一次是出于政治原因。不过，在 1876 年，李鸿章能够派七名淮军军官由他最好的教练之一李劢协陪同前往德国学习"战术"。

德国人由于新成立了一支东亚海军中队，并且试图在中国建立一个稳固的立足之地，非常乐意帮李鸿章的忙。虽然赫德为了推进英国的利益，继续不停地工作，但是他的热忱现在遇到了克虏伯和德国帝国公司的挑战，他们通过给予未来的教练津贴这样的手段，以巨大的努力，为德国人到中国工作打开方便之门。德国军人麇集于李鸿章的旗下，其中包括有影响的顾问、曾任教官的汉纳根，他于 1879 年开始作为副官为李效力。

在此期间，李鸿章派到国外的一些学生已回到淮军中。其中查连标的经历富于启发性。查在周盛传强兵 1 万的盛军效力——在 1885 年周去世前，盛军也许是全中国最精锐的一支淮军部队。周盛传在李鸿章部队（从太平天国时期起）同外国教官长期接触中深信西式训练和操演的价值，他痛惜外国训练的精髓没有充分灌输到淮军中，他希望挽回这种局势，并且赞扬查连标对提高盛军全面效率的贡献，力恳李鸿章给他"破格"增俸，以资奖励。不过，值得注意的是，周并未建议在绿营系统提升他的军阶——大多数勇营军官特别重视这种奖赏。虽然周盛传在卷帙浩繁的著述中一再强调西式操练的重要性，但是很明显，不论出于什么理由，他并不准备为精通西式操练的人请求给予最高的奖赏，在其他进步较逊的部队中，问题是否比这里更多呢？

我们在盛军中还发现对于外国人和外国影响的某种敌意，这使人联想起常胜军和同治时期凤凰山那样的外国训练项目。虽然在这支淮军部队中，外国的干预似乎最小，虽然周盛传尽力指出他的受过外国训练的军官得到士兵的信赖，但是很清楚，在李鸿章的部队中，接受外国人影响是很不全面的。用一名十分了解淮军情况的观察家的话说："（西式操练中）如果漂亮得像一个可恨的外国人，就会失去社会地位。"这种态度，连同对于操练中（西方人）积极参与的沿袭下来的反感，无疑损害了淮军军官的军事战斗力。

为了使淮军更符合西方惯常做法，周盛传在他去世前不久提出建立一所洋式的军事学校——武备院。他显然担心这会打乱淮军内部的既得利益，强调训练军官"不必多数"。不过他确曾怂恿李鸿章尽早建立一个"公所"，以便在德国人监督下，给中国士兵以系统的指导。他直接的动机有三个方面：中法冲突的军事需要，其他淮军将领的支持，以及一个能干的德国教练的核心群体已经出现。

饶有趣味的是，戈登在面临对俄国开战威胁的所谓伊犁危机中回到中国帮助李鸿章时，他也建议于 1880 年采取类似的步骤。李鸿章这时任用戈登，正如他在太平天国运动时期聘用这个怪僻的英国指挥官一样，再次说明了中国对于军事改革和利用外国人才所采取临时权宜态度的缺陷。李鸿章和戈登1869 年的通信就已预示后者于 11 年后重返中国。那时，英国臣民只允许在和平时期而不是在战时为中国人效力。据说这一规定曾使赫德灰心丧气，他放弃了一个雇聘约 100 名英国人做 1 万人的中国军队教练的计划。然而它却阻止不了戈登。他一来到天津，便告诉李鸿章，如果俄国进攻，他愿为中国而战；李问他是否能够不受英国政府的约束，自由行动，后者回答："我已辞去本国官职，英国不能管我。"

　　李鸿章对戈登的个人忠诚和"热爱中国"印象深刻，他写信给总理衙门说："戈登既云不为英官，英使不能管他，亦不怕俄人嫉忌。楚材晋用，敝处极应留商一切，以收驾轻就熟之效。"他接着说："盖戈登心地忠诚，不为利动……声名赫著，朴勤如昔，与鸿章意气相许，有急必出死力相助。"

　　但是戈登关于中国不应同俄国作战以维持"体面"的建议，在北京十分不受欢迎。即使李鸿章非常赞佩戈登挚爱中国，也感到他的这个外国朋友没有同中国现实接触，"喜听间言，主意不定"。赫德写信给他在伦敦办事处说："尽管我十分喜欢并且尊敬他，可是我得说他'神志不正常'。"戈登最失去理性的行为是他试图劝说李鸿章"向北京进军，僭称'监国'"。李鸿章当然没有这样的打算，但是外国报纸充斥着他和戈登正在阴谋把清皇室赶下台的谣言。戈登为这些谣言所苦恼，并且因中国和西方的政策的制定者而灰心丧气，他决定离去。他在 8 月下半月写道，"如果我留下，将对中国不利，因为他将使美国、法国和德国政府恼怒，这些国家要派他们的军官到中国来，再说，我是他们不需要的人"。

　　这一依靠外国帮助不幸的模式本身在整个 19 世纪 80 年代一再重复，一直延续到 90 年代。外国教练使李鸿章的部队跟上西方军事科学的新发展，但是他们也像他们在同治时期的对手一样，并不能够在淮军中实行根本的变革，更不用说整个中国军事了。正如《中国时报》在 1887 年初所评论的："的确，外国军官已经受雇（于中国各部门），他们已在教中国新手许多操演……但是改革还没有渗透到战役的基本要素中，如军队管理、运输、给养部门、医务人员等，而没有这些，一支受过训练的军队就和没有受过训练的一样，至多是一群乌合之众而已。"中国的观察家也得出类似的结论。像李鸿章所部这样受过西式训练的军队，能够对付装备简陋的国内反抗者，但是他们却不足以应付外国侵略的挑战。

　　此外，1874 年以后外部威胁日增，连同与之相关的中国排外主义的发展，使获得和系统地利用外国军事援助变得复杂了。作为遏制外国侵入的手段，雇聘西方人日益明显地受到限制，这种限制丝毫不是由于这个或者那个西方大国经常是敌人的缘故。《经济学家》在伊犁危机时曾经有针对性地指出，如果中国人要组织一支由欧洲人做军官的军队，"也许它不能用于对（外国）租界作任何一般的攻击"。甚至在 1880 年忠告中国人应如何保卫自己、反对外国侵略的戈登，也向英国人建议如何攻击中国最佳。民族的自我利益似乎最终还是使外国人提出的改革建议添上了最利他主义的动听音调。

在 19 世纪其余的时间，外国的竞争继续助长了阴谋诡计和幕后操纵，并且增强了中国官员身上的外国压力。同时，具有讽刺意味的是，中国立法和其他法律上的障碍，妨碍了自由雇聘西方军事人员。而且，对中国军队中聘用外国军官和教练的愤恨也日益增加。所有这一切问题都曾出现在太平天国运动时期，但是随着时光流逝，它们变得越来越难解决。因此迟至 1895 年，仍然有些人鼓吹中国要有一个与大约 60 年前与华尔和戈登领导的军队十分相仿的军事模式，便令人特别惊奇了。虽然建立一支汉纳根领导下由外国人充当军官的中国军队的雄心勃勃的计划成为泡影，但是张之洞那支由德国人充任旅、营、连队军官，直至中国军官经过训练能够取代他们的自强军，却承受了常胜军的全部主要缺陷：不合格的吵吵闹闹的外国军官、中外摩擦，以及最后西方的干涉。

总之，19 世纪临近结束之时，李鸿章和与他思想接近的人仍然没有解决由于利用外国援助而带来的基本问题。尽管有了 60 多年痛苦然而深含启迪的经验。中国关于军事方面雇聘西人的改革，仍然和太平天国运动时期并无二致。西方人仍被李鸿章等人聘为顾问、教练甚至军官，但是北京并没有真正试图对他们的近代化努力加以协调或监督。武器、训练甚至教练用语，在军队与军队之间，地方与地方之间都相去甚远。像同治时期外国训练计划一样，19 世纪 80 年代和 90 年代建立的少数几所军事学校，主要依赖地方的赞助和不稳定的经费筹措，它们培养出来的军官人数太少，不能满足中国的需要。

李鸿章对日本和朝鲜的均势战略

柳原前光早些时候曾告诉李鸿章，日本被迫同英国、法国和美国通商，这些国家利用日本，日本因而心怀不服。但是日本力难独自抗拒这些大国，希望同中国合作。随着李与日本人接触增多，他开始认识到，他们彬彬有礼的外表下却掩盖着工于算计和诡谋多端的性格。

1870 年 8 月 29 日，李鸿章出任直隶总督，接替正处于困境中的曾国藩，在此之前 6 月间，他已奉派直隶，处理因天津教案而引起的中法危机，带淮军 2.5 万人随行。不到三个月，即 11 月 12 日，他增授北洋通商大臣，李鸿章受命驻在天津，只是在冬季天津封河时，才到省城保定。此外，李还是没有正式称衔的淮军统帅，当时淮军除承担其他任务外，还负责警卫畿辅。他还从自己在清政府的重要职位上，在自强活动中起着非正式的中央协调人的作用。李鸿章通过多重职务在清政府对外政策的实施中，起领导作用达四分之一世纪之久。尤其是他负责对中国东邻日本和朝鲜的政策，这两个国家同中国的关系，向李鸿章提出了他漫长的一生事业中面临所有外部问题中最为棘手的难题。

1870 年前李鸿章的日本观

李鸿章对日本和朝鲜产生兴趣，时间上要比 1870 年他受任直隶总督后很快就亲自涉足日本和朝鲜事务更早。1863 年 5 月，李到上海指挥对太平军的战事后，从上海写信给曾国藩。西方武器的功效给他留下深刻的印象，他告诉他的导师："俄罗斯、日本从前不知炮法，国日以弱。自其国之君臣卑礼下人，求得英、法秘巧，枪炮轮船渐能制用，遂与英、法相为雄长。"在 1864 年春致总理衙门的信中，李再次赞扬日本在军事自强方面的努力。他赞扬日本，同时是在提醒中国。他回溯今天的日本人即明代倭寇后裔，预言如果中国有以自立，日本人将附隶中国，如果中国无以自立，日本人就将效尤西方。李强调中国要成功地对付西方威胁，就绝对有必要去做日本正在做的事情——觅购制器之器，使聪秀青年致力工业工作。他建议在现行科举制度中，为专攻技术的考生创设一个新科，以资鼓励。他的建议为保守的满族宫廷所拒绝。

在清朝士大夫普遍以轻蔑和偏见的眼光看待日本，将它主要看成中国麻烦的潜在根源的时代，李鸿章却没有表露出这样的看法或情绪，至少在外表上没有流露出来。相反地，他赞扬日本是中国军事自强的榜样。虽然李鸿章不可能完全信任日本人，但是看来他对于中国在反对西方侵略斗争中实现中日合作，抱有某种模糊的希望。

至于朝鲜，李鸿章卷帙浩繁的著述，并没有提供有关这一时期他对这个半岛王国态度的明晰的暗示或直接的线索。李没有理由怀疑朝鲜这个最紧邻、最重要的属国对中国的忠诚。他的中国国防战略观念还有待发展，而朝鲜则在这一国防战略中占有重要的地位。

遏制日本同西方合作：1870—1874年

1870年秋，李鸿章开始了他对中国对日外交政策长达四分之一世纪的处理，当时日本外务大臣柳原前光衔命向中国当局试探两国订立条约的可行性，抵达天津。总理衙门获悉柳原前光的使命，先是决定拒绝日本的要求，因为它担心同日本立约，可能给中国同朝鲜和越南这样属国的关系，带来令人不快的后果。处于困境的柳原前光求助于李鸿章和曾国藩，他们两人当时都在天津。

柳原前光早些时候曾告诉李鸿章，日本被迫同英国、法国和美国通商，这些国家利用日本，日本因而心怀不服。但是日本力难独自抗拒这些大国，希望同中国合作。不管李鸿章是否完全相信柳原前光，他对柳原前光的话却没有表示疑问。李鸿章致函总理衙门，表示同日本立约不仅不可避免，而且是可取的，劝它接受日本的要求。在总理衙门拒绝柳原前光的要求后，作为对这个日本专使的新求助的反应，李鸿章再次写信给总理衙门，坚持中国既已与西方许多国家立约，不宜拒绝同日本这样一个紧邻的国家缔结条约。他提醒说，这将不仅有损中国的威信和声望，而且还会使日本转而成为中国的敌人、西方的盟友。他强调中国自己必须同日本结盟，决不应让日本变成西方侵略中国的基地。然而，李鸿章当时还无法知道同时代的日本明治领导人的态度和意图，这些领导人正在心理上而且在外交上使他们的国家同西方大国结盟。由于李鸿章的干预，总理衙门改变了早先的决定，奏请由李鸿章负责准备对日本订约谈判，谈判预期于1871年春季开始。

李鸿章在追求他的目标时，表现出愿意支持日本人，并且在没有相反证据之前，肯定他们的要求，虽则他自己并不可能充分相信他们。1870 年 12 月，拟议对日条约受到极端保守的安徽巡抚英翰的抨击，英翰回顾明代的倭寇，怀疑日本乘中国正因天津教案而引起的危机谋求立约的动机。英翰还担心同日本订立条约，会鼓励像朝鲜和越南这样一些属国纷至沓来，谋求同样的待遇和优惠。李鸿章在 1871 年 1 月的一份奏折中指出，在 1860—1861 年事变以后几年，江浙因太平军打击而衰敝糜烂，西方各国正在胁迫中国，日本并未乘此情势要求同中国立约。他争辩说，由此可见日本安心向化。至于明代倭寇，李说，那是因明朝禁绝互市所造成的。李在指出日本通过采用西方技术实现军事自强所做努力成功时，再次提醒说，日本如果受到中国拒绝，必将同西方结盟，而如果加以适当笼络，它将为中国所用。他重申自己先前的建议，在同日本条约签署之后，中国派外交和领事官员常驻日本，以促进中日合作，制止日本不利于中国的行动。

李鸿章虽然愿意对日本人通融，但是无疑，他对他们的意图和行动并非视而不见。他对日本策划侵略朝鲜，保持警惕。早在 1871 年，据报道，日本兵船可能随同美国兵船即将来到朝鲜，后者是由华盛顿派来查问"谢尔曼将军号"（一艘于 1866 年冒险驶入朝鲜内陆水域后被毁的美国商船）的结果，李鸿章开始关注日本和美国针对朝鲜而秘密合作的可能性。在关于此事致总理衙门的一封信中，他表示担心日本可能成为朝鲜的直接威胁，后者对此恐难独抗。

在签订 1871 年 9 月达成的中日修好条规谈判中，李鸿章是中方主要谈判人，这个谈判第一次向他提供了采取具体步骤实现其遏制日本侵朝计划，阻止它同西方国家合作对付中国这一外交政策目标的机会。李鸿章的务实精神使他愿意在国际外交上给予日本以中国平等的地位——这是一个重大的让步，一种对于清朝确立同东亚国家和民族间关系行为的传统惯例前所未有的背离。另外，李鸿章在要求他认为与中国攸关的重大利益方面，并不妥协。他克服了日本长时间的强烈反对，成功地将互不侵越"邦土"、保证缔约双方中任何一方同第三国发生冲突时彼此相助，载入条约。李鸿章加上"邦土"一词，未作具体指明，意在保护朝鲜免遭日本侵略。彼此相助一款，则是他想出来用以防止日本同西方大国结盟的手段。

许多西方观察家指责这个条约是针对西方国家的中日军事同盟的象征。尽管日本领导人曾公开表示同中国合作的愿望，但远远不是他们的意图。这也不是李鸿章的意图。虽然李鸿章在早些时候有可能抱有同日本人建立某种形式的合作的模糊希望，然而他过于现实，以致无法在很长时间内一直持有这样的看法。他的目标更为有限而且明确。他认为，朝鲜比起中国南方沿海各省，对于清朝国家防务更是生死攸关，根据他对朝鲜战略重要性的这种观念，他需要利用条约作为工具，以保护朝鲜和中国的战略利益，以及中国在这个半岛王国传统的宗主权，免受日、俄侵凌，并且防止日本同西方结盟，转而反对中国。

在条约签订后几年中，李鸿章的政策经受了日本政府行动的严峻考验。日本人对中国没有给他们以西方各缔约国在不平等条约下所享有同样的在华权益和特殊权利感到不快，甚至在新约批准之前，就试图修订条约，虽然并未获得成功。具体地说，他们要求取消彼此互助的条款，以免"西方生疑"。此外，他们希望增加最惠国条款，以便日本能够得到和西方缔约国同样的法律上的平等地位，以及由此产生的在华实际利益。由于这一点以及其他原因，一直到1873年4月，条约才正式签署认可。然而有两件事几乎接踵而来，它们一定会打消李鸿章也许曾经有过的在共同反对西方的斗争中中日合作的任何幻想：1873年日本的征韩论和1874年它对台湾的出兵。虽然前者未立即导致日本对朝鲜的军事行动，但是它清楚地显示日本对半岛邻国的傲倨态度和侵略野心。后一个事件造成一场严重的国际危机，它能够激化为中日之间重大的军事冲突。结果并没有这样，这在很大程度上是由于李鸿章慎重从事和劝告克制的缘故。

出兵台湾起因于1871年2月琉球船只失事，水手被台湾南部土著杀害。东京政府不顾琉球作为中国的朝贡国和已废的日本萨摩藩封臣的双重地位，于1873年单方面将这个半岛上的小王国置于日本独自控制之下。它借口为被害水手报仇——宣称这些水手是日本臣民——在1874年4月没有正式知照中国，便发动一场征伐。李鸿章闻悉发兵消息，惊骇之下，表示不可置信。在4月末致总理衙门的信中，他表示了这样的看法，即在征韩论争中鼓吹对朝鲜采取军事行动而被驱逐出政府的前参议江藤新平所领导的叛乱刚刚平定不久，日本不会有能力举行远征。李鸿章说，如果日本使用武力，它极有可能针对朝鲜，而不是针对台湾土著，因为江藤是在请伐朝鲜被拒绝后才谋划作乱。在 6 月初给总理衙门的另一封信中，李鸿章劝告慎重从事，因为兵端一开，便可能有意外之变。

在接踵而来的危机中，李鸿章起着中国防务非正式协调人的作用。他建议总理衙门采取加强中国在协议谈判中地位的军事措施。他同沿海各省有关督抚，包括福建船政大臣沈葆桢密切合作，部署台湾沿海防务，沈是由他推荐，经总理衙门奏请，增派为办理台湾等处海防事宜的钦差大臣。虽然李鸿章一再敦促总理衙门在谈判中对日本采取坚定的立场，他的目的仍在于谋求和平的外交解决，而不是军事对抗。他劝告总理衙门："明是和局，而必阴为战备，庶和可速成而经久。"他建议沈葆桢："冲突要避免，而战备要加紧做好。"李获悉日本内务卿大久保利通即将来北京谈判议结，建议总理衙门要以礼相待。他甚至认为，就琉球水手被害一事来说，此案已有三年，福建当局并未认真查办，因此中国亦小有不是。他劝总理衙门从被害水手人道主义立场和对日本士兵远道艰苦的考虑出发，付钱解决。

李鸿章坚定和解的立场，无疑来自他的务实精神和他相信此时清朝陆军和海军尚不足以与日本抗衡。但最为重要的是，这和他旨在防止日本同西方针对中国而合作的外交政策是一致的。他已不再以中日合作对付西方挑战的任何希望欺骗自己，但是无论如何，他希望在中国军事上仍然衰弱之时，避免中日关系完全破裂或疏远。1874 年 10 月底在北京签订的最后协定《中日北京专条》，反映了李鸿章对日外交政策的现实主义、中庸调和与克制精神的特征。

探求新的战略

1870 年末李鸿章第一次被置于负责中国对日外交政策的位置上，他开始以起码的善意对待日本人，赞扬他们军事自强的成功。虽然李并未对日本同中国积极合作持乐观态度，但他至少希望防止日本同西方结盟或合作，转而反对中国。虽然他并未将日本看成是中国的敌手或威胁，他却相信一个被西方主要大国支配或同它们结盟的日本，将成为大清国国家安全的严重威胁。

随后，随着李鸿章同日本人接触增多，他开始意识到，他们彬彬有礼的外表下却掩盖着工于算计和诡谋多端的性格。日本的一系列行动——要求独享对琉球的统辖权，征韩论，出兵台湾，突出地显示了日本对其邻国的扩张主义野心。李鸿章尤其将日本人在各处的种种行动看成是日本未来侵略朝鲜的前奏。他深信一个由日本人控制的朝鲜，将是清皇朝故土满洲的致命威胁。正如出兵台湾所充分显示的，不论日本是否同西方大国结盟，它本身已成为一种威胁。李鸿章显然相信，这使得他的政策仅限于遏制日本同西方合作，不仅过于消极，而且不够适当，形势明显要求有一个新的政策。

在紧接台湾危机解决后的一段时期，李鸿章似乎已开始探求一项新政策。具体地说，李的目的在于保护朝鲜和中国的战略地位，以及中国在朝鲜传统的宗主权，以免受到日趋严重的日本军事威胁。这与清政府高层领导内部海防与塞防主张者之间著名的政策论争几乎是同时发生的。李鸿章几年来一直要求建设一支西式海军，以对付中国面临的新挑战，他领导前一派，有力地坚持大规模的海军扩充和近代化方案。左宗棠代表后一派。雄辩地鼓吹当前塞防优先的战略。虽然已有不少官员认识到日趋严重的日本威胁和伴随而来的海防重要性，李鸿章的立场仍然代表了对清代传统战略前所未有的背离，这一传统战略在历史上将塞防置于优先地位。还有一个引人注目的事实，那就是除有战略意义的伊犁地区为俄国占领外，整个新疆这时都在回民反叛者手中。决定两派争论结果的关键性意见，也许来自文祥，一个有影响的受人尊敬的满族政治家，他告诫，回民叛乱已影响到外蒙古，如不加以制止，将会扩展到内蒙古，从而构成对帝国首都北京的直接威胁。朝廷做出抉择，左宗棠收复新疆的战事继续进行，这在以后几年内都要求清政府投入巨额的财政岁入。

在这些紧张的事态下，李鸿章和各省一些持相同想法的官员关于拨给必需的资金进行他们所期望的那样规模的海军项目的要求被否定了。李鸿章被委任利用军事以外的其他手段应付朝鲜的形势。他的保护朝鲜免受日本侵略的目标虽然十分清楚，可是达到这一目标的手段和方法却绝非轻易可以实现。李探求一种新的方法，如果不是探求一种新的政策的话，将要持续几年。

随着台湾事件的解决，日本政府采取步骤巩固它在外交上的收获。1875年初，它命令琉球停止向中国派遣贡使。日本人在台湾的"成功"，使他们更加大胆，决定进而解决朝鲜问题。由于日韩外交争吵再度激化——自1868年明治维新以来，据说由于朝鲜公然拒绝同日本新政权打交道，就一直在争吵。在中国，许多人疾呼应关注日本对中国和朝鲜的日趋严重的威胁，这种情绪也存在于西方人之中。1875年5月，同文馆英国教习柯理士向总理衙门呈递一封信，信中他推断日本侵略朝鲜可能造成的后果，他说：日本或索地于朝鲜，或令朝鲜向日本进贡，使它同中国断绝关系。他接着说，也许日本人会不惜以金银引诱朝鲜人；后者对日本武力已怀畏惧，可能会被说服、同意，日本人在境内驻兵，或准许他们假道自由通行。日本人于是暗中向朝鲜—满洲边境移动，待时乘隙跨越鸭绿江，直迫盛京（沈阳）。柯理士所描绘的这样一个可怖的局面，使任何一个清朝官员都不得不予以认真思考。

在这个时期，日本领导人步美国人开放日本的后尘，凭借炮舰外交，于1875年9月故意挑起所谓江华岛事件。1876年1月初，日本公使森有礼抵达北京，想弄清楚政府对日朝争端的态度。李鸿章于1月19日写信给总理衙门，对于两国如果发生战争，朝鲜将无力对敌，表示忧虑。他几乎无望地问道："将来该国或援前明故事，求救大邦，我将何以应之？"李在推测日本侵犯朝鲜造成对中国的可怕后果之后，请总理衙门设法劝说朝鲜政府容忍小忿，以礼对待日本人，甚或派遣使者前往日本，解释江华岛事件。20日，他写信给不久前作为特使出访北京的朝鲜前执政李裕元。李鸿章微妙地表达了他对日朝关系新近发展的关注。几天以后，日本公使森有礼在保定访谒他时，他警告说，一旦日本攻击朝鲜，中国和俄国将出兵朝鲜，这样徒伤和气，对各方都毫无利益。1876年2月27日日朝《江华条约》签订，这个条约正如李鸿章期望的那样，至少暂时避免了两国武装冲突，李鸿章和总理衙门获悉这个消息后，显然都松了一口气。

李鸿章继续探求解决朝鲜问题的有效办法。由于缺乏任何实在的手段遏制日本野心，在争取日本友善的努力中，他主要依靠自己的说服力和友好的外交姿态。1876 年 10 月初，日本前外务大臣副岛种臣路过天津，告诉李鸿章，日本担心俄国侵略，希望同中国并力抵拒。一个月后，即 11 月间，日本驻华公使森有礼再次访晤李鸿章。他也告诉李鸿章，日本希望同中国和朝鲜合作，抵御俄国侵略，而不愿彼此争吵。李鸿章对这一合作表示真诚欢迎，他强调朝鲜是中国的东藩，也是日本的北鄙，中日两国都应当体恤它的孤立之情，不应向它提出难堪的要求。虽然李鸿章不可能因日本自称合作的愿望而沾沾自喜，但是看来此时他还没有完全放弃从前的希望，即日本接受劝说，对中国保持友好，并且克制对朝鲜的侵略。1877 年日本爆发萨摩藩叛乱，李鸿章很快就借 10 万发弹药给压力重重的日本政府——这种友好的表示显然意在赢得日本人的好感。

在此期间，造成朝鲜局势日益紧迫，似乎是来自北方的日趋严重的俄国威胁。早在 1876 年，当江华岛事件引起的危机看来向日朝之间大规模的军事冲突发展时，焦灼不安的总理衙门通知满洲三省将军，即盛京将军崇实、吉林将军穆图善，警惕俄国可能沿俄朝边界的军事行动。谣传俄国可能允许入朝作战的日本军队在其领土上自由通行，更增加了清政府对俄国侵略的恐惧。恐俄心理无疑支持了上文提到的副岛种臣和森有礼所表示的日本对日中合作拒俄的愿望。就李鸿章本人来说，他这时也许认为，鉴于日本正忙于自卫，无暇考虑反对他国的任何计划，在东亚推行扩张主义政策的俄国正在寻求机会攫取朝鲜港口或商埠，建立一个海军基地。因此，在俄国和日本之间，李鸿章在这一时期看来倾向于赞同后者。

正如前已指出，《江华条约》签订所造成的日朝和睦关系避免了两国间的战争，维护了东亚和平。但是 1876 年至 1878 年，对于中国至多是一段和平动荡不定的时期。面对着日渐严重的日本和俄国侵略的危险，李鸿章外交政策首要关注于如何保护朝鲜，免遭这一危险。然而在这一时期，李显然还没有制定出一个达到这一目标的明确的战略。只有到中国面临由俄国人促成、日本人使之进一步加深的另一个外部危机后，李鸿章和他的同僚才制定出一个旨在保护具有战略意义的朝鲜半岛使其避免俄国和日本威胁的明确有力的政策。

朝鲜国际均势

东京在出兵台湾结束后，在琉球建立起它事实上的独有支配权，继续加强对这个多岛屿王国的控制，而对北京一再要求恢复琉球对中国的朝贡关系，则予以轻蔑拒绝。然而由于东京正全神贯注于诸如 1877 年萨摩藩叛乱和随后 1878 年大久保利通被暗杀的国内危机，它没有对这个王国予以正式兼并。日本人能对采取这样的行动表现克制，是因为他们事实上希望同中国合作，以遏制俄国侵略，而不想同中国做进一步无谓的对立。1878 年左宗棠成功地结束了他的军事行动，重新确立清帝国在新疆的统辖，除了伊犁一小块地方仍在俄国占领之下。可是俄国人拒绝它先前所允诺从这一地区撤出，从而引起一场重大的国际危机。东京利用这种局势，正式废除琉球王国，将它并入日本，改称冲绳县。日本这一单方面的行动并没有征询清政府或琉球人民的意见，自然激怒了中国人。它也使李鸿章原先关于中日合作抵拒西方侵略的希望一扫而光。只不过一年以前，李给朝鲜政界元老李裕元信中还劝说朝鲜应联日制俄，李鸿章永远不会再抱有这样的希望了。

日本正式吞并琉球后不久，前福建巡抚、也是李鸿章挚友的丁日昌奏请谕令朝鲜同西方大国建立条约关系。丁解释说，由于朝鲜已被迫同日本订约，如果朝鲜也同其他国家订立条约，那么，日本一旦采取行动，就会受到所有同朝鲜有条约关系国家的谴责，日本对朝鲜采取侵略行动将受到制止。英国驻北京公使威妥玛也向总理衙门提出类似的建议，他提醒说，如果朝鲜未能同西方大国建立条约关系，它肯定会重蹈琉球的覆辙。1879 年 8 月 21 日，总理衙门奏请朝廷下旨李鸿章，依丁日昌建议，劝说并指导朝鲜同西方国家建立条约关系。同一天，李便接到这个谕旨。

李鸿章在他的同僚提出设想的基础上，制定了一个以保护朝鲜为目的的清朝新政策，朝鲜对于作为直隶总督和北洋通商大臣的李鸿章来说，是一个外交和战略上最为关切的主要地区。为达此目的而制定的战略是，使朝鲜在从西方引进的条约体系下，同尽可能多的国家建立条约关系，这样一种国际权力和利益的均衡将在朝鲜创立，它将防止任何一个大国独占这个国家。作为李鸿章战略基础的均势观念与中国传统的"以夷制夷"计策并无不同之处，中国曾在历史上常用这一计策维持自己在亚洲内陆边疆内外游牧民族中间至高无上的地位。在这一计策下，中国利用这些地区一部分所谓夷狄去遏制另一部分更为强大的夷狄，或者利用一些强大的夷狄去控制另一些弱小的夷狄。除此之外，李鸿章知道同时代的欧洲大国，像维多利亚的英国和俾斯麦的德国，都是均势外交的经常实践者。李更是直接地从当时中国同西方大国打交道的经验中得到启示。在1876年解决马嘉理事件的中英谈判中，他有机会亲睹英国这样一个强大的国家由于其他西方国家的关系，而采取克制的态度。因为中国自己此时是现行在华国际均势的受益者，所以李鸿章也希望通过发展西方国家在朝鲜半岛的商业利益，作为对抗日本和俄国的制衡力量，在朝鲜造成类似的局势。

李鸿章对于他的这一任务谨慎从事。8月26日，他接到任命五天之后，给朝鲜政界元老李裕元发出一封信，自1876年以来，他就同李裕元有通信。在信中，他引最近琉球被占一事，作为日本行事乖谬、居心叵测的例证，提醒朝鲜务必秘密加强军事，以准备应付日本侵略。他接着写道："贵国既不得已而与日本立约，通商之事已开其端，各国必将从而生心，日本转若视为奇货。为今之计，似宜用以毒攻毒、以敌制敌之策，乘机次第亦与泰西各国立约，借以牵制日本。"李鸿章提到不久前俄土战争中英国有效的干涉拯救了土耳其，使它免遭全局惨败。他引述比利时、丹麦和土耳其这些弱小国家受到国际公法的保护，称赞它的效验。他坚持，同英国、德国和美国订立条约，将是朝鲜安全、免遭俄国和日本侵略的最好保证。几天以后，李在一份奏折中陈述，因朝鲜未清详情，它如决定同西方大国讨论立约，中国不能不代为参酌，随时随地妥为调处，以预防种种麻烦。他深惜朝鲜仍困于旧有习俗，未能重视中国为它制订的周密计划。他进一步指出，引导朝鲜进入国际舞台，殆非朝夕之功。

1880年8月末，美国水师提督薛斐尔在天津访晤李鸿章时，李第一次有机会将自己对朝新政策付诸实施。薛斐尔负有试图同朝鲜立约的使命。围绕朝鲜的国际形势因中俄伊犁危机和日本连续拒绝讨论琉球问题而更加紧迫，这使李鸿章显然放弃了他早先的谨慎态度，进一步背离了中朝封贡制度下互不干涉的传统。当薛斐尔试图取得日本人协助同朝鲜政府商洽时，是李鸿章邀请薛斐尔到天津。李鸿章没有事先向朝鲜政府征询，便告诉后者，他将运用自己的影响力，使朝鲜政府同意美国的订约要求。薛斐尔对李给予的帮助感到满意，他于 9 月离开中国，寻求华盛顿的新指示。

李鸿章劝说朝鲜的努力，得到当时驻东京的两名中国外交官员——公使何如璋和公使馆参赞黄遵宪的重要帮助。何如璋无论是私交还是工作，都同李关系密切。他在 1877 年作为中国第一个驻日公使前往东京就任时，李请他关心朝鲜，必要时及时采取行动，在日本和朝鲜之间进行调处。虽然他们共同关心朝鲜的安全，以免受俄国和日本的侵略，但是两人在处理方式和策略方面有某些不同。何如璋对日本采取一种虽非不友好、但更加不妥协的立场，他一再敦促李鸿章和总理衙门在琉球采取激进立场，必要时出兵日本，以武力解决问题。何认为日本还未强大到足以在军事上公然抗衡中国。他因而坚持，对中国——而且是对朝鲜——最大的危险，在于来自北方的俄国侵略，而不在于来自南方的日本侵略。比起中俄合作拒日，他更偏向中日合作拒俄。

李鸿章同意何如璋的看法，认为如果日本人在琉球不受到抑制，他们下一步就将侵略朝鲜，不过他采取更加现实的立场。他认为，琉球是一个很小的王国，它向中国进贡，不过是象征而已。对于中国来说，为了这种象征而作战，没有实际意义。虽然李鸿章在早些时候曾抱有中日在国际事务中实行某种合作的愿望，但是到这时，他对日本人已经完完全全不存幻想。他采取了中国在新疆向俄国让步，从而取得俄国的善意与合作以遏制日本对朝鲜野心的立场。他认为，由于中日联合的军事力量仍然不足与俄国抗衡，一个中日联盟，其结果将给中国带来双重的危害：让步于日，败北于俄。李鸿章反对对日本采取军事行动，主张在中国具有足够的海军力量之前，不妨将琉球问题拖延下去的战略。

1880 年夏，朝鲜修信使金弘集访问东京时，何如璋和黄遵宪常和他相晤，作长时间的热情友好的谈话。他们要金记住，朝鲜亟须同西方国家尤其同美国建立条约关系，以便在朝鲜创立国际均势，这将防止俄国和日本两国单独占夺这个半岛。黄遵宪为金写了一篇题名《朝鲜策略》的文章，黄在文章开首简要地提到俄国向东扩张以后，阐述由于朝鲜关键性的地理位置，它现在正成为俄国扩大其东亚版图的首要目标。为了应付这一威胁，朝鲜必须"亲中国、结日本、联美国"。黄解释说，日本和朝鲜如此紧密相依，一旦一国为俄国夺取，另一国势难独存。因此，朝鲜对日本必须克服次要的疑虑，而提出重大的对策。黄赞扬美国是唯一的"维持公议，使欧人不敢肆其毒"的西方大国。如果美国同朝鲜立约，英国、德国、法国、意大利将亦步其后尘。那时俄国即使攻击朝鲜，由于其他西方缔约大国不会允许，它的野心将无法实现。

何如璋和黄遵宪给金弘集这个深得高宗信任、才智超凡的官员以深刻的正面印象。金一返国，就说服高宗及其廷臣，使他们认识到朝鲜务须建立起同外部世界的公开交往。然而，过了一年多，李鸿章才得到朝鲜宫廷请他代表朝鲜同美国进行谈判的信息。李带着这个一揽子的要求，于1882年春全权同薛斐尔谈判。他长期的耐心努力，终于达到这样的结果：1882年5月22日《朝美条约》签订。几个星期内，英国和德国亦步亦趋。为达到李鸿章的目标而采取的第一个重要的具体步骤便这样完成：通过利用从西方引进的近代条约体系，在朝鲜半岛创立内部均势。

不幸的是，在此期间发生了李鸿章和他的同僚及合作者所未预见到的事件。7月中——距三个条约中最后一个条约签订不及一个月——汉城发生积忿不满的士兵暴力骚乱。暴乱者冲击王宫，杀害了几名大臣，焚毁日本使馆，恢复恐外的大院君及其守旧的追随者的权力。人们担忧大院君将会废除新订的条约，使国家重新对外国人封闭，从而引起同日本的军事对抗。暴乱还在朝鲜造成危险的军事力量真空，使日本人得以乘虚而入，征服这个国家。为了填补这个"真空"，防止大院君破坏李鸿章谨慎制定、艰巨实施的对朝战略，中国当局于8月间派出淮军3000名进入朝鲜。与此同时，在暴乱中从汉城逃出的日本公使花房义质也带着四艘战舰、三艘运输舰和一营步兵回来。中国军事力量的优势显然阻止了双方的武力冲突。8月底，日本和朝鲜签订了一个新的条约，从而暂时解决了这个半岛上的危机，恢复了和平。

结束语

1870年李鸿章开始他的中国首位外交官和对日本与朝鲜政策主要设计者

的事业时，相对地说，他摆脱了当时士大夫中普遍存在的对日本和日本人的偏执或成见——对明代倭寇记忆犹新，渲染了这种偏执；悠久的中华民族传统和文化优越感造成了这种成见。对于日本人，纵使李鸿章的确并不充满友善之意，而且非始终赞成友好相待，但他至少思想开阔。他赞扬日本人所做军事近代化和自强的积极而成功的努力，感到中国在这方面必须效仿他们。李对日本人虽不完全信任，但不将他们看成有意同中国敌对，或者侵略中国。他并不怀疑日本声称同中国合作共拒西方侵略的愿望，也不认为日本本身这时已强大到足以构成对中国的直接威胁。然而，他的确认为，一个为西方主要大国所控制或结盟的日本，会成为西方侵略中国的危险基地。这种对日本现实主义的评价和基本上用心良好而思想开阔的态度，构成了 19 世纪 70 年代初期李鸿章最初的对日政策的基础，这一政策的目的在于防止日本本身同西方结盟，如果可能的话，在抵抗西方侵略中，取得日本的合作。这一战略连同李的务实精神，使他在 1871 年谈判中日之间第一个近代条约时，对于日本提出同中国平等的要求，容易做出通融。

然而，日本随后的所作所为很快使李鸿章打消了他也许曾经有过的中日合作对付西方国家的想法，使他逐渐改变了态度。在新约正式批准之前便要求中国修约，征韩论的掀起，以及随后出兵台湾，看来这一切都清楚而突出地暴露出日本对朝鲜的侵略图谋，而李鸿章正是将朝鲜看作比中国自己南方沿海省份对于国家存亡具有更加重大的战略重要性。从而在这时，以及随后几个时期，李鸿章外交政策首要关心的是如何保护朝鲜，免受日本和俄国侵略。为了应对来自日本和其他海上国家的威胁，李鸿章一再要求中国开展大规模的西式海军建设。

1874 年日本出兵台湾，使对西式近代海军的需要更见迫切，中国几乎人人都认识到这种需要。然而清政府正全神贯注于从回民反抗者手中收复新疆，无法为这个需要提供必要的资金。在这种情况下，李鸿章不得不依靠外交，而不是依靠军事力量保护朝鲜。尽管李的防止日本和俄国威胁的目的仍然很清楚，而且实际上变得更加紧迫，可是达到这一目的的手段和方法却非轻易所能获得。在日本的一系列行动，包括出兵台湾和江华岛事件以后，情况尤其如此，这表明把同日本订立条约作为制止日本侵略中国和朝鲜的手段，是靠不住的。在 19 世纪 70 年代中期——一个和平动荡不定的时期，当李鸿章继续推行他的谨慎而克制的对日政策时，他为了保护朝鲜以及中国在这个半岛的宗主权和战略地位，在探求一项有效的战略。日本于 1879 年初最终夺取了琉球——其时中国正在伊犁问题上卷入充满危险的同俄国的争端，这使李鸿章很难不作某些修正或变更，将他的政策继续推行下去。李鸿章和他的同僚制定了新的均势战略，以保护朝鲜免受日俄侵略，正是对这一国际危机做出的反应。

和中国传统的"以夷制夷"计策的思想相似，这一新的战略更直接受到中国同时代经验的鼓舞，中国正是受惠于西方在华缔约大国之间的国际均势。就李鸿章本人来说，他还受到 1876 年同英国谈判解决马嘉理事件经验的进一步鼓舞。在这一新的战略下，朝鲜同西方大国建立条约关系，将得到鼓励和指导，以便这些国家在朝鲜充分发展其商业利益，作为日本和俄国的平衡力。在朝鲜由此创立起来的均势，将防止日本和俄国独自夺占这个半岛。

朝鲜于 1882 年夏同美国、英国和德国签订了第一批条约，似乎已造成这样一种制度体系，李鸿章所想象的这个半岛上那种均势得以在其中创立。但是，接踵而来的事件不仅使李鸿章的计划在朝着它的方向坚决实施之前便中途变更，而且使它破坏殆尽。代替均势的是朝鲜紧接着出现这样一种形势：中国和日本不但为了控制这个半岛，而且为了争夺东亚霸权，彼此之间进行决斗。新的形势使李鸿章不得不朝着他最初未曾考虑过的方向行动。这一切的结果是朝鲜受到中国的帝国主义统治，这同基本上支配清代大部分时期中朝关系的儒家原则和标准，在理论上和精神上都格格不入，如果不是经常在实践上圆凿方枘的话。接着便是朝鲜对它传统的宗主国幻想迅速破灭，而且逐渐同它疏远。

李鸿章与琉球丧失始末

日本兼并琉球的消息传来，深令李鸿章震惊，然而他仍然没有完全放弃

"联盟"的想法。美国前总统格兰特对这位总督的第一印象很好，正如他在若干年后回忆，他将李鸿章列为他环球旅行中所遇到的四个伟人中的第一位，这种个人因素也许影响了这位美国前总统在他访华中对于琉球问题的考虑。

当琉球国王面对日本兼并，试图保持他的国王地位而转向中国寻求保护时，日趋衰败的清朝君主显然无力向忠顺的琉球派出一个援救的使团。在琉球争端时期，李鸿章却在构想形成一个中日"联盟"，以对付侵略的西方大国。他将这个有可能实现的中日联盟看成是优先于中国宗主国对属国琉球"虚名"的政策。他在整个 19 世纪 70 年代，以务实的精神和小心谨慎的态度将这个想法向来访的日本领导人灌输，只是到了 1879 年日本兼并琉球以后，他才知道明治政府实际上并无意合作。尽管李鸿章最初的计划是为了加强中国反对西方帝国主义者的地位而去联合日本，但是事后看来，他对日本兴趣的错误判断，削弱了在旷日弥久的琉球争端中中国对日本的地位。因此，日本人对琉球强力行动猛烈冲击了李鸿章，使他认识到中日联盟是不可能的。在琉球争执即将结束时，李鸿章以务实精神很快地从他的亲日政策转向抵制日本势力在亚洲世界秩序中的兴起。

伪善的近邻

到 1871 年，中止了 300 余年的中日正式邦交又建立起来。在明代，日本也是中国的一个朝贡国。日本幕府时代的将军足利义满为了通过贸易充裕国库，接受了朝贡地位——从 1433 年到 1549 年有 11 个朝贡和贸易使节航驶中国。然而随后日本民族主义的政治家感到这样的关系是屈辱的，在 16 世纪中叶以后中断了这一做法，从而结束了与中国大陆的官方接触。

1871 年标志着中日外交关系的新变化。在 1870 年新设的外务省出现不久，柳原前光受日本政府派遣前往北京，试图订立一个类似中国与西方国家订立的那种商约。他特别受到指示，在条约中谋求最惠国条款。虽然他的使命被中国政府中极端保守分子看作是机会主义，而且不合时宜，但被新授直隶总督和北洋大臣的李鸿章，这样比较务实和进步的领导人热情地接受，李感到：

> 该国向非中土属国，本与朝鲜、琉球、越南臣服者不同。若拒之大甚，势
> 必因泰西各国介绍固请，彼时再准立约，使彼永结党援，在我更多失计。……
> 究之距中国近而西国远，笼络之或为我用，拒绝之则必为我仇。将来与之定议
> 后，……往驻该国京师或长崎岛，管束我国商民，借以侦探彼族动静，而设法
> 联络牵制之，可冀消弭后患，永远相安。

李鸿章考虑到紧接西方在亚洲侵略之后可能形成的中日"联盟"，可是
并不太认真对待。他建议同这个中国过去的朝贡国"永远相安"，并非出于
对日本有所偏爱，而是出于必须巩固中国地位以避免西方侵略这一冷静的认
识。李也注意到日本"距中国近而距西国远，笼络之或为我所用，拒绝之则
必为我仇"。

由于这些原因，柳原前光的出使受到很好的接待。事实上，为了表示
中国的善意，李鸿章终于在1871年和柳原前光的继任者伊达宗城共同签署
了一项共有18条的中日条约和33款的通商章程。除了其他各条款，条约
同意两国互遣使驻领，如果第三国威胁恫吓缔约国一方，必须彼此相助，
或从中善为调处。李鸿章通过谨慎地谈判，特意将最惠国条款排除在条约
之外。

条约第一条是一项重要规定："两国所属邦土亦各以礼相结，不可稍有
侵越。"中国同意使用"所属邦土"一语，意指包括中国周边各属国。但是
中国这一假定并未被日本所接受。直到几年以后，琉球和朝鲜问题争端发生
时，人们才开始认识到这种说法含糊不清。

1874年日本出兵台湾，"惩罚"早先粗暴对待船只失事的琉球人和日
本人的当地土著。1871年发生一起关于琉球公民的事件，1873年另一起
事件涉及日本国民。日本政府以这两起事件为借口，决定采取行动，试图
解决琉球的"双重属国性问题"，日本政府以"保护本国国民（这意味着
包括琉球人在内）"的名义出兵台湾，首先向中国在琉球的宗主权发起挑
战，然后通过声明它已在琉球实行宗主权，使它的要求合法化。毋庸赘述，
日本人出兵使自己陷入困境，没有达到"惩罚"当地土著的目的，但是这
一事态仍然触发了中日之间的危机——其发展正是李鸿章以及日本许多领

导人所深以为忧的。接踵而来的是日本政府派遣大久保利通到中国来解决危机。

大久保于 1874 年 8 月 27 日到达北京，立即开始谈判。日本和中国之间关于台湾岛协议终于于 10 月 31 日签订，然而协议绝未提及琉球。就琉球主权问题而言，中国通过签订这一协议，是否已经"接受……日本关于琉球人是日本国属民的说法"，是一个有争议的问题。至少在 1874 年，不论哪一方都极不可能为试图澄清琉球群岛的含糊地位，而甘冒与对方直接相抗的风险。

事后看来，日本人后来对 1874 年条约的"歪曲"，是由条约本身含糊不清引起的。而且，日本明治政府于 1875 年 3 月根据受到信任的法律顾问洼桑纳德的建议，对模棱两可的部分进行了修正，以适应日本的利益。然而由于承认日本出兵台湾是"正当的"，并且付给遇害者抚恤金，中国将承认日本对琉球的主权，1874 年正在北京的大久保利通并没有意识到此事可能具有这样的含义。他于 1874 年 12 月 15 日坦率承认，他刚同中国签署的条约对于日本对琉球的主权要求，并没有法律基础。

早些时候，大久保在 1874 年 10 月 30 日——中日条约签订前一天，写给他的朋友黑田清隆的一封信中建议，以可观的抚恤金付给那些在战争中表现英勇的人。其余偿款应归还中国，用于管理台湾土著居住的地区和保护海员免遭未来的暴行。他的建议虽未实行，但是表明大久保并未考虑到抚恤金的偿付是中国同意放弃对琉球岛宗主权的象征。在这一点上，引起日本内务卿关注的不是琉球问题，而是迅速结束对台湾的出兵。事实上，在同中国官员谈判的过程中，大久保在讨论中甚至有意避免提出琉球问题。

大久保利通表面上以减付抚恤金假装人道，这并不足以掩盖他姿态背后的真正原因；这毋宁说是基于政治上的考虑。他希望通过这一前所未有的举措消除中国对日本的猜疑，同时向世界展示日本的宽宏大度。中国是日本必须与之合作以确保日本繁荣的国家，他急于同中国"修好"。大久保 1874 年 11 月 3 日在天津同李鸿章谈话中对中国所作善意的表示，并不仅是形式上的礼节，而是他情感的真正表白。这无疑使李鸿章对于日本愿同中国保持更密切关系有深刻的印象。李鸿章能够接受日本势力迅速增强及其对中国安全威胁这一事实，然而他对此也抱着同样的警觉。但是李更担心的是西方的海上力量，他最初制订自强的计划是针对西方而不是针对日本。由于中国和日本地理上更加接近，文化上更加相似，李鸿章将日本看作是抵挡西方威胁的可能的"同盟者"，这是合乎逻辑的。在19世纪70年代的大部分时间中，李鸿章对于日本扩张主义相对地说是予以容忍的。但是到1879年琉球违背中国意愿被兼并时，李鸿章不得不认识到中日"联盟"是不可能的。

初次受骗

1875年台湾危机解决以后，即使琉球状况不断恶化，李鸿章仍然相信他的"联盟"主张会在东京找到支持者。1875年9月14日致总理衙门信中，李再次指出日本和西方大国对中国关系的不同："日本为我切近之患，与西洋鸳远。"李鸿章虽然充分意识到日本对琉球以及朝鲜的扩张主义野心，但在19世纪70年代大部分时间，他仍怀有中日合作抵拒西方大国的希望。他相信日本由于国内不断动荡和巨额的财政亏绌，不可能从事新的海外冒险行动。他还注意到日本对俄国的恐惧。1876年11月，李接受了两名日本外交家森有礼和副岛种臣的访问。来访者表达了对俄国扩张主义的关注，告诉他日本愿意同中国和朝鲜并力抵拒俄国威胁。大久保于1874年也向李鸿章表达了相同的想法。虽然李鸿章不可能因日本人表明的合作愿望而沾沾自喜，但是他仍然希望日本能够受到安抚，并且在中国同西方大国争端中，友好地对待中国。1877年日本爆发萨摩藩叛乱时，李鸿章迅即借给日本政府弹药10万发。但他未能预见到日本政府在平定萨摩藩叛乱后会兼并琉球。回溯起来，李鸿章对日的容忍政策削弱了中国在琉球争端中的地位。

到1877年，琉球发生了剧烈的变化。日本人已稳步扩展了他们在这个群岛上的权力。他们的全部努力都在于为日本的要求树立合法的根据，包括终止琉球同中国的封贡关系以及在冲绳设立日本内务卿的办事处。东京的压力因而构成了琉球国王尚泰前所未有的民族危机，结果是他秘密派遣两名专使向德璟宏和林世功到中国求助。他们于1877年4月12日抵达福建，告诉总督何璟和巡抚丁日昌，贡使已经受到日本人的拦阻。何和丁于6月14日奏称，拒绝援助琉球会被西方大国看成是中国没有能力保护其属国的迹象。

他们建议新近任命的驻日公使何如璋就此事同日本人交涉。这个建议在奏折收到当日便付诸实施。

何如璋出使东京，开始了就琉球问题同日本政府的谈判。不可否认，此次谈判没有产生任何结果。明治政府以琉球事务是日本国内的事，何如璋是外国外交家为理由，拒绝谈判。1879 年 4 月，日本终于吞并了琉球，强迫琉球国王留住东京。琉球王国不再作为一个国家而存在。

日本兼并琉球的消息传来，深令李鸿章震惊，然而他仍然没有完全放弃"联盟"的想法。他推断他能够利用当时计划访问中国的美国前总统格兰特为中国进行斡旋。他认为如果调解成功，"联盟"想法仍然可望实现。

李鸿章于 1879 年 5 月 28 日在天津会见格兰特。格兰特对这位总督的第一印象很好；正如他在若干年后回忆，他将李鸿章列为他环球旅行中所遇到四个伟人中的第一位。这种个人因素也许影响了这位美国前总统在他访华中对于琉球问题的考虑。格兰特接受了李鸿章关于调解琉球争端的要求，去日本同日本领导人商讨。

格兰特的调解，正如最后结局所示，没有产生任何具体的结果。像他这样一个西方人，要充分理解封贡关系的观念，的确是很困难的。而且，在听取日本的陈述以后，他简直无法对争端作出判断。传闻格兰特曾经为和平解决争端向中国和日本领导人提出具体建议：由中国和日本分割琉球岛屿。现存的记录并不支持这种说法。不过格兰特确实建议中国和日本各派一名代表会晤，解决琉球问题，这项建议最终为日本政府所接受。清政府也欢迎这个建议，因为一再拒绝通过外交途径讨论问题的是日本。

1880 年，日本政府决定派宍户玑到中国，这一决定至少被李鸿章看作是日本愿意直接同中国政府谈判的信号。总理衙门领班大臣恭亲王由清政府派作代表同宍户玑谈判。谈判于 8 月 15 日开始，大约持续了两个月。10 月 21 日，双方代表同意了条约草稿。看来这项协议一俟正式批准，便将最终解决中国和日本之间关于琉球的争端。

然而当草约送呈北京朝廷批准时，在中国官僚层中掀起了轩然大波。因为根据草约的条款，中国以保有琉球南端两个岛屿作为交换条件，同意给予日本贸易特权和特许权（尤其是最惠国条款），而日本则将永远据有其余 73

个岛屿。争执的中心琉球王国将不允许恢复。这一协议清楚地反映了恭亲王向他的日本对手做出了不必要的让步。它同中国以保护属国对待琉球的政策也是不一致的。另外，它反映了日本的野心和侵略性，以及它对待中国缺乏诚意。这项草约粉碎了李鸿章对日本仍抱有的任何希望，他因此强烈反对予以批准。

模糊不清的外交掌权人物

李鸿章抵制草约的时机掌握是值得注意的：1880 年末中国在西北边界伊犁地区同俄国的争端临近解决，由于俄国的威胁看来即将在不久的将来消除，而且李鸿章对日本不愿合作感到失望，他现在主张同俄国而不是同日本维持和平。他从美国水师提督薛斐尔处获悉，一支由两艘铁甲舰和 13 艘快船组成的俄国舰队已在长崎，并且购置了价值 50 万元的燃料。李鸿章相信日本准备在中俄之间浑水摸鱼。他因此于 1880 年 9 月 30 日劝总理衙门对俄国采取和解政策，给予曾纪泽（在圣彼得堡的中国代表）更多的权力同俄国人谈判，从而促成伊犁问题和平解决。李鸿章还阐明自己对琉球问题的立场："鄙见琉球南岛割归中国，似不便收管，只可还之球人，……在日本已算退让，恐别无结局之法。"11 月 11 日，李应军机处的要求（11 月 6 日），向朝廷呈上一份有力的奏折，明确说明由于将归中国的琉球南部两岛没有什么价值，做出如此重大让步，允许日本享有最惠国条款，是不明智的。李担心日本人一旦开始惹出麻烦，其他国家将会步其后尘。李鸿章使朝廷相信：

> 是俄事之能了与否，实关全局。俄事了，则日本与各国皆戢其戒心；俄事未了，则日本与各国将萌其诡计。与其多让于倭而倭不能助我以拒俄，则我既失之于倭，而又将失之于俄；何如稍让于俄，而我因得借俄以慑倭。夫俄与日本强弱之势相去百倍，若论理之曲直，则日本之侮我，（较之俄国）为尤甚矣。

这一奏折的分析显示李鸿章对外政策的基本变化：同俄国维持和平，抵拒日本的侵略。由此引起问题：为什么李鸿章长期的"亲日"政策一夜之间发生了变化？这必须从战略和制度这两个方面去寻求答案。首先，以前李鸿章并没有将琉球问题看作是对中国安全的严重威胁。他一开始就认为因琉球朝贡而使中国卷入战争是毫无意义的。他在致何如璋的一封信中明白表达了他的看法：

> 琉球以黑子弹九之地孤悬海外，远于中国而迎于日本，……盖虽欲恤邻救患，而地势足以阻之。中国受琉球朝贡，本无大利。若受其贡而不能保其国，固为诸国所轻；若专恃笔舌与之理论……（日本）恐未必就我范围；若再以威力相角，争小国区区之贡，务虚名而勤远略，非唯不暇，亦且无谓。

李鸿章在信里第一次说明朝贡制度是一种"虚名"。在 1879 年 10 月 19 日致曾纪泽函中，他也写道，中国海军兵力和财政状况都使它失去同日本作战的能力。因而李鸿章更为关心的是中国国内的自强努力——自强一直是许多进步官员一贯关注的主题："目前兵船未备，饷源尤绌，刚尚难用，只有以柔制之，而力图自强，为后日张本。"

在李鸿章看来，强调中国的抗议和日本对外国干涉的担心，有可能制止日本在琉球采取进一步行动。他从而指示何如璋施展外交策略，尽管后者一再建议中国采取军事行动。正如我们已经讨论过的，李鸿章没有主张武力示威的另一个原因是，他暗中希望中日"联盟"，以避免西方国家威胁。但是 1879 年日本吞并琉球的消息使他震惊，他对东京不予合作感到失望。他也认识到他低估了日本的力量。不过他将宍户矶到达北京，误解为日本愿意直接同中国政府谈判的信号。他因而命令何如璋前去东京，继续向各国驻日公使求助。

然而到 1880 年宍户矶和恭亲王谈判草约时，李鸿章的理想完全破灭。中国为什么要给予日本致命的最惠国条款，以换取琉球两个小岛？由于日本吞并琉球王国并不符合中国的国家利益，中国为什么要签订草约，从而认可日本对琉球更大部分岛屿的统辖权呢？

李鸿章出于实际的目的，开始改变他的政策，希望俄国能够受到绥靖，从而在中国同列强尤其同日本争执中，支持中国。李的观念似乎同传统的"以夷制夷"的计策相似，因为两者都是依赖对国外力量的利用以保护中国利益的。这个传统的政策同欧洲的均势观念也很相似。

正如 1876 年夏李鸿章在芝罘谈判解决马嘉理事件时发现，几个西方大国在中国利益均衡，甚至可以使像英国这样的头号强国的要求受到抑制。他也知道几个西方大国在华的联合利益有助于稳定中国此时的地位。他显然了解欧洲的均势观念，1887 年夏，马建忠——一个前一年曾和福州船政局海军学生一起去法国学习国际政治的李的门生——从巴黎来信阐述均势原则，并且解释说西方国家在历史上处理国际关系时，曾努力维持这种均势。马建忠以及其他"进步的"中国人（诸如中国驻日公使馆参赞黄遵宪）对于英国干涉俄土战争和当年夏天的柏林会议印象很深，它们曾经拯救了奥斯曼帝国免于分崩离析，有助于维持欧洲现行的均势。

这个中国传统的"以夷制夷"计策的"近代版本"，向李鸿章提供了他同俄国保持和平、抵抗日本侵略的新政策的合理基础。李意识到日本对俄国的疑惧，相信为保护中国免遭日本侵略而保卫朝鲜，在战略上更加重要。这是"以夷制夷"在传统运用之外的新变化。

李鸿章反对 1880 年草约，似乎可以看作他同总理衙门在外交政策制定方面竞争的另一种解释。总理衙门是在 1860 年《北京条约》签订以后为处理外国事务而设立的。但是，它自 1861 年创设以来，主要方针与其说是面对问题，毋宁说是回避问题。结果是处理问题不是根据精心构想的计划，而是出于权宜之计。

相反地，到 19 世纪 70 年代末，李鸿章已经不仅是一个政策的执行者，而且是政策的创制者。当总理衙门没有能力处理对外事务时，李鸿章便作为当时最有影响力的人物出现。他的北洋通商大臣的地位，连同他办理对外交涉事务的权力，使他成为与总理衙门相颉颃的一个单人外交部。

李鸿章开始作为总理衙门一个强有力的对手而发挥作用。中国驻外公使的公文常常既送致总理衙门，也送给李鸿章。李可以未经咨照总理衙门而直接向驻外公使发出指示。"两个外交部"的运作，正是慈禧太后对李鸿章重大信任的象征，但是它造成了中国对外政策处理的反常现象。因此，在实际做法上，北洋通商大臣负责清政府在中日关系中的外交活动。中国驻外使节直接听命于北洋大臣，军机处准备的廷谕是寄给李鸿章再转给驻外使节。总理衙门事实上被搁置一旁。

李鸿章相信他比总理衙门大臣更了解中日问题和琉球问题。签署《中日修好条规》的是李鸿章，而不是总署大臣，而李将这个条约看作是他的一个重大外交成就。在 1874 年海防与塞防政策大论争中，主张海防对于抵拒日本的重要性的是李鸿章，提出要求美国总统格兰特在琉球争端中为中国进行调解想法的也是李鸿章。李鸿章因未被授权作为特派大臣同宍户矶制定解决琉球问题办法而感到蒙耻受辱，这是可以理解的。这个受挫的人也许会决定利用他对 1880 年草约的反对，作为同总理衙门争权中使后者陷入尴尬难堪的手段。无论如何，由于李鸿章的强烈反对，清政府宣布对这项条约草案不予批准。

由于清政府拒绝批准条约草案，宍户矶于 1881 年初决定离开中国，以示抗议。中日关于琉球的争端因而在法律上仍然未获解决。虽然在北京、天津和东京有若干进一步的讨论和反建议，但是琉球争端的结局就是如此。自从 1881 年以后，日本在吞并后设置的琉球冲绳县，从严格的法律意义上说，成为日本帝国不可分割的一部分。然而从中国的角度出发，琉球问题始终没有解决。中日关于琉球王国命运争执的这一段历史，意味深长地说明中国在新的近代国家—政府（Nationtate）与旧的封贡属国并列所遇的两难窘境。在阅读中国关于争端的声明时，人们不难看到这些政治家关于琉球群岛实际状况的混乱思维。这些岛屿在某些时候被看作是独立国，在另一些时候又被看作是中国的一部分；或者甚至被看作是中日两国的"共同属国"。的确，这种混乱不但显示出琉球含糊不清的政治地位，一如西方国际法所界定的那样，而且表明朝贡国制度同近代国家—政府制度的不相容性。

认为中国领导人在 19 世纪 70 年代不理解封贡关系在西方国际法中没有地位，这也许难以置信。正如著名历史学家芮玛丽所断言：到 1867 年，总理衙门知道……朝贡关系在近代世界上的必然不可能性。就琉球对中国的朝贡关系而言，李鸿章认为不值得为它而开战。正如前面所引述，在李致东京何如璋的信中，他指出："以威力相角，争小国区区之贡，务虚名而勤远略，非唯不暇，亦且无谓。"的确，李鸿章开始怀疑维护封贡制在道义上的义务。看来中国儒家的一统帝国的意识结构已经开始碎裂。

李鸿章相信在琉球问题上同日本作战，将会损害中国的国家安全和自强运动。如前所引，李说："……只有以柔制之，而力图自强，为后日张本。"他一开始就小心谨慎地以务实的精神试图组成一个中日"联盟"，反对西方国家，因为他担心敌对的日本因其地理接近，比起西方国家，更是中国麻烦的根源。他希望对日本实行绥靖，能够更好地符合中国的利益。因而对李的方案就必须从他的务实精神和他对国际形势的分析去理解。正如日本不顾中国的意愿决定吞并琉球，以及随后 1880 年的条约草案所证明的那样，这一目的看来无法实现时，李鸿章开始以务实精神改变了他的"亲日"政策，为了对抗日本势力在亚洲的崛起而对日本的敌人（俄国）实行绥靖。这种按照"均势"解释的近代版本的"以夷制夷"，为李鸿章提供了他对外政策改变的逻辑依据。然而，事后看来，李鸿章在 19 世纪 70 年代试图对日绥靖的失败，削弱了在琉球争端中中国对日本的地位。从长远的趋势看，中国"损失"琉球于日本，促成了亚洲封贡体制的瓦解。

走向中日全面战争之路

李鸿章在 1879 年至 1894 年动荡的岁月中，一直是中国对朝政策运筹帷幄的人和主要执行者。1894—1895 年中日战争是日本为了侵略中国而发动的，不能说成是李鸿章的对朝政策所造成的。相反地，如果他未利用国际事务的变化状况，并且果断地执行中国对朝鲜的积极政策的话，中日战争也许早十年就已发生。

从壬午兵变（1882）前至中日甲午战争前夕（1894），中国放弃先前对朝鲜的放任政策，而采取更为积极的路线。在 19 世纪晚期，清政府对朝鲜的政策是由李鸿章制定，由袁世凯贯彻执行。这一政策的出现及其演变过程，不但是中国外交史上十分重要的一页，而且是朝鲜政治形势发展的一个关键。这一新政策对后来中日关系和东亚国际形势，都有深远的影响。

这一时期，朝鲜半岛国际形势有四个有影响的变化：一是日本扩张主义的大陆政策，以夺取朝鲜、进而侵略满洲为目的；二是英国和俄国对立，导致英国出场，试图阻止俄国向南扩张；三是美国采取步骤打开朝鲜市场；四是清朝中国竭力维持它的属国和自己边境的安全。在这样的国际背景下，李鸿章的对朝政策在于通过"模棱摇摆的姿态"和适当结集力量防止中朝传统的封贡关系受到任何威胁，以充分利用牵制的策略。李鸿章从 1885 年到 1894 年通过驻扎官员袁世凯对朝鲜的控制，集中体现了对朝鲜的落后过时的干预政策。

李鸿章对朝政策，既是对明治初期以来日本侵略性地干涉朝鲜事务的反应，也是他利用国际局势的其他演变，特别是利用英国和俄国争夺这个地区支配权的矛盾而制定的。这个政策同时受到中国内部政治和经济力量的制约。在此情况下，这一时期的中日关系成为两国后来对抗的前奏。关于朝鲜藩属地位的争执，反映了中国和日本两国国内和国外的情况，以及它们对朝鲜和彼此相对的态度。一直到中日战争，这一对抗才有了暂时的结局。

李鸿章对朝政策从放任到"牵制与均衡"

1879 年以后中国对朝鲜的政策从放任变为干涉，部分是由于西方势力日渐增强，以及西方大国之间冲突和失去平衡。政策变化的另一个原因是清朝中国同其属国朝鲜之间的传统联系，遇到一个涉及日本的危机。日本兼并中国的另一个属国琉球王国，使清政府意识到朝鲜半岛对中国国防的重要性。

自清初以来，中国和朝鲜继承传统的封贡体制，保持着一种特殊的关系。事实上，所谓属国，既非殖民地，也不是托管地。中华帝国的思想意识并不含有近代国际社会的概念。宗藩关系的基本条件是遵礼仪、纳贡献、受册封、奉正朔；而中国作为宗主国，并不操纵或干涉朝贡国的内外事务。只有在朝贡国内乱时，宗主国才有责任出兵平定。因此，一个朝贡国的内政外交仍然完全自主，这同近代国际公法有关殖民地和附属国的规定是互相对立的。然而，自从 19 世纪中叶以来，由于西方大国开始运用"炮舰外交"，清政府再无法只靠朝贡国自主权去处理日益复杂的国际事务。

19 世纪 80 年代中国对朝政策最值得注意的后果，是从传统的"藩属体制"到加入帝国主义体系的转变，在转变中，名义上的从属关系不得不加以修正，以适应新的近代国际形势。清政府震惊于朝鲜进步党的启蒙与独立运动，在朝鲜国内外形势发展的冲击下，不得不改变它的做法，以保持和加强中国传统的宗主权。

此外还有琉球群岛问题。中国对朝鲜态度的改变开始于 1879 年，这时日本正式吞并了琉球。同时，法国正在侵犯安南，清政府因而全神贯注于那里的问题。而且俄国因伊犁地区边界争端而采取军事行动，从西北威胁中国。在这样的情况下，日本兼并琉球群岛，在清政府内部引起巨大的恐惧和激烈的争论。负责中国南方防务的高级官员丁日昌和中国驻东京公使何如璋，主张开放朝鲜市场，与西方国家通商，借以遏制日本。两江总督刘坤一也坚持朝鲜同西方大国结好，以杜绝日本和俄国的窥伺。

在 1879 年那一年，朝鲜事务从礼部办理转到由北洋大臣直接监督管理，由驻日公使协助。李鸿章在 8 月间致总理衙门函中表达了他的忧虑："琉球既为所废，朝鲜有盾火积薪之势，西洋各国又将环视而起，自不能不为借箸代筹。"这句话显示出琉球群岛的丧失，对李鸿章的影响是何等深刻。他不仅担心朝鲜孤立无援，而且为西方大国群起侵朝势必威胁中国而担忧。中国有赖朝鲜以保持其满洲安全，而满洲又直接影响北京的安全，日本于 16 世纪末进攻朝鲜，目的在于竭尽全力占领朝鲜。虽然日本当时未获成功，而明朝后来却失去了对满洲的控制，随之而来的是明朝覆亡。清政府充分意识到这些事。因此，清朝防御日本的紧迫性同日本对朝鲜的打算成正比例。李鸿章尤其关注朝鲜半岛的安全，将它视为"藩蔽"，意即防卫中国的第一线。袁世凯在甲申政变前夕，曾对形势作如下的描述："朝鲜弄藩，实为门户关键，他族逼处，殊堪隐忧。"中国驻东京官员黄遵宪写的一本小册子《朝鲜策略》，由朝鲜第二次赴日修信使金弘集带回国，也极大地影响了朝鲜政府的决策。

1879 年夏，李鸿章写信给李裕元，指出日本和俄国对朝鲜的野心。他在信中向朝鲜建议，应当重修武备，实行"以夷制夷"的计策，并且开始同西方国家通商，作为牵制日本和俄国的手段。到 1880 年冬，中国和俄国在伊犁问题上发生冲突。当时俄国人正在黑龙江和海参崴附近建筑一条西伯利亚铁路，引起中国和朝鲜的忧虑。英国关心俄国南下扩张，不久也想建议总理衙门劝说朝鲜同西方大国通商。清政府于是指派李鸿章主持朝鲜同西方国家缔约事宜。面对着极端不利的情况，高宗政府除了勉强同意同西方大国订立条约外，别无选择。美朝条约终于签订，这可以看作是中国实现"干涉主义政策"的开端。

美国自从 1854 年同日本订约以来，一直注意朝鲜。美国和朝鲜之间曾经为了几起事件有过磋商，但都以失败告终，对于两国关系的改善，没有起过什么作用。一直到 1876 年日朝《江华条约》订立之后，美国才重新开始对朝鲜感兴趣，并且表示愿意同它缔结条约。1880 年美国水师提督薛斐尔为此目的奉派朝鲜。但是因为他是由日本介绍的，为高宗政府所拒绝。李鸿章获悉这件事后，虽然相信日本无意为美国斡旋，然而他仍恐日美结盟，损害中国在朝鲜的地位，因此他决意为争取美国而展开竞争。他邀请薛斐尔到天津会晤，向他保证自己将尽力促成美朝订约。李鸿章作为中介者，做了两件事：一方面，他试图阻止日本增强在朝鲜的势力；另一方面，他通过加强同朝鲜的封贡关系，努力维持中国的宗主国地位。

何如璋是中国官员中一个坚决主张中国应有特权同其他大国讨论朝鲜如何开放商埠的人。这一看法显然反映了"上国权利"的立场。然而李鸿章却持中庸的观点，他选取了"密为维持调度"的另一种立场。他指示马建忠等人代拟一份约稿供朝鲜采择。

约稿第一款开首便明确说明：

> 朝鲜为中国属邦，而内政外交事宜向来均得自主。今兹立约后，大朝鲜国君主、大美国伯里玺天德艮平行相待，两国人民永敦和好。若他国偶有不公及轻侮之事，必彼此援护，或从中善为调处，俾获永保安全。

第一款前半段意在表明美国承认中国和朝鲜之间存在封贡关系，以抵制日本通过《江华条约》承认朝鲜是一个有自主权的国家。后半段主要以类似 1871 年中日《修好条规》的方式，运用"以夷制夷"的计策；然而正是这几点使中国和美国未能就第一款达成协议。薛斐尔根据《江华条约》，拒绝此款，他反而宣称，美国不管中朝关系如何，将在平等的条件下以朝鲜作为缔约的对象。而且，他拒绝在提及朝鲜时，使用诸如"中国属邦"之类的字样。

1882 年 4 月，李鸿章派马建忠协同薛斐尔访问朝鲜。他们在仁川同朝鲜两名代表申檴和金弘集商讨订约问题。实际上条约已经李鸿章和薛斐尔在天津商洽，并已大部分议妥。如上所述，美国坚持反对将第一款列入。因此马建忠不得已提出由朝鲜国王声明朝鲜是中国属邦，不过将这个声明附载于条约，而不是正式作为条约的一部分。薛斐尔认为，由于声明未载入条约，它并无约束力，这样的处理最终解决了中美之间关于第一款复杂的争论。美国和朝鲜之间《和平友好通商与航海条约》于 1882 年 5 月 22 日由朝鲜政府签署。

李鸿章对这一结果感到满意，他天真地相信，他坚持取得的（朝鲜）国王的正式声明，使其他大国不得不明确承认中国对朝鲜至高无上的地位。但是，同他此时所相信的恰恰相反，美国政府在条约签订后仍然坚决维护朝鲜的自主权，否认中国的宗主权。关于国王声明，美国既不承担责任，也不正式宣布。这的确使李鸿章的希望破灭。用泰勒·丹涅特的话说，这个条约是"他（李鸿章）平生大错之一"。条约并未解决使有关各方满意的朝鲜的法定地位。日本和美国在确认朝鲜自主的国家中走在最前面，而中国和英国则是按照中朝传统的宗藩联系未有任何变更这样的设想行事。

对朝鲜来说，后果是英国、德国和其他国家接踵而来，并且同它们订立条约，其条款和最早的《美朝条约》相似。除奥地利外，所有国家都接受了附载于条约的国王声明。朝鲜的门户到这时已被打开，它开始沦为列强争夺的对象。由于李鸿章遏制政策的垮台，朝鲜不可避免地进入帝国主义世界，从此遭受外国政治和经济势力的入侵。最为不幸的是，朝鲜问题的复杂性越来越严重了。

壬午兵变和中国态度的变化

1882 年 7 月，壬午兵变爆发。这可归结于两大因素：一是《江华条约》以来朝鲜对于日本野心的敌对情绪，二是对闵氏家族贪污腐败的愤恨。此外，朝鲜一些儒家学者中恐外和反日的时代思潮也促使了兵变发生。暴乱爆发，宛如火山自然喷发，参加者多为受贫困煎熬的士兵、下层人民和农民。暴乱是一个意外的事件，它恰在李鸿章因丁母忧离职时发生。张树声当时署理李的职务，因而派遣中国军队到朝鲜，着手处理暴乱。不过李鸿章和他在天津的幕僚实际上仍参与决策。

关于镇压暴乱，李鸿章的指示特别强调两项原则：军事与外交相结合，对"乱党"予以镇压。第一项原则的目的在于防止日本胁迫朝鲜，并且争取中国和日本达成协议，这一做法实际上将巩固中国对朝鲜的宗主权；第二项原则在于保持中国皇帝册封的朝鲜王统，以便更加牢固地掌握中国对朝鲜政治的控制权。

根据薛福成的建议逮捕大院君，充分反映了李鸿章的长期战略。中国因大院君被执而走了先着。另外，日本也所获颇多。在这次军事叛乱中，包括掘本礼造在内 20 多名日本人被戕害，日本使馆被夷为平地。大火实际上是日本公使花房义质逃往仁川之前放的。日本立即出兵朝鲜，迫使朝鲜签订辱国的《济物浦条约》。对于日本来说，这个条约是《江华条约》迟来的延续，它不仅巩固了日本在朝鲜政治和经济势力，尤其由于日本获得驻兵权，它还扩大了其军事影响。结果是中国和日本都有军队留戍朝鲜，从而使两国的军事冲突不可避免，这正是 1884 年甲申政变的背景。

壬午兵变后，日本人和中国人都充满愤怒。日本人为中国军事干涉所激恼，舆论的主流支持诉诸武力，玄洋社的立场尤其如此。然而政府仍在寻求和平解决，坚持维持一个自主的朝鲜，拒绝中国插手日本同朝鲜的谈判，从而表达了日本对于中国对朝鲜宗主权的否认。值得指出的是，日本这时以为自己还力有不逮，不足以成为中国的对手，因此认为同清政府达成暂时妥协，以避免西方大国入侵和双方采取任何轻率的军事行动，是适当的。但是从这时起，日本开始将清朝看成是潜在的敌人，它竭力扩张自己的军事力量。这一发展的结果事实上成为后来发生在朝鲜政治舞台上许多事情的原因，亦即中国和日本影响的变化，宗主权问题无法解决，以及日本终于不顾自己处于劣势而诉诸武力的原因。

至于中国人方面，一批有"清流党"之称的沙文主义士大夫正在鼓吹采取更加积极的对朝政策。"东征论"顿时甚嚣尘上。赞同这一主张的人们认为日本海上力量绝非中国对手，乃理所当然。他们还将日本先前挑衅得逞归因于中国避战和不断容忍。因此，他们力主同日本作战，相信这样一场战争将会解决一些彰明昭著的问题（琉球、朝鲜等）。像袁世凯尤其像张謇这样派驻朝鲜的坚决的主张者，将清流党的激进观点引为同调，相互呼应。张謇在他的《朝鲜善后六策》中，力主将朝鲜置于中国皇帝钦派的监国控制之下，是中国国家最大的利益所在。

李鸿章则较为深思熟虑，他相信在中国武装力量具有优势之前，军事上不宜轻举妄动。中国当前最迫切的问题是自强。李鸿章从未将防范日本置之脑后，但是他主张采取一种更加审慎的观望态度。

然而，壬午兵变却给中国一个直接干涉朝鲜政治和继续推行对朝宗藩政策的良机。李鸿章同意张佩纶的建议，包括他的《条陈朝鲜六事折》，除了其中关于据守永兴湾一条，李鸿章认为尚须从缓计议。此外，根据李的意见，中国权力运用必须机密灵巧，不宜公开直接。为了这个目的，李鸿章派前中国驻旧金山领事陈树棠为商务委员，驻扎汉城。陈可以办理商务的名义，同朝鲜政府讨论任何问题，以确保中国对朝鲜的控制。同时在外交方面，他聘用一名外国领事穆麟德襄理海关和外交事务，还新派一些官员，如马建常，作为政治代表前往朝鲜。军事方面，他提供近代军火，并且推荐吴长庆组织训练朝鲜近代军队。在经济领域，他贷款给朝鲜，以阻止后者转向日本求助，而且帮助朝鲜开采矿山。不过所有这一切行动中最为出色的则是李鸿章最富有意义的政治举措——1882 年 10 月同朝鲜政府订立一个名为《中朝商民水陆贸易章程》的不平等条约。

这一章程不同于通常的贸易章程，主要是由于它专为中国和朝鲜而设，其他缔约大国不在一体均沾之列。这个条约实际上是中国努力以近代条约的语调向世界表明两国之间模糊的传统关系的结果。不管人们从哪个角度看——例如，法律、关税或其他方面的权益，这一章程都是不平等的，它向世界表示中国对朝鲜的控制及其享有的特权，甚至朝鲜国王的等级都不及中国的北洋大臣。章程使人们看到它在政治上的意义更大于经济上的意义。

甲申政变和李鸿章的干涉主义政策

甲申政变不仅是开化党（通常亦称"进步党"）和事大党（亲华党）争夺领导权的一场斗争。开化党在强调朝鲜进步与独立的"实学"信奉者金玉均和朴泳孝的领导下，意在推翻诸闵守旧的政府。闵氏站在清政府一边，而反对派的最终目的则在于摆脱中国的宗主权，实行朝鲜自主独立。因此，甲申政变被看作是"两班"内部一场重大的改革运动。

中国在壬午兵变以后，曾竭力强化它在朝鲜的宗主权，支援亲华党，因此年轻的独立派的力量还不够强大到足以影响重大的政策，或实行他们的革新计划。形势迫使他们去冒破坏法律的危险，而中国驻朝官员的干涉和镇压，又普遍引起朝鲜对中国的敌对情绪。盛传大院君被释，也造成朝鲜政府对清朝中国的疑惧。在这期间，中国商人活动扩张，给朝鲜商业带来不利的影响。这与清朝中国从朝鲜撤出一半军队（1500 人），将注意力集中于同法国在安南的冲突，一起成为刺激朝鲜叛乱的另一个因素。此外，日本统治者及其臣民，尤其是日本驻朝鲜公使竹添进一郎，鼓励进步党进行政治改革。进步党于是便在日本诱导和支持下，于 1884 年 12 月 4 日发动政变。他们劫持高宗作为人质，并且宣布"甲申改革法令"。事实上，他们并没有从日本得到真实的军事支持，因此遭到中国军队攻击，并被打败。

不过，这次叛乱的失败乃是由于进步党低估了中国驻扎汉城军队的力量，由于它过于依赖竹添进一郎所保证的外国援助。这一失败也表明进步党对政治改革计划不够重视和对现状的错误判断。从根本上说，叛乱的失败是由于朝鲜社会和经济基础不稳，由于启蒙运动未为群众充分接受。

叛乱以后不久，清政府便做出了处理朝鲜问题原则的第一个声明，清楚表明它希望通过和平方式解决问题。李鸿章先前曾计划利用大院君，但是他的计划为清政府所拒绝。紧接着不久，清政府根据日本使节的解释，推断日本无意向中国开衅，同意采取中国驻东京公使徐承祖所提通过谈判解决争端的建议。结果宣布了另一项对朝鲜的新政策：根据"剖析中倭误会，以释衅端为第一要义"的原则，"以定乱为主"。清朝的和平倾向，实际上反映了中国的注意力正集中在安南问题上面。李鸿章对于日本同法国结盟，尤为忧虑，因此他决定加强在马山浦陆军和水师的力量（一营步队和两艘兵船）。

日本方面，财政拮据和武器匮乏促成它和平解决的倾向。然而，日本仍坚持朝鲜保持独立。全权大臣井上馨被派往朝鲜严词交涉，随带 600 名装备精良的日本士兵。井上馨最初负有两个使命：一为朝日谈判，一为中日谈判。不久日本措辞中国代表吴大澂不具备正式全权代表资格，取消了后一使命。至于朝日谈判，作为其结果的协议是 1885 年签署的《汉城条约》，它包括对日本遇害者的偿恤、正式道歉书以及维持 1000 名日本士兵驻拨汉城。

1885 年 4 月，伊藤博文派人来华作为全权大使，着重处理有关中日冲突及善后事宜的谈判，以便消除两国对抗所引起的紧张局势。他还要向中国表示日本国内因中国强力干涉朝鲜政治事务造成朝鲜亲日党削弱而引起的不满情绪。1885 年 4 月 3 日谈判在天津进行，李鸿章作为清政府的代表。日本要求惩处中国营官，给日本人赔偿，以及撤退军队。日本的主要目的在于中国撤兵，其他两项要求不过是为了缓和日本国内鹰派的情绪，并且在谈判中用以掩盖日本的主要目标而已。李鸿章和清政府对于惩处中国营官问题予以坚决辩驳，但是答允迅速撤兵。清政府因骄傲自负，并且考虑入朝军队的抱怨，摇摆不定，结果看来选错了达到目的的方法。不过清政府忽视日本真正意图的主要原因是担忧日本和法国结成联盟，于是就产生了 4 月 14 日的《天津协议》。协议包括签约国双方于四个月内自朝鲜撤兵，此后也不派员在朝鲜教练。最重要的条款是将来朝鲜若发生变乱或其他重大事件，缔约国一方可以派兵。遇此情况，应通知朝鲜，并先互相行文知照，及其事定，仍即全部撤回。

的确，日本对朝鲜国内事务的明显干涉，包括挑动并参与政变的阴谋，从未受到指责和惩处。而且，《天津协议》还将日本在朝鲜半岛的地位，提高到与中国同等重要。这是日本外交的一个漂亮大动作。就中国来说，尽管有这个外交上的失策，李鸿章却仍再作进一步努力，强化中国在朝鲜的宗主权。

甲申政变后中国宗主权的再次坚持

从甲申政变到中日战争十年间，朝鲜局势仍然错综复杂。随着英俄在中东的冲突向朝鲜半岛蔓延，西方国家在东亚的争夺日趋尖锐和严重。日本担心俄国势力范围向南扩展，它改变了对朝鲜的态度和政策。为了适应这一形势变化，李鸿章对朝鲜转而采取一种更加积极的政策。尽管如《天津协议》

所载，日本有和中国同样的出兵朝鲜的权利，但是这个规定在和平时期并没有什么用处。因此，只要派到那里的官员精明能干，中国仍可通过驻扎朝鲜的官员，强调传统的封贡关系，加强对朝鲜的控驭。李鸿章从粗犷坚强的袁世凯身上，发现了这样一个人。结果是在此后十年中，李、袁两人在朝鲜内外彼此配合行动，采取了一项强有力的政策，以重新坚持中国的宗主权，并使朝鲜履行它的朝贡国职责。

日本对朝政策，直到甲申政变时，始终是积极进取的。然而《天津协议》后，由于力量和资源不足，日本抑制了自己的扩张意图，等待以后行动的机会。此外，为了防止俄国势力向南扩展，日本不得不默许中国一再坚持它的宗主权，至少将这种默许看作是权宜之计。日本认为，对付像中国这样大而弱的国家，比起对付俄国要容易得多。在天津谈判中，日本曾经同意对朝鲜采取更加和平和消极的路线。在此之前，1885 年 3 月，日本驻北京公使本武扬曾向日本政府提出"中日共保朝鲜案"，但未被采纳。在随后发生的日俄秘密协定夭折和英国占领汉密尔顿港等事件以后，日本担心英、俄占领朝鲜沿海岛屿，这些占领必然威胁日本国防。日本因此转而同清政府合作，并且怂恿中国积极干预朝鲜事务。日本外务卿井上馨建议中日联合干预朝鲜事务，清楚地显示出日本默认朝鲜是中国的属国。这与日本先前竭力挑动朝鲜摆脱中国宗主权的束缚大相径庭。

井上馨于 1885 年 7 月初通过硬榎转递李鸿章的《朝鲜外务办法八条》中，建议李开始实行如下措施，作为防止俄朝可能达成协议的保证：（1）朝鲜国王不得与内监商议国政；朝鲜大臣中，必择其最为忠荩者，托以国政；（2）应择美国之有才者一人。令朝鲜委用，以代穆麟德；（3）急宜遴派才干较长于现在驻扎之员，以代陈树棠。井上还怂恿中国释放大院君，使亲俄派转向。李鸿章采纳了日本的若干建议，但是由于他担心受制于日本，拒绝采用井上关于中日共保朝鲜的最初建议。

英国当时的态度对中国再次坚持它在朝鲜的宗主权，是一种重大的激励，而且起了关键性的作用。为了遏制俄国势力在东亚扩张，尤其为了防止俄国侵犯朝鲜，英国竭力帮助清朝中国加强它的宗主国作用。尽管英国维护它同中国的不平等条约制度，却试图保持同中国的友好关系，并且加强中国的地位，使它成为俄国南进的障碍。在甲申政变以前，英国就已表示了这种态度，但是当《俄朝密约》公开以后，它的态度更加明显。英国驻华公使和海关总税务司赫德尤其敦促李鸿章加强中国对朝鲜的控驭。英国政府决定，驻华公使兼任赴朝专使。英国关于朝鲜的这一立场，从围绕1885年4月开始的占领汉密尔顿港以及随后在占领问题上外交冲突的一系列事件中可以看得很清楚。英国同意在其他国家不占领其他港口的条件下撤退。它不同朝鲜接触，而只同中国单独谈判。于是它于1886年10月同意在中国保证俄国不会占领朝鲜的条件下，于1887年2月从汉密尔顿港撤退。英国还热烈支持中国宗主大国的地位。一直到中日战争前夕，英国采取的政策是通过维持同中国结盟，遏制俄国。英国外交部致驻北京公使欧格讷阐明英国对华政策的信件，清楚地表明了这一点。因此，欧格讷在中日战争爆发以前，继续将中国看成是"盟国"。这正是李鸿章能够坚持中国在朝鲜的宗主国地位的外交基础。另外，英国后来改变了态度，支持日本，它同意终止同日本订立的不平等条约，并且从联华遏俄政策转向同日本结成联合阵线的政策，这些实际上是造成中国在中日战争中失败的关键因素。

至于这个时期俄国的态度，虽然中国和日本、英国等大国都担心俄国侵犯朝鲜，但是事实上在19世纪下半叶，俄国似乎并没有侵略朝鲜的意图。俄国只是希望朝鲜保持现状，而不希望朝鲜同其他国家的关系威胁到俄国的东部边界。因此，俄国并不反对中国维持同朝鲜封贡关系的政策。英国占领汉密尔顿港和第二个《俄朝密约》，引起俄中谈判。俄国驻北京使馆参赞拉德仁于1886年9月同李鸿章讨论朝鲜事务。李鸿章于是着手制定一项政策，将俄国吸引到中国一边，以对付日本侵略朝鲜的计划。这一举动揭示了李鸿章的联俄制日的政策。就俄国来说，与日本入侵朝鲜相比，它更愿受到中国入侵朝鲜的威胁，因此它赞同李鸿章提出的中俄两国就朝鲜订立一项互不侵略的秘密协议的建议。初步协议包括以下内容："两国政府约定不改变朝鲜现在情形，各无侵占朝鲜土地之意。"

然而清政府认为，"两国政府约定不改变朝鲜现在情形"一语，意味着对朝鲜的保证，担心将来涉及朝鲜属国地位问题时，这一条会限制中国的活动。中国人因此坚持将此款删去。结果，这一建议没有包括在正式协议内，而以李鸿章—拉德仁口头协议（或 1886 年天津口头协议）的名义保留下来。

1887 年 2 月，俄国在圣彼得堡举行关于东亚局势的会议。会上回顾和讨论了俄国对朝鲜的政策。俄国或中国哪一个国家更有可能入侵朝鲜的问题引起了争论。不管怎样，俄国还是原则上决定由其驻北京公使同中国谈判，将1886 年天津口头协议改作正式协定。1888 年 5 月 8 日，俄国举行一次讨论政策的特别会议。负责会议的是阿穆尔总督克尔率和外交部亚洲司司长季诺维也夫。会议取得的结论为随后俄国的东亚政策打下了基础，其要点如下：

1. 一致同意，占领朝鲜不但对俄国无益，而且会破坏俄国同中国或俄国同英国的关系。

2. 赞同并支持中国保持它同朝鲜传统的宗藩关系。

3. 计划提出 1886 年天津口头协议，并向中国澄清俄国并无侵略朝鲜的意图。

俄国于是第三次提出天津口头协议，并且邀请日本和英国参加会议，以期同中国达成一项正式的协定。然而未获成功，因为俄国强调保持朝鲜领土的完整作为保持朝鲜现状的手段。另外，中国则希望俄国承认朝鲜是中国的属邦。这正是中俄未能达成协定的症结所在。但是俄国对朝鲜的消极态度和英国鼓动中国积极强化它的宗主权，这两者是李鸿章得以采取积极进取的对朝政策的主要国际因素。

美国对朝鲜的影响虽然不能与俄国和日本相比，然而它始终强调朝鲜自主独立，支持进步党反对中国宗主权的斗争，而美国的政治思想和行为也对朝鲜有积极的影响。不过这些因素在当时并没有影响李鸿章的对朝政策。

1890 年 8 月，袁世凯正确地分析了当时朝鲜所面临的国际形势：

韩方人心瓦解，室如悬磬，其内既无可据之势，其外并无可恃之援。美人意仅自守，素无远略；英、法、德则意买无他。倭人方亟亟自谋，断不至通败和局。俄人铁路未竣，专虑西陲，觊觎之念，尚隐而未发。

在这些有利的国际环境下，中国对朝鲜积极进取的政策，"李—袁路线"终于形成。

的确，李鸿章联合俄英抵制日本的战略并非没有争议。除了那些主张朝鲜中立化或者对它实行联合控制的人外，像袁世凯和张謇等态度坚决的人，都急切希望将朝鲜变成中国的一个"海外省"，或者将它置于中国皇帝钦派监国的控制之下。李鸿章不敢全按这些批评者的建议行事。他一方面担心朝鲜正在抬头的不满情绪，另一方面害怕受包括日本在内的大国牵制，他不得不尊重传统上宗主国所通常允许给予朝鲜不完全的自主。

从 1884 年至 1895 年十年间，由于国内外条件都对李鸿章有利，他制定了一个积极进取的干涉主义的对朝政策，并于 1885 年 10 月袁世凯受命驻朝总理交涉通商事宜后，指示他贯彻执行这一政策。袁世凯成功地实现了他的使命。他努力工作，以酬答李鸿章对他的信任。但是中国的政策取得巨大的成功，主要原因在于：首先，中国作为朝鲜的宗主国，享有独有的法理上的有利条件；其次，同朝鲜有条约关系的其他各国，不是默认便是支持中国的对朝鲜政策；最后，朝鲜人民从他们的"事大"原则出发，盲目接受中国的专横政策。袁世凯干预朝鲜政治如此全面，所有内政、外交和财政，都在他手指目顾之间。他甚至藐视高宗和王妃，几次提出要废黜国王。他的最终目的在于强化中国在朝鲜的宗主权。

结束语

清朝中国对于它的属国朝鲜的传统态度，是一种善意的淡漠态度。中国固执地坚持属国必须信守受册封和纳贡献的"事大之礼"，它经常强调的是朝鲜"情感上的承认"，亦即强调一种松散而不是严厉的关系。而且为了适应国际形势变化，中国开始允许朝鲜"内政外交自主"，这表明韩国已不再履行对自己属国的义务。中国的宗主权观念显然同近代国际公法非常格格不入。

然而，1879 年日本吞并琉球群岛以后，这种情形起了变化。那时清政府意识到东亚事务正在经历巨大的变化，除了日本所造成的威胁外，俄国强国南下的威胁开始日益严重。中国历经种种麻烦以后，开始认识到朝鲜这一满洲门户的重要性。日本已不再掩饰它对朝鲜与日俱增的野心，这逐渐引起中国的警觉，催迫中国放弃它向来淡漠的态度，而且终于使它努力说服朝鲜同西方大国通商，以取代它的遏制日本和俄国的政策。

这便是当时主持对朝政策的李鸿章提倡美朝缔约的背景。此外，这也可以看作是牵制与均衡战略的实施。具有讽刺意味的是，美国反对李鸿章的最初方案，坚持不承认中国对朝鲜的宗主权。然而，美朝条约对朝鲜人民的冲击比日本《江华条约》更大，因为它使朝鲜人意识到他们需要在国际社会中的平等地位，而且使朝鲜结束了它作为一个闭关自守国家的孤立状况。

李鸿章在 1879 年至 1894 年动荡的岁月，一直是中国对朝政策运筹帷幄的人和主要执行者。朝鲜开始加入国际秩序后不久，不得不应付壬午兵变。中国作为宗主国，采取了与抚绥属国的往例相一致的行动，立即派兵以朝鲜政府名义镇压叛乱，其主要目的则在于防守，抵制日本，这的确是自元朝以来中国最为积极、最为明显的干涉行为（明朝中国曾经一度援朝，但未干涉其内政），是清朝中国对朝鲜政策的转折点。

中国对于事大党给予极大的支持，造成朝鲜政治权力分配不平衡。因此，亲日的进步党在像中法战争这样国际事件的影响下，为推翻亲清的政府而发动甲申政变；但是由于清朝军队干涉，政变以失败告终。从此以后，中国在宗主权问题上坚持愈力；然而，朝鲜的独立自主运动在任何时候都没有动摇过。接着是 1885 年至 1894 年动荡多事的十年，此时李鸿章充分利用了英俄对抗和日本暂时的"等着瞧"态度。李的干涉主义政策通过中国驻朝官员袁世凯大力贯彻施行，从而巩固了中国的宗主权。

袁世凯的任务是参与朝鲜政治与外交事务。然而他对朝鲜的控驭实际上要广泛得多，还包括在财政和经济领域的进一步介入。袁的活动不可避免地引起朝鲜政府不满和忧惧，对于改进朝鲜和中国的关系，未能有所贡献。最为不幸的是它造成了两国之间的摩擦和隔阂。这种现象可以归结于两组因素：就朝鲜来说，是思想变革勃兴，对改革运动高度期望和自主意识日益发展；就中国来说，是努力保持宗主权，忽视朝鲜政治和经济改革，以及缺乏促进朝鲜近代化的能力。然而，中国自身的自强运动并不是十分成功，也同样是事实，这表明在近代化的道路上障碍重重，传统主义的框框难以打破。中国未能对朝鲜的近代化做出贡献，因而便是可以理解的了。另外，同中国的情况恰成鲜明对照的是日本竭尽全力在富国和强兵两方面实现它的近代化。日本近代化的成功，既为朝鲜改革派做出了榜样，又成为日本入侵朝鲜的借口。

尽管中国对朝鲜的干涉主义政策昭然若揭，将它同日本的入侵行为相提并论，加以谴责，是不正确的，也是不公正的。

1894—1895 年中日战争是日本为了侵略而发动的，不能说是李鸿章的对朝政策所造成的。相反地，如果他未利用国际事务的变化状况，并且果断地执行中国对朝鲜的积极政策的话，中日战争也许早十年就已发生。

李鸿章和中俄密约

维特承认李鸿章"十分率真而且认真"。"以李鸿章的智力和常识来判断，他要算这些人（指维特一生中接触的政治家）中很卓越的一个。"当维特在谈判中提出由俄国通过满洲修造铁路时，"李鸿章立即表示了反对"。接着尼古拉也秘密会见李鸿章，进行威胁利诱，终于使李鸿章接受了俄国的要求。

《中俄密约》就是在这种情况下，由尼古拉和维特一手炮制出来的。李鸿章虽曾企图对俄方提出的草约条文略加修改、限制，但基本上都被驳回。"弱国无外交"，在这里又一次得到证实。

1896 年李鸿章去俄国祝贺尼古拉二世加冕时，在上海对黄遵宪说："联络西洋（俄），牵制东洋（日），是此行要策。"签订密约回来，他又不无得意地对黄遵宪说："二十年无事，总可得也。"结果不要说 20 年，连两年无事也没有做到，中国便完全成了既是东洋也是西洋列强刀俎上的鱼肉。

1901 年李鸿章死后，黄遵宪为他作了四首挽诗，其三云：

毕相伊侯早比肩，外交内政各操权。

抚心国有兴亡感，量力天能左右旋。

赤县神州纷割地，黑风罗刹任飘船。

老来失计亲豺虎，却道支持二十年！

这里讲的就是联俄立约这件事。全诗先对死者表示恭维，将他和俾斯麦、伊藤博文相提并论，接着就指出：是罗刹（罗刹本为梵文"恶鬼"之意，清初用作"俄罗斯"之音译。黄氏此诗，语意双关）黑风把他吹上了"亲豺虎"的错路，中俄密约使得赤县神州落到"割地行成"的困境，而这位与"毕相伊侯早比肩"的人物却还沾沾自喜，自以为给国家争得"二十年无事"的和平环境。这是多么大的讽刺！

中国之大患终在俄

曾经有过这样一种观点：中华民族最大的危险，总是来自北方。自从沙皇俄国的"熊爪"向东伸到西伯利亚和远东，这种观点就越来越使某些人觉得有道理，因为：

（一）从地理上看，俄国已经成为唯一与中国直接接壤的帝国主义国家。

（二）"俄国皇帝是世界上最凶恶的一个统治者"（毛泽东语），"沙皇制度把帝国主义各种最坏的因素集中起来，并使之变本加厉了"（斯大林语）。一个国家的对外政策总是它的内部政策的反映。沙皇俄国不仅是俄国各族人民最凶恶的敌人，同时是全世界弱小民族最凶恶和最危险的敌人。

（三）专制统治的必然结果之一，是它的暴力机器特别具有反人道和反文化的性质，因而特别具有破坏性和危险性。像波雅科夫率领的哥萨克队伍在中国达斡尔地区一连杀死和吃掉 50 多个活人这类暴行，在世界上毕竟是少见的。

近代中国持上述观点的人，有范文澜称之为清代"开眼看世界之第一人"的林则徐。他在抗击英帝国主义失败被谪戍新疆，亲自感到俄国咄咄逼人的侵略气焰，曾经说过："百年后，为中国患者，其惟俄罗斯乎！"

持同一观点的人，还有毛泽东称之为经过千辛万苦向西方寻找真理的"先进的中国人"严复。他在三国干涉还辽、"联俄"之说盛行时力持不可，说："甲午以还，彼族常以剖分支那为必至之事。……以远近形势言之，俄于支那，其情亦与各国异。故中国之大患终在俄。"

然而，自命为对"洋务涉历颇久，闻见稍广"的李鸿章，在甲午战败后，却来了个"一边倒"，力主联俄。他即承慈禧太后的意旨，与俄国驻华公使喀西尼勾勾搭搭。此时俄国因怕日本独吞朝鲜、满洲，妨碍自己实现在远东的侵略野心，曾经联合德、法阻止日本割占中国的辽东半岛。这件事成了李鸿章因中日战败下台后东山再起的资本。1896 年 5 月，俄皇尼古拉二世举行加冕礼，中俄两国最高当局心照不宣，由李鸿章以"钦差头等出使大臣"名义前往致贺，在彼得堡秘密签订了《中俄密约》。于是，联俄的主张成为事实，中国的东北从此逐步落入俄手。后来日俄两国在中国领土上一场大战，日本又取代了俄国在南满的地位。李鸿章"引狼入室"，认为可以驱狼制虎，结果却是狼虎齐来，一同吞噬中国人民的血肉。

李鸿章为什么要联俄？如果从他的思想上找原因，就是：（一）依赖"保护伞"，（二）想玩"外国牌"。

依赖"保护伞"的病根在于害怕本国的人民。因为害怕本国人民，所以就感到"军民全不足恃"，自己断非外国的对手。李鸿章1874 年对中外形势的基本看法是："各国条约已定，断难更改。江海各口，门户洞开，已为我与敌人公共之地，……似觉防无可防矣。""一国生事，诸国构煽，实为数千年来未有之变局。轮船电报之速，瞬息千里；军器机事之精，工力百倍；炮弹所到，无坚不摧；水陆关隘，不足限制；又为数千年来未有之强敌。"既然敌人如此不可抵挡，自己如此不堪一击，自然只能把希望寄托在"盟邦"身上，躲在外国的"保护伞"下过日子了。

玩"外国牌"，用李鸿章自己的话来说，叫作"以夷制夷"，这是从封建主阶级长期统治经验中"继承"下来的一种权术。李鸿章前半生同太平军和捻军做斗争，施展欺骗愚弄、分化瓦解、各个击破等手段，捡了不少便宜。但是，帝国主义列强这些"数千年来未有之强分"的战略、策略水平，李鸿章虽想"以夷制夷"，却如鲁迅所说，"'夷'又那有这么愚笨呢？"于是所谓"二十年无事，总可得也"，完全成了自欺欺人之谈。列强看到俄国得手，唯恐在瓜分中国时落后，立即掀起了要求中国割地的狂潮。德国占青岛（胶州湾），法国占湛江（广州湾），英国占九龙、威海，都是《中俄密约》签订后一两年内接连发生的事情。

黄遵宪毕竟是黄遵宪，他对国际形势和外交政策的看法，比李鸿章要正确得多。他很早就认识到俄国的反动性和危险性，发出过"豺虎有在北"的警告。而以李鸿章为代表的一部分洋务派，盲目崇拜外国的力量，一味依赖外国的"援助"，不坚持本国的独立，不珍惜本国的主权，硬要把敌国当成"盟邦"，把豺虎视为兄弟，结果国家成为列强的鱼肉，自己也落得个千古骂名。这不能不说是近代中国"走向世界"的一次惨痛教训。

从欲盖弥彰到大白于世

关于中俄密约，当时两国当局讳莫如深。《李鸿章历聘欧美记》（原名《李傅相历聘欧美记》）的编译者对李鸿章"一头栽到俄国怀里"不以为然，用揭露的笔调记述了双方欲盖弥彰的一些情况。如：

使节初抵码赛埠，即有俄国某亲王奉其皇命出境远迎，旋即同舟共济。闻某俄亲王言："傅相所奉国书，备道中俄交谊之厚，不及其他。我俄亦不欲别立盟约，反致多生枝节。惟愿实力维持中国，不任他国凌逼，更不许他国割取寸土。盖期保华者，即以保俄也"

……

英国《士丹特报》云：闻诸外部侍郎古尔逊云，李中堂行箧中，虽未闻其有中俄密约，然似操议约及画诺之权。又闻中堂语人云："中俄实无密约，惟俄国之鲜卑（原注：即西伯利亚，又作悉毕尔）铁路，许其假道满洲以达海口耳。"（原注：珲春欤？旅顺口、大连湾欤？似此语气，殊浑沦也）英国各报皆谓：所以虑中俄之有密约，即此事耳；今中国已贸然许俄，天下事尚可为乎？

……

四月十三日，英伦电报云：法人某谒傅相于依旧都，即问来欧之意。傅相语之日："贺俄升冕，元侍赘言矣。仆更将博考诸国致治之道，他日重回华海，改弦而更张之。至于华之与俄，实无密约；惟交谊之固，则诚如胶似漆耳。……"

除此之外，因为对签订密约的内情无从得悉，书中也就无法加以叙述。

《傅相游历各国日记》卷下附有当时《字林西报》发表的《中俄和约》12 条。其实这并不是真正的中俄密约。真正密约的中文本，一直作为绝密件，存在原来清政府后来中华民国外交部的档案库里，25 年之后，才首次抄出。交由参加华盛顿会议的中国代表团在会上宣读。接着，苏联政府又全文公布了密约的法文本，其内容始为众所周知。在这以前，李鸿章之子李经迈曾于 1911 年向伦敦《每日电讯报》透露过密约的基本内容，但未被中俄官方承认。1966 年，在台湾又影印了密约的中文本。

1980 年，台湾《传记文学》杂志从总号第 215 期起，连载李宗侗（清朝军机大臣李鸿藻之孙）的遗著《光绪中俄密约之交涉与签订》。文中发表了作者称为"海内孤本"的李鸿章使俄期间与军机处的往来密电（以下简称"李氏密电"，这些电报皆用特殊密码，由军机大臣亲自翻译，进呈御览后不再载入军机处档册，故后人无从查考），于是密约条文从初稿到定本的演变过程，也已大白于世。

现将中俄密约中文本及序言照录于下，谈判过程中重大修改之处另在括号内注明：

大清国大皇帝陛下暨大俄国大皇帝陛下因欲保守亚洲大地现在和局，不使日后别国再有侵占之事，决定订立御敌互相援助条约。

第一款日本国（初稿此处有"或与日本同盟之国"八字，俄方提议删去）如侵占俄国亚洲东方土地（"土地"初稿作"属地"，中方提议修改），或中国土地，或朝鲜土地，即牵碍此约，应立即照约办理。如有此事，两国约明：应将所有水陆各军届时所能调遣者尽行派出，互相援助。至军火粮食，亦尽力互相接济。

第二款中俄两国既经协力御敌，非由两国公商，一国不能独自与敌议立和约（中方提议末尾添"如非敌国，不在此例"八字，俄方不允）。

第三款当开战时，如遇紧要之事，中国所有口岸，均准俄兵船驶入。如有所需，地方官应尽力帮助。

第四款今俄国为将来转运俄兵御敌并接济军火粮食，以期妥速起见，中国国家允于（"中国国家允于"六字初稿作"议于"）中国（"中国"二字中方提议加入）黑龙江、吉林地方接造铁路以达海参崴。惟此项接造铁路之事，不得藉端侵占中国土地，亦不得有碍大清国大皇帝应有权利。其事可由中国国家交华俄银行承办经理（"其事可由……"句俄方初稿作"其事可由中俄公司经理"）。至合同条款，由中国驻俄使臣与银行就近商订。

第五款俄国于第一款御敌时，可用第四款所开之铁路运兵、运粮、运军械。平常无事，俄国亦可在此铁路运过境之兵粮。除因转运暂停外，不得藉他故停留（本条俄方初稿："无论和时战时，俄国可用上款所开之铁路运兵、运粮、运军械。"中方议删，俄方不允）。

第六款此为由第四款合同批准（"合同批准"初稿作"所让之事"）举行之日算起照办，以十五年为限。届期六个月以前，由两国再行商办展限（"届期……"句为初稿所无，系俄方增入）（本条中方议删，俄方不允）。

事实上，清政府及李鸿章希望签订的只是一个防止日本侵犯的军事合作条约。但俄方一定要中国允许俄国通过黑龙江、吉林"接造铁路以达海参崴"，"无论和时战时"，俄国均可用这条铁路"运兵、运粮、运军械"，以此作为实行军事合作的条件。这样，在日本还没有来侵犯的时候，中国的土地和主权就已经"应允"俄国来侵犯了。

"背信和昏聩奇怪地混合在一起"

这样一个丧权辱国的条约，固然是慈禧太后和李鸿章错误的外交路线的产物，但更是俄国精心策划的侵略阴谋。

代表帝俄与李鸿章谈判的俄国财政大臣维特伯爵（即书中所称"户部大臣卫德"）发表的回忆录，透露了当时帝俄君臣密谋对付李鸿章的一些情况。回忆录写道："那时登位不久的尼古拉皇帝，正亟欲在远东扩张俄国的势力，……被一种夺取远东土地的贪欲迷住了心窍。"维特就是尼古拉扩张政策的执行者。

维特承认李鸿章"十分率真而且认真"，"以李鸿章的智力和常识来判断，他要算这些人（指维特一生中接触的政治家）中很卓越的一个"。当维

125

特在谈判中提出由俄国通过满洲修造铁路时，"李鸿章立即表示了反对"。但是，这个老奸臣猾的帝国主义分子，利用李鸿章想"联俄拒日"的心理，向李表示："我们既然宣布了中国领土完整的原则，在将来我们也要遵守这个原则。但是，为了保持这个原则，我们必须在发生紧急情况时能够给中国以紧急援助。俄国的兵力目前都集中于欧洲部分，在欧洲的俄国对符拉迪沃斯克（海参崴）没有用铁路同中国连接起来以前，我们就不能进行这种援助。"接着尼古拉也秘密接见李鸿章，进行威胁利诱，终于使李鸿章接受了俄国的要求。

中俄密约就是在这种情况下，由尼古拉和维特一手炮制出来的。李鸿章虽曾企图对俄方提出的草约条文略加修改、限制，但基本上都被驳回。"弱国无外交"，在这里又一次得到证实。

维特在回忆录中还叙述了一个戏剧性的情节，在这里引述一下也许不会是多余的：由俄国外交大臣起草的中俄密约第一款，本来规定中俄军事同盟要对付"日本或与日本同盟之国"。维特认为这会使俄国承担不必要的风险，于是向沙皇建议删去"或与日本同盟之国"这几个字。沙皇当然完全同意。到条约签字那一天，双方代表已经坐到签字桌旁时，维特突然发现正式文本上这几个字仍然没有删去。他大吃一惊，立刻将主持仪式的外交大臣洛巴诺夫—罗斯托夫斯基公爵叫到一旁，小声告诉他这件事。维特写道：

> ……他却一点也不惊惶。他看了看表，那时是 12 点一刻。他轻敲了几下，招呼侍役，然后转向会场道："时候已经过正午了，我们去吃午餐吧，然后我们再在协定上签字。"

我们于是都去进午餐。只有两个秘书在我们进午餐的时候，又将文件誊录了一遍，并做了必要的改正。午餐前已经传阅过的两份文件，被悄悄地同两份新的抄本换掉了。在这两份新的抄本上，正式由一方李鸿章，另一方洛巴诺夫—罗斯托夫斯基公爵和我签了字。

清政府和李鸿章既然想引俄为援，当然希望"保护伞"保护的范围宽一些才好。俄国君臣起初也暗示李鸿章，俄国的援助不会仅只针对日本。据"李氏密电"，尼古拉二世在秘密接见李时，曾亲口向他保证："将来倭、英难保不再生事，俄可出力援助。"清政府也曾密电李鸿章："倘中国西南水陆有事，俄国如何援助之处，亦应于约内叙明，以期同密。""西南水陆有事"，显然不是指日本。结果，"智力和常识"都不缺的李鸿章，居然陷入维特和洛巴诺夫串演的江湖骗子式的"调包计"而不自觉，亦可哀矣。

结果，横贯中国东北的俄国铁路是筑起来了，铁路两旁由俄国军事占领的"特别区"也划出来了。俄国对中国的"保护"和"援助"又在哪里呢？密约签字的墨迹还未干，德国就向中国强索胶州湾（青岛）。李鸿章在北京两次找俄国公使求救，尼古拉二世却在给德皇威廉的电报中说："我既不能赞成，也不能不赞成您派遣舰队到胶州去。"俄国不仅不阻止德国强占胶州，反而以"保护中国"为名先占了旅大。光绪皇帝责备李鸿章等人道："汝等言俄可倚，与订约，许以大利；今不独不能阻德，乃自渝盟索地。亲善之谓何？"李鸿章只能免冠叩首，支吾以对。后来，维特在回忆录中总结俄国在远东的失败经验时，也不得不承认："是我们自己违反了协定（指密约），才造成今日远东的局面。这是一件背信和昏聩奇怪地混合在一起的事。"

"背信"的是俄国君臣，"昏聩"的是清政府上下。事实上，俄国在打别人主意的时候，总是十分精明的。它一贯的手法，就是用漂亮的言辞掩盖卑鄙的行动。恩格斯早已指出："沙皇政府每次掠夺领土、使用暴力进行压迫，都是拿开明、自由主义、解放各族人民作为幌子。"今日地球之上，某些热衷进行民族扩张的霸权主义分子，不仍然是用的这种手法吗？

李鸿章听信尼古拉和维特骗人的鬼话，一意要"联俄"，"联"的却是这样一个背信弃义的国家。无怪乎连对李鸿章颇为同情的黄遵宪，在给他的挽诗中，也要埋怨他"老来失计亲豺虎"了。

"李二先生是汉奸"

黄遵宪的诗，不过表达了当时舆论对李鸿章的一种看法。从生前到死后，李鸿章一直就是个毁誉不一、众说纷纭的人物。

本章所引用英美等国报纸的评论，毫无例外对李鸿章表示捧场。如《伦敦特权》杂志所云："中国大臣，不乏老成持重，而具大见识，开大智慧，展旋乾转坤手段，换中国以趋前路者，断推中堂（李鸿章）一人。"《泰姆

（晤）士报》甚至说："华人四垓（万万）中，实无其匹。"

而在李鸿章奉旨赴俄前两年内，也就是甲午、乙未之际，国内的"清议"却对他颇有微词。像吴昌言在《责偿和款议》中，即直指李鸿章"祸国之辱甚矣！率天下人皆欲食其肉。……经营三十年而一败涂地不可收拾至此，至今弹劾之封章、规谏之书札、讥刺之诗歌中外传遍，窃窃然争购之。清夜自思，又复何颜视听食息于天壤间乎？"

"历聘欧美"后五年，李鸿章死时，清政府在"上谕"中褒扬他"匡济时艰，辑和中外，老成谋国，具有深衷"，"予谥'文忠'，追赠太傅，晋封一等侯爵，入祀贤良祠"。而北京的市井小民，却把他和差不多同时死去的戏子杨三相提并论，拟了一副讽刺他的挽联：

杨三已死无昆丑

李二先生是汉奸

平心而论，李鸿章在咸丰、同治年间，不失为统治阶级中一个比较有能力、有见识的人物。他由曾国藩引导登上政治舞台，也和曾国藩一样，都是利用太平天国革命军起事，满洲贵族腐朽无能的"时势"造成的"英雄"。曾国藩死时，他送的挽联有云："师事近三十年，薪尽火传，筑室忝为门生长。"在反革命的事业和政治经验上，他确实可算是曾国藩的"传人"。

咸丰以前，清政府无所谓"洋务"，亦无熟习洋务的"人才"。当局者于中外形势既属茫然，更常因举措荒谬而贻误大局。如《郭嵩焘日记》，咸丰九年三月初八记云：

怡亲王来营……入京换约之说始终不改易……怡邸言奉旨密商一语：如夷人入口不依规矩，可悄悄击之，只说是乡勇，不是官兵。予曰：凡事须是名正言顺，须缓缓商之。

怡亲王载垣是咸丰最信用的皇族重臣之一。英法联军之役，清政府既不能取胜于疆场之上，又不能拒辱于樽俎之阁，而在已经签订条约同意接受公使之后，却企图在英法公使进京时由官兵化装乡勇"悄悄击之"，这确实很难说是高明的做法。

曾国藩、李鸿章等"中兴将帅"，比之载垣之流要高明一些。曾国藩在咸丰十年十一月初八的奏折中说："驭夷之道，贵识夷情。"他认为"和议已成，中外贸易，有无交通，尤属名正言顺"。"外国技术之精为中国所未逮"，学习西方的技术科学已成为"救时之第一要义"，"中国自强之道，或基于此"。曾国藩的这些看法，由李鸿章全盘继承下来，并且"发扬光大"，成为同治、光绪时期大办洋务的张本。李鸿章分析中外形势出现了"数千年来未有之变局"时，提出了"'穷则变，变则通'，盖不变通则战守皆不足恃，而和亦不可久也"的重要观点。他说："外患之乘变幻如此，而我犹欲以成法制之，譬如医者疗疾，不问何症，概投之以古方，诚未见其效也。"

如果李鸿章从这个观点出发，真正走上学习西方的道路，那么，即使这种学习仅停留在"坚船利炮、通商惠工"的水平，以他的地位和影响，也能够为中国的进步做出贡献。可是他并没有真正走上这条道路。他和曾国藩一样，是封建社会传统文化和伦理观念的乳汁哺育成人、太平天国和捻军战士的鲜血喂养强壮的"当朝一品"人物。阶级地位决定了他们即使能够看出西方国家是"数千年来未有之强敌"，却不能也根本不会去寻求西方资本主义"强"于中国封建制度的根本原因，更谈不到"变"封建统治之道，"通"资产阶级民主政治之路。

对于洋人，他们是既害怕又羡慕。怕是怕洋人"无父无君"，万一"助'贼'攻我"，"足为中国腹心之患"。羡慕的是洋人"器械精坚"，"目前资夷力以助剿济运，得纾一时之忧；将来师夷智以造炮制船，尤可期永远之利"。他们主张"变通"，提倡"救时"，都是为了巩固封建专制制度，而不是为了改变这个制度。他们的"洋务"，和怡亲王的"悄悄击之"，只是策略上的不同，而无本质的差异。盖棺论定，李鸿章确实是清室眼中的"忠臣"，却因为"外修和好，内图富强"的一再挫折而为他身后的人民目为"国贼"。

对洋人老老实实的结果

李鸿章于同治十三年十一月初二所上《筹议海防摺》中说："臣虽愚间，……惟洋务涉历颇久，闻见稍广，于彼己长短相形之处，知之较深。"

光绪二年九月十四《复刘仲良中丞》书中说："处今日，喜谈洋务乃圣之时。人人怕谈、厌谈，事至非张皇即鲁莽，鲜不误国。公等可不喜谈，鄙人若亦不谈，天下赖阿术以支持耶？"其自负如此。

究其办理外交的根本诀窍，不出他自己所说的"羁縻"二字，也就是牵萝补屋，能妥协则妥协，能利用则利用。这个诀窍，同样是从曾国藩那里继承来的。据曾国藩孙女婿吴永（渔川）《庚子西狩丛谈》所记李鸿章亲口说的一段话：

> ……别人都晓得我前半生的功名事业，是老师提挈的；似乎讲到洋务，老师还不如我内行。不知我办一辈子外交，没有闹出乱子，都是我老师一言指示之力……

曾国藩的"一言"是什么呢？就是只能用"老老实实、推诚相见"的态度和洋人打交道。因为"我现在既没有实在力量，尽你如何虚强做作，他是看得明明白白，都是不中用的。不如老老实实、推诚相见，与他论情说理，虽不能占到便宜，也或不至过于吃亏"。

弱肉强食是帝国主义的"公理"。"没有实在力量"的弱国，在强敌压境的时候，"虚强做作"固然不行，"老老实实"难道就能够不吃亏吗？李鸿章一意"联俄"时，对俄国总算是"老老实实、推诚相见"的了，结果临到签字桌上，还被维特和洛巴诺夫掉了包。中俄密约，贻患及于雅尔达会议，能说"不至过于吃亏"吗？

其实，曾国藩、李鸿章等人并不蠢。他们在洋人面前如此老老实实，完全是因为他们要以国内事务为中心，所以不敢再开边衅，怕陷入内外夹击的困境。曾国藩于同治元年六月二十的《议复调印度兵助剿摺》中，虽然也说"中国之寇盗，其初本中国之赤子，……中华有难，中华当之"，不主张让洋兵"助剿"内地。但最后还是表示，万一洋兵"不约而来，实倡处此"，则"但有谦退之义，更无防范之方"，因为"吾方以全力与粤匪相持，不宜再树大敌"也。

李鸿章深得此中三味，他在一封给曾国藩的信中说："洋人所图我者利也，势也，非真欲夺我土地也。自周、秦以后，驭外之法，征战者后必不继，羁縻者事必久长。今之各国，又岂有异？"曾国藩立即复信道："承示驭夷之法以羁縻为上，诚为至理名言。"结果，在这边是着意"羁縻"，在那边却既要图利争势，又欲夺我土地。密约签成，中东铁路，旅顺、大连直至东北全境，一度都落入"北极熊的利爪"。这大概是抱定一个"诚"字的曾文正公所料不及的吧！

至于洋人，当然喜欢对他们"老老实实，推诚相见"的人。本书所录西人评论，对李鸿章很是捧场，捧的便是这一点。例如《颇使得报》便说："夫求人才于中国高爵厚禄之中，复能洞悉友邦冀望之事，知若何因应而睦谊斯敦者，惟直隶总督（李鸿章）一人而已。"因此，西方国家的政府，毫不掩饰地表示他们希望李鸿章在中国掌权（英国因李鸿章过分"亲俄"而对他有些不满，但在支持李氏当权这一点上也从未改变过态度）。

李鸿章的"联俄"政策，慈禧太后实主使之。李氏赴俄前请训时，太后屏退左右，同他密谈"至半日之久"。丙辰八月，李"历聘欧美"归来，九月，太后即降旨令其"在总理各国事务衙门行走"。《李鸿章历聘欧美记·归轺新论》记："伦敦露透电报总新闻馆接北京访事人电信（报告李鸿章被任命），以为其职如各国宰相之管外部，凡与外国交涉事件，得以独断独行。从此中外无隔阂之虞，东西有会通之乐，……不禁喜出望外。"

但是，中国历史的时钟，毕竟不会由外国人随意拨转。李鸿章在专任外交时期，迎来了"赤县神州纷割地"的局面，更加激起了广大人民和"清议"对他的反对。后来"扶清灭洋"的义和团，提出要杀"一龙二虎三百羊（洋）"，二虎之一便是李鸿章。戊戌年间，光绪与慈禧的矛盾激化。光绪对"联俄"本有保留，乃于七月诏李鸿章"毋庸在总理各国事务衙门行走"，从此李氏又被投闲置散了两年。

《李鸿章历聘欧美记》恰好在戊戌年成书，编者美国人林乐知（Youmg John Allen）对李鸿章的不被重用深表不满。他在序文中说："各国重视中堂，深冀其回华而后，优加信任，重畀大权。今乃以不赀之身，听其为伴食之宰相；于是向有厚望于中国之外国，相与心灰意懒……"

两年后，八国联军侵占北京，李鸿章又被慈禧太后任为议和全权大臣，与八国签订《辛丑和约》。这时候，俄国早已不"遵守中国领土完整的原则"

了。它利用中国的危难，出兵占领了东北三省全境，胁迫中国与之另立条约，承认东三省全属俄国势力范围。这件事使全国士民痛心疾首，誓死反对，李鸿章又一次成为众矢之的。据梁启超叙述："李鸿章本年以来，肝疾增剧，时有盛怒，或如病狂"，终于在光绪二十七年（辛丑）九月二十七死于北京贤良寺。据说在他"吐血大渐"时，俄国公使还闯入他的病房，催他在条约上画押。同俄国的条约，成了他的催命符，也可以说是他"老来失计亲豺虎"的报应。他自诩"涉历颇久，知之较深"的洋务，早在甲午年间便已一败涂地，至此则和他本人一道寿终正寝了。

第章

着眼世界改革潮流的拓荒者：
晚清身体力行改革开放的第一人

日本首相伊藤博文尊敬地评价李鸿章：

知西来大势，识外国文明，相效法自强，有卓越的眼光和敏捷的手腕。他的事业充满开拓者的精神。他建设国家的努力，不但包括军事措施方面，也包括经济政策方面……所有关于李鸿章在这个远东大国的没落时期独力支撑富国强兵的理想与实践的研究与评价，都只是开始而已。

中国近代化的开始

赫德赞叹说："李尽管十分现实，接受了他在上台之前就已存在的条约制度，但他毕竟还清醒地意识到中国作为一个主权国家的权利。"

英、法联军占据北京退出后，恭亲王和文祥于 1861 年 1 月奏请采取包括设置总理衙门在内的新政策时，使用"自强"一词就有类似的含义：

臣等酌议大局章程六条，其要在于审敌防边以弭后患，然治其标未探其源也。探源之策在于自强，自强之术必先练。

恭亲王和他的同僚在同年 7 月一份奏折中解释，他们"曾奏请饬下曾国藩等购买外国船炮，并请派大员训练京兵"——这一切都是为了自强的目的，"不使受制于人"。在中国对外关系中，这种不受制于人的观念，它的传统上的意义至少可以上溯到宋代。

然而，在晚清时期的背景下，"自强"一词有它深一层的含义——亦即必须采用西方技术，以便在对外关系中居于优势。李鸿章于 1864 年春致总理衙门函中写道：

夫今之日本，即明之倭寇也。距西国远而距中国近。我有以自立，则将附隶于我，窥伺西人之短长。我无以自强，则并效尤于彼，分西人之利薮。

在同一封信中，李鸿章认为西方力量的源泉在于"技艺"，建议中国学会制造"制器之器"。总理衙门将李的这封信录呈朝廷，它总结过去两三年来关于这一政策同各省督抚的讨论，奏称："查治国之道，在乎自强；而审时度势，则自强以练兵为要，练兵又以制器为先。"

这样的新政策在同治初年就已出现。1860 年以后同西方接触扩大，要求政府的活动扩展到一个新的范畴——就是所谓的"洋务"，处理外交事务和设立兵工厂与造船厂，这两方面都被称为"洋务"。

但是，"自强"和"洋务"的范围并不限于造船制炮。至少有一些省的官员已看到欧洲的技术应用于非军事方面的价值。1865年9月，李鸿章上奏请准设立江南制造局时，表示希望制造局终将生产对农业和工业有用的机器——"耕织、刷印、陶埴诸器"。李预见数十年后，中国人将能掌握西方技术，"富农大贾必有仿造洋机器制作以自求利益者"。

李鸿章正是对19世纪60年代初他在上海亲睹西方武力的挑战做出反应，当时他的军队依靠西方武器，甚至依靠西方兵将的帮助，成功地同太平军作战。而且李鸿章还有从1861年至1863年居住上海外国租界的经历，他认识到欧洲人不仅军事方面优越，而且除依靠军事技术外，还通过外交代表和施加压力，野心勃勃地谋取商业扩张。李鸿章比魏源更加认识到"利权"（经济控制，字面上即获取利润的权力，含有经济主权之意）的重要性，"利权"一词不宜与"权利"混淆，后者是很久以后才引入的新词。李鸿章虽然出于直觉，将清政府和中国等同起来，但是他也时常在将国家同王朝加以区别的意义上，使用"中国"或"中土"等词。李尽管十分现实，接受了在他上台之前就已存在的条约制度，他还是意识到中国作为一个主权国家的权利。

行政完整的概念也许是在李鸿章以及继丁日昌以后历任上海道台的政策中形成的，丁是广东人，由李邀其来上海，于1864年就任上海道。李鸿章必须应付像巴夏礼这样富于挑衅性的英国官员。在李泰国和赫德两人中，李喜欢后者，因为他的举止更像一个中国官员。李虽然赞赏常胜军的效率，却坚持必须予以裁遣。在江苏处理对外关系的阅历，使李鸿章锻炼成为一名外交家。从1870年开始，在直隶大约25年间，他是一位事实上的外交大臣，列强的代表如遇问题就去找他。

外交史是一个复杂的领域，加以概括并非易事。李鸿章作为中国对外政策的一个制定者，他的成败还未得到充分的重估。可以设想，从19世纪60年代开始，李就有一个始终一贯的目标——在条约制度下，尽可能维护中国的领土和行政的完整。保护朝鲜，使其免遭外国统治，也是他的目标。李认识到外交的成功最后依靠国家的军事和经济力量。是李鸿章——也是中国的命运安排，使他面对一个异乎寻常成功的国家——日本。也许早在19世纪 60 年代，在中国同日本缔结最早的条约谈判时，李鸿章就已认识到日本的挑战。然而李尽管致力自强，他却注定要看到中国日益落后于日本。正如伊藤博文谈到中日战争前夕中国海军的弱点时所指出："李忠于清廷，但是他还负责处理许多紧迫的事务，他此时已成为全国督抚的领袖，集内政、外交、洋务、海防于一身。在 19 世纪 80 年代末 90 年代初，他忙于应付每日遇到的政治问题，以致不能对北洋海军诸多问题给予充分的注意。"他最后得出结论：

> 李鸿章的任务比起今天人们所能想象到的要艰巨得多，因为他面临向北京政府寻求资金，说服各省官员争取他们合作，同时又要抵挡来自各方的不断地批评这多重的任务。北京中央政府的弱点众所周知。清政府从整体上看给李鸿章增加了许多障碍。它充满官僚主义陋习、地方主义观念和派系的明争暗斗。北洋海军本身也因组织不健全、装备陈旧过时而深受其患。在这样的环境下，对李鸿章创建海军的努力，不应从不可能实现的理想，而应当从当时内部情况的整个背景作出评判。

新兴企业

李鸿章显然未能获得中日战争的胜利，或者防止这场战争发生。可是他的事业却充满开拓者的精神；他建设国家的努力，不但包括军事措施方面，而且包括经济政策方面，1872—1873 年李鸿章创办轮船招商局时，他的目的不仅在于拥有轮船，将漕粮运往华北，而且在于同外国商行的轮船进行竞争。到那时为止，轮船运输业全归这些商行经营。李注意到条约口岸的中国商人常将资金投于西方企业，他的政策就是向那些愿同外国企业竞争的中国商人提供政府的保护。李希望中国轮船公司将"为中土开此风气，渐收利权"。李鸿章关于开采矿山和设立织布厂的计划，也都有类似的目的。自 19 世纪 70 年代中叶以来，李支持在直隶和其他地方开采煤、铁的计划时，已想到煤、铁大量输入，造成国家财源枯竭。李还注意到煤矿和铁矿是英国工业成功的基础：

中国金、银、煤、铁各矿胜于西洋诸国，只以风气未开，精华闷而不发，利权之涸日甚一日，复岁出巨款购他国煤铁，实为漏卮之大宗。

1882年李鸿章奏请设立上海机器织布局时，强调财富作为国家强大基础的重要性。他相信不采取西方技术发展机器制造工业，便不可能促使国家强大：

臣维古今国势，必先富而后能强，尤必富在民生，而国本乃可益固。各国制造均用机器，较中国土货成于人工者，省费倍蓰；售价既廉，行销愈广。自非逐渐设法仿造，自为运销，不足以分其利权。

李鸿章像魏源一样，指望商人不仅为官督企业提供资金，而且提供管理人才。1872年轮船招商局创办和1877年后开平煤矿开工时，李依靠以唐廷枢（唐景星）和徐润为首的一批广东籍买办、商人负责企业。他提出富于独创性的"官督商办"方案，要求商人尽管接受政府低息贷款，在组织资本和经营管理方面仍承担完全责任。招商局最初章程载明，虽然政府保持控制，但是"盈亏全归商人，与官无涉"。李鸿章的政策是依靠条约口岸的商人承担企业的风险，同时由他们负责企业的经营管理。他虽曾札委盛宣怀在湖北开办煤铁矿，但怀疑盛对这个任务是否胜任。至迟在1882年，李在盛宣怀一份禀词中，提及德国工业史上的克虏伯家族，他作了如下批示：

克虏伯以茅屋三间，熔铁起家，是有大本领人，非该道（盛宣怀）等所能学步。招商局以旧船四号运漕试办，虽局面日渐扩充，利权未能全收，亦非荆局（铁矿与煤矿）所能比例。

这一段话以及其他资料表明，直至1884年，李鸿章对唐景星等广东籍买办商人比对盛宣怀这样的官员，更是信赖有加。

还必须强调指出，在李鸿章倡导和支持下的近代化努力并非没有成功。招商局的确以四艘旧船起家，但在以后三年中，它以新募商人资本和政府贷款，购得新船九艘，局船在中国水域运输业中作有力的竞争。1877年初，招商局依靠政府贷款，盘购美国人经营的旗昌洋行全部船只，船只名册上新增了 16 艘。1877 年，招商局共有轮船 29 艘，而它的两家竞争对手怡和洋行和太古洋行营运轮船分别为六艘和五艘。招商局开始在中国水域运输业中居于优势地位若干年，即使 1885 年后唐景星和徐润不再担任总办和会办，盛宣怀被派为督办，起初情况也是如此。

开平煤矿继续由唐景星和他的同事经营管理，一直到 1892 年唐去世。那一年中国输入洋煤 30 万吨，开平的产量已达 18.7 万吨，足以满足天津口岸及其以外地区的需要。一条自开平至附近水路短短的铁路于 1888 年展筑至天津，最终通至北京。尽管招商局同在它船上工作的外国船长和轮机师时有龃龉，但唐景星管理开平煤矿，却得到他所聘用的英国工程师和工匠富有想象力的服务，受到他们的赞佩。

官督商办企业引进新制度、新方法的背景是条约口岸国际市场熙熙攘攘，带来曾受过欧洲训练的技术人才。但是出现在这些企业的近代技术引进，当然应当多归功于李鸿章的眼光和政治支持，使企业的引进早日实现。

李鸿章在 19 世纪 70 年代初便深信中国已面临三千年来"未有之变局"：中国现在遭遇的外国侵略，不仅来自内陆边疆，而且来自海上，不是来自文明稍逊的游牧部落，而是来自掌握令人望而生畏的军事和经济力量的跨海而来的国家。毫无疑问，李鸿章要继续增强他在帝国官僚政治中的地位，他必须固守自己的政治后卫。但是他的人生目标并非仅在于个人成功。他也不仅是张之洞于 1898 年在其著名文章中所系统阐述的"中学为体、西学为用"的提倡者。正如哈佛大学费正清在最近的研究中所强调，李鸿章实际上是以极小的努力用于中学，他在形式上对旧式书院的赞助并不热心，他的注意力真正放在他早在 1862 年曾经戏谑地说过的"用夷变夏"上面。

必须再次强调的是，尤其自 19 世纪 70 年代以来，李鸿章经常又要将注意力放在错综复杂的北京政局上面，他作为全国性的官员，肩负中国外交和战备的责任。不仅如此，他还带头提倡工业时代的经济企业。他在其富于独创性的"官督商办"企业的方案中有关商人作用的眼光，也许堪与经世学者魏源早在 19 世纪 30 年代所作"官告竭，非商不为功也"的看法相媲美。官督商办企业值得作进一步研究。中国 19 世纪晚期近代化的记录有许多比较成功的事例，足以作为那种认为它们是 20 世纪初中国经济重大发展的先驱的看法的有效例证。

除了倡导工业化所起开拓的作用，李鸿章的经世治国还包括提倡他自己时常称之为"变法"（制度变更）的改革。李鸿章于 1864 年向总理衙门提议在科举考试制度中专设一科，使那些关心西方技术的读书人（士）将他们毕生工作都奉献于"制器之器"。此外，李在 1874 年 12 月的一份奏折中，抨击那种要求小楷试帖无用技巧的科举制度。他建议与海防直接有关的各省设立"洋学局"，献身于这类学问的士人可以和科举出身的人同样取得功名。为避免引起进一步非难，损害自己的政治地位和他艰辛建立的开创性事业，李鸿章并不竭力推动科举的改革。他必须靠他所能控制的札委无功名人员的权力，由一些没有真实功名的候补官员任临时设置的"局"的总办、会办。1875 年 2 月，他给原淮军统领、时任江西巡抚的刘秉璋的一封信中写道：

> 试帖小楷毫无与时务，此所已知者也。……近人条陈变通考试亦多术矣，皆被部驳。吾始发其端，以待当路之猛醒而自择。其执迷不悟，吾既言之，无可驳也。

李鸿章在 1874 年 11 月以前近代化工业的努力

自从 19 世纪 60 年代中期以来，有四个近代兵工厂建立起来，其中有两个是造船厂：金陵机器局（1865 年从苏州迁到南京）、上海江南制造局（1865 年建立）、福州船政局（1866 年）和天津机器局（1867 年）。除了金陵机器局费用由淮军经费筹措，其余都得到廷旨授权拨给。金陵机器局和江南制造局是由李鸿章本人设立，但是他对它们的成绩感到失望。金陵由苏格兰人马格里管理，它能够生产铜炮以及火帽和炮弹。江南制造局，这家大得多的机构在五年中用费约 250 万两，主要来自海关关税。虽然在淮军同捻军作战中，它提供了滑膛枪、短筒马枪、铜炮、火帽和炮弹，但是一直到 1868 年左右，它才初次成功地生产出一种过时的前膛装填式来复枪。李将沪局和宁局仅看作是一个"起步"。在 1867 年至 1870 年间，江南所属的船坞造出四艘小轮船，李形容它们是"尚在不商不兵之列"，"虽不能战于海外，或犹可战于江心"。

李鸿章在直隶最初的一个行动是扩建三年前由崇厚设立的天津机器局。

李向朝廷建议派一名原江南制造局会办负责，并且增置了机器。由于李此时正计划用外国制造的后膛来复枪和克虏伯炮装备他在直隶的部队，他认定天津机器局能够做出的最佳贡献就是供应这些武器所需要的弹药。1871 年至 1874 年，天津机器局收到朝廷从天津和芝罘关税拨款近 100 万两。除了原有一个车间，又增加三个新车间，因此到 1874 年，它已日产火药一吨以上，以及大量子弹和炮弹。不过李还计划自己生产后膛枪，1874—1875 年订购并安装了生产雷明顿式来复枪的机器。

李鸿章希望江南制造局能够以其更大的成套设备，从事更大规模的来复枪和火炮制造。虽然江南制造局是由两江总督管辖，李鸿章却时常在同曾国藩的通信中讨论局事。1871 年李有两次劝曾国藩对江南总办冯焌光所作自我吹嘘式报告的准确性，检查核实，并给在制造局工作的著名数学家和工程师徐寿以更多实权。李有时直接同这些总办、会办通信。制造局于 1871 年添购制造雷明顿式来复枪的机器，可能便是出自李的建议，这种来复枪在 1873 年底以前大约生产了 4200 支。1872 年 3 月曾国藩去世后，李继续向曾的继任者提出有关江南制造局的建议。他极力主张除了后膛枪和铜炮外，还应制造熟铁铸炮和水雷。第一门铁铸大炮于 1874 年 2 月造成。在 1871 年至 1874 年间，江南生产的 2000 支来复枪和 1100 支短筒马枪送往直隶，但是它的产品大部分调拨给两江地区各部队。

由于金陵机器局的费用由淮军军需项下筹拨，李鸿章保持对它的人事和经营方针的控制。至少在 1873 年有一次李鸿章曾下令调动机器局的中国人总办（可能是以北洋钦差大臣的身份下令），虽然他得到两江总督李宗羲书面赞同而采取这一行动，然而一直到 1874 年，马格里制造的铜制迫击炮仅用于直隶沿海防御工事，从 1874 年初开始，李宗羲下令机器局生产江苏军队所需枪炮和各种弹药。

李鸿章对中国军事工业的关注还扩展到福建。1871 年末，一名内阁学士抨击福州船政局糜费无效。这名官员（宋晋）向朝廷建议将福州和上海两处造船项目停止。李鸿章遵从廷旨条陈己见，联合左宗棠和福州船厂的创办人、船政大臣沈葆桢为福州船厂辩护。李在 1872 年 6 月 20 日的奏折中提出了中国正面临"三千余年一大变局"的著名说法。由于西方的军事力量是以枪炮、轮船为基础，中国必须深通这些装备的秘巧，以保障长治久安。他警告说，日本在这些方面已走在中国前面，并且正在"逼视我中国"。李鸿章支持总理衙门前些时候提出的建议，他提议福州和上海船厂可造货船和炮船，前者可以由中国商人购买或租赁。他还增呈一份包括制度改革在内的建议。由于官造炮船可以用于沿海沿江各省海面和江面巡缉，它们的费用难道不应由各省原来用于旧式水师的款项拨付？在各省屡屡推诿，不予拨款的情况下，李鸿章只好建议朝廷下谕停造一切战船。

虽然朝廷根据总理衙门的建议，让福州和上海的造船厂继续进行下去，但是李的最后一项建议没有得到总理衙门的支持，他感到十分失望。

李鸿章十分重视福州船厂及其培训计划，认为自己应当帮助沈葆桢工作。到1872年，他已经有这样的印象，认为沈是当时高级官员中对自强的要求有洞彻了解的少有的人。他有几次利用自己对闽浙总督李鹤年的影响力，说服后者不要阻挠沈的工作。1874年5月他去北京访问时，在大学士兼兵部尚书沈桂芬面前表示支持沈葆桢，得到他和恭亲王的允诺：沈葆桢今后有关筹措福州船厂资金的请求，他们将会提出赞同的咨询意见。

李鸿章比他在同治初年更加敏锐地认识到兵工厂和造船厂的成功管理有赖于受过训练的技术人才。李于1863年设立的学校——上海同文馆（于1867年与江南制造局新设的翻译馆合并，改名"广方言馆"），向40名左右年约十几岁的学生教授英文、数学和科学。不过，并未培养出杰出的毕业生，其结果和京师同文馆一样令人失望。

1864年，李向总理衙门建议，在科举考试制度中为专攻技术的人设置一门新科。上海和京师同文馆当时并未引起士人多大的兴趣，这使李鸿章深信，只有做出这种变革，才能够鼓励对"西学"的追求。

李鸿章支持派送中国青年到美国求学的建议。他认为延长留学期限，是训练中国人使他们回国后能成为上海和北京学校的教师或在兵工厂、造船厂工作的最好方法，这个建议最初由容闳和陈兰彬提出，曾国藩于1870年10月奏请朝廷考虑。不过，曾仅在奏请其他事时非正式地提到这个想法，而李鸿章在1870年12月13日的一封信中，劝他单拟一份具体的计划上奏朝廷。李写道："断不可望事由中发。"

　　根据廷旨允准，1872 年在上海设立一个局挑选学生出国，第一批 30 名于是年夏天从上海出发，随后三年每年都派出数目相同的学生。挑选的少年年龄在 11 岁到 16 岁之间。由一名教习同行，教导他们中学课程，不过每个学生要在国外 15 年，最后两年到各地游历。由于获准的计划基于曾、李会疏，因此被认为受南洋和北洋大臣的监督，负责留美事务的官员要向李鸿章和两江总督报告。

　　1874 年 1 月，沈葆桢向他征求派遣福州船政学堂学生去英国和法国计划的意见时，李给予热情的答复。1874 年 5 月，他在北京时就此计划写信给总理衙门，并请恭亲王予以考虑。李还考虑派遣天津机器局的中国技术人员子弟去德国学习。

　　在此期间发生了台海危机，因此直到 1876 年才采取进一步的行动。

　　李鸿章日益相信，使用西方技术能够增强清朝的财富和军事力量。同治初年他在江苏虽然急于想保护运载漕粮到直隶的沙船，但是对于西方轮船顺利地打入中国水域运输业，印象十分深刻。早在 1864 年李就向总理衙门建议，应允许中国商人在同西方船只竞争中拥有并经营和外国船只式样相同的轮船。到天津以后两年间，一系列事件促使他做出设立中国轮船公司的紧迫计划。1871 年直隶遇水灾和饥馑，他对于外国船只运输赈粮索费过巨，深为愤慨。当年冬季黄河堤岸新决口使他相信运河即将归于无用，他反对投入巨款恢复黄河旧道以改进运河的通航能力。他从中国人拥有沿海轮船船队上想到漕粮从南向北运这个古老问题的解决办法。

　　正在这个关头，总理衙门提议福州船厂所造船只可由中国商人租赁。总署要李鸿章为此目的做出安排，在 1872 年整个夏天，李都就此事同诸如上海海关道和两江管辖新舰队（主要由江南制造局所造船只组成）的负责人通信。

　　李鸿章发现福州和上海所造轮船因管理费用过于昂贵，而且在一些港口吃水过深，不宜于揽载货物。他根据浙江负责该省沙船漕运的官员朱其昂的建议，认为最好的办法是让中国商人购买外国制造的轮船，经营一般运输和漕运，日后有可能的话，船队可再添置中国自造的船只。李批准朱其昂的计划，在上海设立一个局，"招商"经营轮船业。不言而喻，这个企业将是"官督商办"。李鸿章从直隶军需项下贷给企业 13.6 万两，但是言明"所有盈亏全归商人，与官无涉"。

利用政府拨给漕粮给价运输的可能性，使这一计划易于推行。李鸿章无疑将它视为中国自强政策的一部分。他于 1872 年 12 月写信给江苏巡抚张树声（振轩）时说："兹欲倡办华商轮船，为目前海运尚小，为中国数千百年国体、商情、财源、兵势开拓地步，我辈若不破群议而为之，并世而生、后我而起者，岂复有此识力？"他对日本致力发展商船的报道也很感兴趣。1872 年 1 月初他写信给一位由他推荐任总理衙门章京的官员孙竹堂说："然以中国内洋任人横行，独不令华商展足耶？日本尚自有轮船六七十只，我独无之，成何局面？"

为了使轮船获得漕运业务，李鸿章必须争取长江下游地区官员的合作。江苏官员支持沙船商的既得利益，最初反对李的计划。1871 年 10 月，上海海关道沈秉成和江南制造局总办冯焌光联名禀呈两江总督何璟表示异议，他们的意见得到江苏巡抚张树声的支持。李鸿章求助于北京当局，他提醒何璟，拟议中的轮船公司终将购买并雇赁中国制造的船只，而且同 1872 年 6 月旨准总理衙门的最初建议是一致的；因此，作为署理南洋通商大臣的何璟对于此事应有推动的责任。在致张树声的信中，他愤怒地写道："与阁下从事近二十年，几见鄙人毅然必行之事毫无把握，又几见毅然必行之事阻于浮议者乎？"

何璟和张树声终于同意江苏漕粮每年有 20% 由轮船装运。加上浙江的相近数额，保证了这家新兴企业每年有 20 万担的漕粮运输，等于 11.2 万两的运费收入。12 月，李奏请旨准全部计划。这份奏折于 12 月 26 日获得允准，1 月 14 日轮船招商局（英文作 The China Merchants' Steam Navigation Company）在上海成立。因为这个计划是根据李的奏折而获准的，招商局便被看成是受北洋通商大臣管辖，李鸿章保持对它的人事和经营方针的牢固控制。1873 年 7 月，两名广东籍买办——唐廷枢（景星）和徐润成为新公司的总办和会办，而札委此项任命的正是李鸿章。是后，李于有必要时，常吁请江苏巡抚和两江总督协助，拨给企业更多的漕粮装运，从藩库中提供更多的贷款。由于他们的协助和曾任买办的总办和会办的努力，招商局船队到

1875 年已增为 13 艘（净重 8546 吨），开辟了长江和若干沿海航线。

正如李鸿章告诉总理衙门的那样，中国商办轮船的目的在于同外国企业竞争，收回中国"利权"。不过李对于用西法开矿以开辟国家岁入新来源的可能性尤其感兴趣。早在 1868 年他还在同捻军作战时，他就在有关修约的问题的奏折中建议，应允许外国技术人员在中国煤矿和铁矿工作，以传授西艺。到直隶以后，他日益相信在矿井使用抽水机和其他机器，将不仅向中国兵工厂和造船厂提供极重要的原料和燃料，而且有利于国家财政收入。李还注意到日本人采用西方技术开矿的事实。他在 1872 年 6 月 20 日一份关于福州船厂的奏折中，提出官督商办、以机器开矿的方案。他还建议利用西方采炼技术生产钢铁。李强调煤、铁可在市场出售获利，"于富国强兵之计，殊有关系"。

李鸿章对于总理衙门议准福州船厂续办，而未能就开矿计划向朝廷提出建议，感到失望。他写信给福建巡抚王凯泰说，未能做到这一点，表示总理衙门只图敷衍目前，没有想到将来，"数十年后，更当何如？"在他自己的倡议下，鼓励江南制造局总办冯焌光等人拟订在直隶南部磁州开采煤铁矿的计划。1874 年，英国商人韩德森被派往英国招聘工匠、购买机器。不过，李并不仅计划要在直隶开矿，他于 1873 年 11 月写信给山西巡抚鲍源深，劝他在山西省用新法开采丰富的矿藏。李写道："地不爱宝，而取用无穷，中土罕有知其理者，公盍留意，毋汲汲忧贫也。"早在 1874 年，李就已请两江总督李宗羲劝说江西巡抚刘坤一在江西乐平采用机器采煤，被刘拒绝。1874 年 8 月台海危机达到顶点时，李劝沈葆桢在岛上开矿，在淡水关税务司好博逊的协助下，沈于 1875 年安排开采基隆附近的煤矿。

李鸿章在 1874 年 12 月关于台海及边疆危机的建议

自从天津教案以后，自强的倡议主要来自李鸿章，并得到总理衙门和地方大吏曾国藩与沈葆桢的若干次支持与合作。台湾事件进一步引起对战备问题的关注。1874 年 11 月 5 日，总理衙门（处于困境中的文祥仍为其举足轻重的人物）上奏陈述事件的教训。总理衙门对于 1860 年以来自强议论虽多却少实际作为，深为痛惜。它建议沿海沿江各省督抚和满洲将军就练兵、简器、造船、筹饷和用人五条，提出各自对海防必要性的建议。文祥（当时他力疾趋公，负责同日本人谈判台湾事件）在一个月后呈上的奏折，提醒朝廷：日本人"习惯食言"，他们允许国内乱民到中国冒险，这种现实可能性不是没有。文祥建议台湾战备必须继续进行，向外国购买铁甲船和炮船的计划刻不容缓。

虽然发动 1874 年政策辩论的是总理衙门，但是李鸿章提出了最大胆的建议。他在 12 月 10 日奏折中极力主张，"今日所急，惟在力破陈见，以求实际而已"。在他看来，成功的海防方案和两个基本点，是"变法"和"用人"。他写信给文祥说：他知道他的建议未必都能被采纳，但是他不得不提出，因为他"身任其职，未便自匿"。李鸿章提出了沿海沿江总的军事改革建议。同治初年他同上海英、法军队和常胜军共事时，开始相信中国军队的兵员可以大量裁减，节省下来的费用，可以用于购买更好的装备，或作为兵饷发给经过精选的效率高的部队。1870 年他任北洋钦差大臣不久，就提请朝廷注意绿营，提出包括所谓练军，都派不上用场。现在他进一步称，"与其多而无用，不若少而求精"。李提议不论绿营或勇营，所有"疲弱"的部队应一并裁遣，而沿海沿江各省人数不及 10 万的最精锐的部队，一律改为"洋枪炮队"。这些人数较少的部队，用新式的枪炮装备，以强化沿海防御工事，至少能够赖以防卫直隶和长江下游两个重要的地区。李鸿章提议立即订购诸如马提尼—亨利和士乃得生产的轻武器和克虏伯、沃尔威奇、阿姆斯特朗和加特林生产的加农炮。不过中国自己的兵工厂也必须扩充。它们必须以制造后膛枪、加农炮和水雷为目标，进一步的计划可以等到钢铁工业和煤矿、铁矿工业发展时再制订。火药、子弹和炮弹的制造规模必须扩大，为此目的而建立的工厂，必须设立在像苏州这样的腹地和内陆省份。

李鸿章支持文祥关于建立一支拥有外国制造船舰的海军舰队的建议。李感到海军不完全像陆军那么重要，但是他同意有效的防卫，要求在外海有铁甲舰，守口有浮动炮车和水雷。他建议立即订购六艘铁甲舰，两艘驻在华北（可能在芝罘和旅顺口），两艘驻在长江外口，两艘驻在厦门或广州。此外，应订购 20 座浮动炮车用于各港口。李建议应派中国留学生出国，到制造船舰的船厂学习造船和航海技术。与此同时，福州和江南船厂的造船项目必须加强。李设想建立一支最终拥有 60 艘船舰的中国海军舰队。

为了筹措新的陆军和海军经费，李鸿章建议，首先必须通过裁撤无用的部队和停建旧式战船，以增加收入。然而新的陆军和海军经费预计当在 1000 万两以上，为此必须筹划新的拨款，李强调最可靠的款项来源是"四成洋税"。这笔经费已由若干口岸分拨用于兵工厂和淮军，但有相当大的一部分留存，特别是北京户部提存的部分。李建议部库另存约 300 万两也应用于海防。他还提出可向洋行贷款，由"四成洋税"项下分期拨还。李建议加重进口鸦片的税厘，对于土产鸦片也可以课税，他认为等到洋药能够完全停止进口时，土药便可以合法化。为了保证有更多的岁入用于海防，李鸿章第一次明确提出沿海各省战备应比收复新疆优先考虑。他提出，新疆在乾隆朝始归版图，它极难防守，尤其现在喀什噶尔回民首领得到俄国和英国的支持，而且俄国已经占领伊犁，防守更为困难。考虑到能够得到的岁入有限，朝廷将只能在沿海地区作适当战备和收复遥远的西北"荒地"两者之间作一选择。李鸿章拟将军队撤到甘肃边境防线，把现在那里的部队改组为屯垦戍守，而伊犁、乌鲁木齐和喀什噶尔的回民首领则可给予土司地位，或准其自为部落。俄国和英国影响力之间的平衡也许将有助于保证新疆的稳定。取消西征节省下来的费用，可以立即转给沿海各省。

总理衙门毫无疑问同意了李鸿章的意见，在 1874 年 11 月 5 日奏折中提出，沿海沿江各省应由一名统帅负责，在他之下，遴选提督和总兵为之分统，驻扎不同省份。李鸿章认为这种想法不切实际。考虑到督抚在财政和军事方面的实际权力，尤其由于缺乏电报和铁路，未能迅速通信，对所有有关各省实行单一指挥，难以做到，而且仅有统帅和各省"会同上奏"，不可能导致有效的行动。李鸿章因此赞同沿海和长江地区应有一名以上的统帅大员——也许应有三名大员督筹办理像海军舰队这样的新计划。对于中国南方督办的职位，李推荐沈葆桢和丁日昌担任。我们从李的信函中知道他一直希望对文祥和朝中其他大臣能有影响，派沈葆桢出任两江总督，丁日昌出任一个负责中国南方的职位。李显然希望自己在天津能和在南京的沈葆桢就实现新的海防计划取得高度的合作。

尽管李鸿章关心财政和政治上的当前部署，他同时提出具有长远意义的建议。他第一次直接向朝廷提出科举和用人制度必须改革（而非如他在1864年致总署函中所说的增设工艺科而已）。他痛惜士人对于"洋法"一直坚持冷漠的态度，指出取士和升迁的标准如果仍然不变，不论同文馆类型的学校还是派遣留学生出国留学，都不会引起人们足够的兴趣。李鸿章抨击科举强调小楷试帖，"太蹈虚饰"，他吁请这种考试即使不能"骤更""遽废"，也有必要"另开洋务进取格"。李建议凡有海防的省份，都应设立"洋学局"，慎重挑选西方教师和在美国受过训练的合格的中国人，教授科学和技术（包括化学、电气和炮术）。高年级的学生再"试以事"，并被分派到兵工厂、造船厂，或充补防营员弁。而且，这样的人可以"照军务保举章程，奏奖升阶"，并授以实缺，"与正途出身无异"。李鸿章预料这种新的人事政策将使中国20年内在武器制造方面取得相当可观的进步。

李鸿章极力主张在运输、采矿和制造等方面使用西方技术。他提请朝廷注意铁路在军事和商业上的价值，以及电报的军事价值。他指出英国向中国输出的纺织品每年多达3000万两以上，危害中国手工业，建议朝廷建立机器操作的纺织厂。他特别强调开采矿山的机会——不仅开采煤、铁，而且有铜、铅、汞和贵金属。李将这些资源不加开采比作"家有宝库，封钢不启，而坐愁饥寒"。他提议请外国地质学家到一些省份勘测矿藏；并且鼓励中国商人组织公司，用机器开矿；政府可以给予创办贷款帮助这些公司，然后每年酌提其利润的10%或20%。李期望十年后矿山将获得十分显著的收益。他知道新的开矿计划将受到绅民以风水为由以及恐惧矿工聚众生事的"无能官吏"的反对。李形容这样的反对是"不经之谈"，因为西方国家和日本都在开采矿山，"刻下东西洋无不开矿之国，何以独无此病。且皆以此致富强耶？"

李鸿章这样提出了比他自己和其他国人在19世纪60年代所提出的规模更大、意义更深远的自强计划。当然，问题在于这些计划是否能够部分或全部被接受。一些督抚和满族将军曾就总理衙门的原奏发表了自己的意见，到了1875年1月初，总理衙门收到除李、沈外12名官员的答复。但李鸿章从他们那里得到的帮助却很少。所有上奏的人在新近台湾危机的刺激下，都同意海防必须加强。但是，在总理衙门看来，除了李鸿章和沈葆桢（他也强烈呼吁建立一支有外国制造的铁甲舰的海军和开发矿山）外，没有一个人提出的建议切实有用。

虽然 12 人全都赞同训练新式军队，但是只有一人提议绿营中特别孱弱的部队应予裁汰。有六人赞同组成一支有外国制造的铁甲舰的新海军，但是只有一两个人就经费如何筹措提出了有用的建议。12 人全都认为要在新疆作战，有两人特别雄辩地力陈俄国对陆上防线的威胁，提出了认为远比海防迫切的问题。有四人赞同对文武官员要破格擢用，以求才具出众，足供需要的人才，但是只有两人含混地提议西学应受到鼓励。四人认识到矿山资源的重要性，但是只有一人（李瀚章）无保留地支持在矿山中使用机器。只有一人（湖南巡抚王文韶）同意总理衙门所拟海防军务应由一名大臣统率，不过他建议由其遴选的提镇仍听有关各省督抚节制调度，与总署的建议有所不同。三人建议海防的指挥应在天津和南京两个大臣之间划分，有两人提名李鸿章担负北洋的监督责任。

当然，决定是由朝廷来作的。原定 1875 年 1 月 2 日廷臣会议商议此事，但是由于同治帝生病，并于 12 日去世，会议延期。1 月末，李鸿章入京，慈禧太后召见三次。他还同文祥和李鸿藻商谈，力陈应派沈葆桢出任两江总督，这个职位因李宗羲生病而空缺，由刘坤一暂时署理。赫德当时通过他设在伦敦的办事处得到英国制造炮舰的价目表，文祥安排他去天津同李鸿章商讨细节。

李鸿章在北京时，亲自向朝廷力请对出兵新疆问题重新考虑，而且根据李的说法，朝中也有人赞成。

但是主要由于"祖宗已得上地，不可弃而弗图"，朝廷按照原来的决定（早在 1874 年 2 月即已定议），鼓励左宗棠着手准备进军。3 月 10 日，左受命制订包括供给线安排在内的出兵计划。5 月 3 日，左被任命为负责新疆军事行动的钦差大臣。

这一收复西北远方的努力，势必削减拟议中的海防经费，而且在 1875 年，左宗棠或朝廷在收复喀什噶尔和伊犁的冗长而艰巨的任务中，是否能真正坚持下去，仍然难以料定。

不过，朝廷并没有完全忽视海防。台湾事件仍记忆犹新，而 1875 年

4 月翻译马嘉理从缅甸进入云南被杀害，引来了受到英国威胁的可能性。朝廷愿意看到李鸿章居于协调沿海战备的位置。1875 年 5 月 30 日，沈葆桢授两江总督和南洋通商大臣。与此同时，派李鸿章督办北洋海防，沈葆桢督办南洋海防，两人都承担起练军、设局（也许主要指兵工厂）、整顿税厘和海防所必需的其他任务的责任。同日上谕宣称："海防关系紧要，亟直未雨绸缪，以为自强之计。"朝廷虽然指出铁甲舰用费过巨，但是仍授权李、沈"先购一两只"。

户部和总理衙门随后建议，从 1875 年 8 月起，每年拨出 400 万两海防用款，由两大臣开支，并且指定每年款项来自沿海口岸"四成洋税"和沿海沿江各省厘金收入。但是由于户部不愿放弃"四成洋税"中自己留存的那一部分（该部过去曾从这个来源中收到此款项），而且由于户部显然没有将海防置于比"四成洋税"其他钦准的要求更为优先的地位。李鸿章担心这项经费每年只有一小部分留给他和沈葆桢。况且他知道北京正筹巨款（每年至少两三百万两）建造皇陵和宫殿园囿，在此压力和将收复新疆作为优先考虑的情况下，沿海沿江也许只有一两个省的厘金收入有些剩余，而且它主要是各省为自身的财政需要而留下。李预见到拨付 400 万两在很大程度上只是名义上的，但他仍希望可以获得一小部分。

可以预见，朝廷并没有听从李鸿章关于制度改革的建议。朝廷承认绿营军队的弱点，于 5 月 30 日下令所有与海防有关的督抚在一年内完成绿营各汛的重组和整顿，并对部队进行统一的训练，不过没有提及疲弱部队的裁汰。朝廷对于拟议的洋学局和为精通这方面学问的人在科举用人制度中新设一科，也不予考虑，原议考试内容的改革也就不提了。5 月 30 日上谕指出，这两项建议连同总理衙门关于派遣外交使节赴日本和西方的建议，已经转交礼亲王（世铎）和醇亲王（光绪皇帝的父亲）。两位亲王虽然赞同后一种想法，却没有对有关西学的建议表示意见。为了不说"不同意"，朝廷就将这些建议的处理一直推迟到事实证明外交使团在国外成功之时。在同一日颁布的另一份谕旨中，朝廷鼓励李鸿章和沈葆桢荐举精通洋务，包括适合担任驻外使节的人。没有一份谕旨提到李鸿章有关铁路、电报和纺织厂的建议，但是有一份授权李和沈着手他们在奏折中提到具体的开矿计划——开采直隶磁州和台湾的煤、铁矿。

这样，李鸿章提出的建议只有很少几项为朝廷所采纳，而且鉴于朝廷优先考虑收复新疆和它自己日益增加的财政需要，很难期望在海防和自强方面能有新的重大的起步。然而可以说，清朝政策中已经有了一个新的开始。中国没有能力同西方的兵工厂和造船厂竞争，它必须通过购买来获取西方制造的武器。在此后几年中，天津各地纷纷订购雷明顿、士乃得、克虏伯和加特林的枪炮。

早在 1875 年 4 月，在总理衙门的支持下，李鸿章通过赫德在伦敦的办事处向阿姆斯特朗公司订购四艘炮艇——两艘载重 330 吨，各配备一门 26.5 吨大炮，两艘载重 440 吨，各装配一门 38 吨大炮。只要有经费，便考虑订购更多的炮艇和一艘铁甲舰，并且在 1875—1876 年曾计划派出福州船政学堂毕业生去英国和法国。

李鸿章和沈葆桢两人被朝廷允准在直隶和台湾开矿，各地类似计划清政府一般给予允准。1875 年 5 月后一年内，李鸿章写信给湖北、江西、福建和山东各省巡抚，力劝他们用机器开矿。1875 年末在南北洋大臣和湖北巡抚赞同下，计划在湖北广济和兴国开采煤铁矿；1876 年江西开始了类似的工程，同一年直隶开平进行勘探。李鸿章和沈葆桢是年还考虑在上海设立一家棉纺织厂。李鸿章特别快意的是，至少有两名思想接近的同僚，部分由于他的推荐，被安排在有影响力的位置上。沈葆桢于 1875 年 11 月抵达南京履新。9 月，丁日昌在李的推荐下被派任福州船政大臣，1876 年 1 月，他出任福建巡抚，兼辖台湾。

在直隶，李鸿章提出具有长远意义的计划——派遣五名淮军青年军官去德国军事院校，进一步扩充天津机器局，设立一所与天津机器局制造水雷的新厂相联系的西方科学学校。

沈葆桢和丁日昌在华南进行了类似的工作。1877 年初，福建船政学堂有 30 名学生被派往欧洲。与此同时，沈葆桢除了在金陵机器局添设水雷厂、为江南制造局购置制造阿姆斯特朗式铁铸膛线炮（其中第一批于 1878 年制成）的机器外，还为加强这两个兵工厂做了大量工作。金陵机器局设立了一所学校，在改进江南制造局的学校和翻译馆方面也做了努力。虽然发现设立纺织厂的计划并非立即可以实行，但 1876 年末沈葆桢从两江各省已筹划大量贷款给轮船招商局，使它得以从美商旗昌洋行购买 16 艘轮船，从而使它的舰队增加到 31 艘（净重 22168 吨）。自从 1872 年曾国藩去世以来，李鸿章第一次在两江政府机构领导人中有了一个同盟者。

李鸿章与江南制造局

江南制造局的一名西方雇员回忆，在中国和西方工作人员中，弥漫着一种危机气氛：他们相信李鸿章即将向朝廷奏请将江南关闭。中国和西方雇员都敦促麦金泉尽快生产新炮，显示出成绩。即使质量并非最好，只要不爆炸便无妨，具体的成果将有可能使江南生产得以继续，使他们不致失去工作。

作为中国首要的防务工业，江南制造局居于经济和技术变革的最前列，而且涉及统治权力的再分配。李鸿章的事业同江南制造局的发展在许多方面交叉在一起，显示了他在 19 世纪后期作为中国一个主要政治家的作用。首先，江南创建时便已有李鸿章在，他的工业化看法在很大程度上促使江南制造局的诞生，而且指导着它的早期经营；其次，李鸿章于 1870 年被调到华北以后努力保持对江南的控制，使他扮演了一个全国舞台上的角色，他在帝国政治舞台上的才干受到了考验；最后，在江南制造局，李鸿章直接面对着中国存亡所系的技术。江南和其他兵工厂的外国技术人员是这一技术的传播者。李鸿章同他们打交道，是对他在转移技术新法中的适应性和敏锐程度的一种衡量。

江南制造局的建立与早期经营

虽然江南制造局于 1865 年投入生产，但是它的设立却是 18 世纪以来儒家经世派学者提出的实际改革思想的结果。在 19 世纪，由于统治的清朝受到国内叛乱和外国侵略的压力加大，这些思想表现在具体的治理方案上面。中国在第一次鸦片战争中屈服，推动了长期鼓吹政府治理实行实际改革的经世派学者魏源（1794—1857）呼吁对中国对外关系的基础给予重新评估。魏源写道："师夷之长技以制夷。"他所说的外国长技，主要指西方大国的武器和轮船，以及西方指挥官利用他们的武装部队所显示出来的技能。

魏源的想法并没有被立即接受。不过到 1860 年秋，英、法占领北京引起的危机和太平军向上海推进，使在长江下游同太平军作战的各省军事领袖的改革思想具体化了。19 世纪 60 年代初，这些领袖中有两个人——曾国藩和李鸿章，深受冯桂芬有说服力的经世著作的影响，1864—1865 年李鸿章任江苏巡抚时，冯曾在他的幕中工作。冯桂芬在 1860—1861 年写的著作中，反复申述魏源提出的中国应学习外夷长技以制服他们的名言。不过他更进一步要求中国通过改革教育制度和政治权力分配，以及军事工业的近代化以加强自己。冯桂芬的建议标志着 19 世纪 60 年代"自强运动"的起端。

李鸿章在思考这些想法的时候，目睹西方轮船和武器优越性的生动展示。1862 年 3 月，受围困的上海城内中国士绅和商人租赁了七艘英国轮船，溯江而上到达安徽省，装运李鸿章的淮军通过太平军占领的地区顺流到达上海。在上海，李鸿章看到了防守这个城市的部队——英国、法国和印度的部队，以及由常胜军的英国军官指挥的中国士兵所使用武器的优越性。李鸿章遵循他的导师曾国藩制定的总政策，曾当时正在指导实施对付长江下游地区太平军的全面战略，在设法购置和再生产外国优越的武器同时，使外国势力的干预和影响减少到最低限度。

曾国藩于 1862 年在安庆大本营建立了一所配备中国工程技术人员的军火弹药厂，和他做出这些努力相对应，李鸿章 1863 年在上海，于同年 12 月在重新收复的苏州开始了炸弹的生产，苏州生产是在加入李幕的英国军医马格里领导之下。上海道丁日昌指导上海的生产，到 1864 年，那里也生产了小型加农炮。马格里劝说李鸿章购置和使用中国第一批以蒸汽作动力的生产机器。丁日昌也许同李鸿章讨论过王韬的《火器说略》，这部著作以镇压叛乱和最终抵抗帝国主义而生产武器为背景，重申了经世学者冯桂芬关于机器的使用引起广泛的经济改革的思想。

李鸿章了解向各省镇压太平军的军队供应外国武器弹药的迫切需要，但是他小心谨慎，唯恐长期依赖外国供应者。这导致他要求对经济和教育制度的有关部门进行改革，其目的不仅在于支持当前的生产，以镇压叛乱，而且从长远上还为了使中国强大，以反对外国帝国主义持续不断的压力。1864年春，李鸿章向总理衙门报告他在苏州和上海设立的兵工厂。他向清政府要求获得资本设备，并且雄辩地主张教育改革，培训军事生产所必需的科学技术人才：

鸿章以为中国欲自强，则莫如学习外国利器；欲学习外国利器，则莫如觅制器之器，师其法而不必尽用其人。欲觅制器之器与制器之人，则或专设一科取士，士终身悬以为富贵功名之鹄，则业可成，思可精，而才亦可集。

作为解决人才问题的第一步，1864年李鸿章在上海开设一所教授外语的学校（后来统称"广方言馆"）。虽然生产重武器和船用引擎要有专门设备，对于能够制造这种设备的机床需求已很明显，但是向国外购买费用昂贵，而且没有把握，这促使李鸿章委托上海道丁日昌探讨盘购一家已在上海经营的外国机器厂。

李鸿章在购获资本设备和培训技术人才所表现出来的兴趣，反映出他已经意识到必须有一个基础广泛的工业化途径，而不仅限于为了生产迫切需要的武器弹药而购取外国设备，雇聘外国技术人员。他的这种意识具体体现为1865年江南制造局在上海设立。

江南制造总局——李鸿章为它取这样的名称——于1865年5月末或6月在上海虹口（后来叫作"旗记码头"的地方，原先一家美商旗记铁厂厂址），在中国人管理下开工。虽然李鸿章所取这个厂名意指它是生产一般机器类型的官办机构，不过外国人几乎立即称它为"江南兵工厂"（Kiangnan Arsenal），对它后来的机构也一直沿用这个名称。1865年夏末，李鸿章就江南制造局的设立上呈一份奏折，引证孔子哲学的一个基本信条，即事物应具有表示它们的现实性并与其他事物相区别的名称（"正名辨物"），说明为了使它的任务清晰明了，他将厂名改为"江南制造总局"。他的奏折接着详尽阐述他所预见江南的使命，解释目前考虑到镇压华北捻军叛乱的急迫需要，集中于军事生产是必要的：

臣查此项铁厂所有，系制器之器，无论何种机器逐渐依法仿制，即用以制造何种之物，生生不穷，事事可通。目前未能兼及，仍以铸造枪炮借充军用为主。……洋机器于耕织、刷印、陶埴诸器皆能制造，有裨民生日用，原不专为军火而设，……臣料数十年后，中国富农大贾必有仿造洋机器制作以自求利益者。

这些看法完全有可能受到丁日昌的影响，丁当时从他在上海的职位上监督江南制造局。在同李鸿章通信中，丁日昌鼓吹设立生产纺织制造、农业和水利所用机器的大型工厂，并且采取优给官禄和物质赏酬以鼓励精通科学技术的人才的新政策。

江南制造局的机器是由丁日昌以及通过其他官方渠道筹集资金购置的。1865 年晚些时候，通过曾国藩聘用的受过耶鲁教育的中国人容闳在美国购买机器，工厂有了扩充。李鸿章于 1865 年夏接替曾国藩署理两江（江苏、江西和安徽），江南制造局便在他总监督之下。当时清帝国的军队在华北平原遭到严重的挫折，曾国藩受命率领淮军在那里对付捻军。江南最初的任务是向这些淮军部队提供后勤支援，淮军的预算中列有江南经费预算，这就使江南大部分设备必须急速改变，从原来打算生产船只转为生产武器弹药。

江南的早期管理受到技术和人事问题的困扰，不但中国的经理缺乏技术方面的实际知识，从外国机器厂留下来的外国监工和技术人员对于转向武器弹药的生产也显得无法胜任。到 1866 年 2 月锅炉修理时，制造局因技术和人事问题而不得不停止运转一个多星期。后来虽然修理完竣，但由于一座熔炉有毛病，轻武器生产仍然不能恢复。1866 年春生产了几千发枪弹，但是轻武器的弹药生产从来没有达到相当的数量，大炮的生产为了等待一尊作为模型的英国加农炮运到而拖延下来。

李鸿章对于江南制造局生产轻武器的努力旷日持久，消费浩繁，而又不成功，感到恼怒。他认为总办冯焌光过于依赖外国造船技术人员，而不是依靠武器生产的技术人员，外国技术人员又借口设备不合格，回避责任。李鸿章向局内官员下了最后通牒：生产轻武器的问题根源在于熔炉，它必须重造，如果江南不能在新的熔炉造好后一个月内，制造出外国式样的轻武器，局内中国官员将扣发薪俸，外国监工将付清工资解雇，遣返回国，并且致函其领事，说明其受雇不能令人满意的情况。

与此同时，李鸿章开始购买外国轻武器，以供正在同捻军作战的淮军使用。1866 年夏，制造局已生产出足以与外国制造媲美的小型加农炮，但是轻武器的生产仍然质量低劣，数量有限。为了加强对华北淮军部队的后勤供应，李鸿章将苏州炮局迁往南京，改建为金陵制造局。这所新的兵工厂在李鸿章从南京两江总督衙署密切注意下，于 1866 年投入生产。

对捻军的战争进行并不顺利。在 1866 年底之前，李鸿章奉调华北，指挥淮军剿捻。曾国藩回到两江总督任上，衔命对李在华北指挥的部队提供后勤支援。1867 年华北军事形势恶化，李鸿章支持在天津建立另一所兵工厂，这所兵工厂早些时候是由总理衙门和北洋通商大臣崇厚提议设立的。时曾国藩回任两江总督兼南洋通商大臣，江南制造局重新在他的监督之下，虽然为时短暂，但是影响很大。李鸿章因江南的武器生产未能取得令人满意的结果而感到沮丧，他在赴华北之前，同意暂停武器生产，并且将江南局址迁移到更适宜建造用于港口防务的小型船只的地方。热心鼓吹造船的曾国藩于 1867 年得到朝廷旨准，由上海关税收入拨付 10% 支持江南造船，10% 支持剿捻部队。随后，后 10% 的款项也拨充江南经费。江南制造局迁到上海城南黄浦江边高昌庙占地十英亩的新址。在 1867—1868 年冬，建造了包括一座干船坞在内的新的生产设施，购买并安装了新的造船和生产武器的设备，开设了科学技术著作的翻译馆。随后几年，这些设施得到稳步扩充，其中包括生产雷明顿式来复枪的机器和一所技术训练学堂。

1868 年捻军失败后，曾国藩再次应召前往华北，这一次他出任畿辅省份直隶总督和北洋大臣，他担任这个职务一直到 1870 年他在两江的继任人马新贻被刺杀，才又回到南京。李鸿章从 1869 年开始就任两湖总督，任期短暂。然而在 1870 年，随着反帝国主义的暴力事件爆发和天津法国人生命财产遭受损失，同法国重开战衅的可能性增长，李鸿章应命带领淮军前往直隶。在被称为"天津教案"的事件结束后一段时期，曾国藩被召回南京两江总督任上，并兼南洋大臣，李鸿章则被指派为直隶总督兼北洋大臣，除 19 世纪

80 年代初一度暂离外，他在这个职任上一直到 1895 年中国在中日战争屈服以后才被斥退。

江南制造局的造船计划

在 1872 年初曾国藩去世乃至 1875 年采取新的海防政策之前，南洋大臣将江南制造局巨额的关税拨款主要用于建造轮船。到 1875 年，共造成七艘大型海军兵舰，包括一艘"巨型"级铁甲舰，以及六艘防守港口的船只和一艘大型帆船。虽然体现在这些船只上的技术进步给人以深刻的印象，但是它们是在外国技术人员监督下，用进口材料建造，其成本远远超过了购买价格。这些船只维修和管理费用的增加速度，也快于海关拨款的增加。

早在 1869 年就已有人开始对江南的造船计划提出温和的批评，1872 年内阁学士宋晋针对江南和其他兵工厂用费浩大作尖锐的抨击，要求终止最为突出、代价最大的计划：造船。这促成了一场关于江南制造局和福州船政局继续进行中国自造轮船的计划有无价值的激烈辩论，这场辩论成为西北塞防与东南海防战略哪一个优先和经费应用于哪一方面的效益更大论争的一部分。

1870 年以后，作为直隶总督和北洋大臣，李鸿章将越来越多的时间和注意力放在华北事务上。由于他所处地位——在战略上的重要性和政治上的敏感性，朝廷也向他征询国防计划的建议和意见。李鸿章似乎不愿放弃自己在长江下游地区费力建立起来的军事工业的影响力。当朝廷问他对于宋晋建议暂停江南造船的意见时，他同他从前的门生、时为江南总办的冯焌光商量。他与冯的以采掘、冶炼、运输和纺织工业近代化作为平衡方案的主张相呼应，要求江南的造船计划作为这个方案的一部分，继续进行下去。然而李鸿章关于江南继续造船的建议，受到环境的限制。他怀疑造船成本效益，提议通过将船只进一步限制于当时在造的第五艘规格，并将江南船只出租商用，或租给负担维修和管理费用的各省政府，以减少开支。他介绍继续造船所必需的条件，无保留地提出以江南关税收入的更大份额用于生产武器弹药，他自到华北以后，就很赞同天津机器局进行此类生产。

到 1874 年，李鸿章提出减轻轮船维修和管理费用的方案，显然并未能解救江南用款的燃眉之急。而且在中国西北回民分裂运动和对日本控制台湾和琉球的斗争背景下，包括轮船和武器生产在内的国防战略孰为优先的问题，又一次提出来。1874 年末，在陕甘总督左宗棠平息这两个省的回民起义以后，新疆地区独立的阿古柏回族王国正得到国际的承认，左做好了进攻的准备。这一年早些时候，中国根据英国公使建议，承认日本保护受台湾土著居民袭击的琉球渔民的权利，从而避免同日本作战。事后从历史的发展来看，当时中国的海军兵力是否远远落后于日本，似乎尚难确定。然而在 1874 年 11 月初，中国却同日本签署了一项屈辱的协议即中日《北京专条》，它终于导致中国放弃了对琉球群岛的主权要求。

几天后，朝廷在这项协议的冲击下向后退缩，向一些省主要官员征询对于总理衙门提出的有关国防基本战略以及何者优先考虑的意见。虽然各省官员上呈奏折所讨论的问题涉及国防的许多具体方面，但是在主张将财力优先用于西北塞防和认为防务的努力应主要放在加强海防上面更为可取的人们中间，对这个广泛的政策出现了基本分歧。左宗棠是塞防的主要提倡者，而李鸿章则支持海防。

虽然这场论争以有利于西北塞防的结果而告终，它为左宗棠平定 1884 年成为新疆行省的那个地区打开了道路，但是朝廷也采取了一些新的反映在李鸿章奏折中讨论过的某些战略上优先考虑的海防政策：李要求缩减他认为用费浩大而收效甚微的江南制造局的海军建设，主张以沿海防务设施、用于港防的小型炮船，以及守卫诸如长江口和北京通道等战备要地的水雷为基础的海防战略。它们将由机动的步兵支援，以抵抗入侵。李鸿章方案的另一部分，即由战列舰组成的外层防御圈，将包括为数极少的江南船只。李鸿章建议，向外国购买将能够保证船只适合这样的任务。

李鸿章还利用机会鼓吹为了促进海军发展和创立一个更有效率的指挥体系，军事和财政的权力应集中于地方统帅手中。这些要求对帝国政府机构作广泛地组织变革的建议，紧接他早先鼓吹教育和经济调整之后，表明到 19 世纪 70 年代中期（如果不是更早的话），李鸿章已经是一个制度改革应与工业发展同步的强有力的提倡者。

虽然到 19 世纪 70 年代，工业均衡发展与相关制度变革的观念，在李鸿章思想中已经具体化，但是实际的改组却零零星星姗姗而来。原因看来很清楚，从 1870 年"天津教案"到 1894—1895 年中日战争，外国对中国领土及其周边藩属国家的威胁，造成了一系列军事紧急情况，它要求将能够得到的财力资源集中用于军事生产。而且，帝国领导层对于实施支持工业化所必需的行政制度改革，没有表现出什么兴趣。像江南制造局这些李鸿章等人所创议的个别项目，虽然给人的印象深刻，但是缺乏一个全面的指导和领导。事实证明，这些事业本身不足以支持皇朝反对帝国主义日益加强的猛烈进攻。

1872 年曾国藩去世以后，帝国失去一个强有力的领导者，李鸿章在指导江南制造局中更具影响，他就技术问题和有关人事与管理问题提出意见。不过，对江南负有首要责任的是两江总督、南洋大臣。1875 年 5 月宣布的新的海防政策，责成衙署设于天津的北洋大臣李鸿章和衙署设于南京的南洋大臣沈葆桢承担各自地区的海防任务。各省提供每年 400 万两的新款，用以支持他们的努力。采取新的海防政策以后几年，即 1875—1879 年，海防经费集中由北洋大臣李鸿章控制，但远不及原来计划的每年 400 万两。这笔款项合并使用，系由李鸿章提出，得到南洋大臣沈葆桢赞同，以便尽早通过向欧洲购置，建成一支北洋舰队。然而，另一后果却是削减了江南造船新的财政来源。

虽然 1875 年以后实际上停止造船，但是维持轮船的费用要继续消耗海关的拨款；上海海关每年拨付的余下款项，主要用于武器弹药的生产，借以支持新的政策。李鸿章所优先考虑的，可以从他 19 世纪 70 年代的奏折和推动天津机器局发展这两个方面看到，他认为中国兵工厂在这个发展阶段最合适的任务是火药弹药生产。江南已有生产轻武器的工厂。1876 年制造局得到了生产海防重炮的机器和拥有了外国技术人员。武器和弹药的生产在往后几年将越来越重要。

1879 年南洋大臣沈葆桢去世后，南洋大臣这个职位就连续由湖南籍官员接任：刘坤一（1879—1881，1891—1902），左宗棠（1881—1884）和曾国荃（1884—1890）。与此相似，江南的总办也由湘籍官员担任，其中最著名的有曾国藩女婿聂缉椝（1883—1890），著名的湘籍官员刘蓉之子刘麒祥（1890—1895）。在中日战争（1894—1895）前 20 年间，在这些南洋大臣监督和聂缉椝、刘麒祥领导下，江南从海军船坞向兵工厂和弹药厂发展。不过这种变更并不是紧接着的，维持轮船的经费仍然不绝如缕，这从财政上使人们注意到李鸿章早期对造船的强调。而且到1870年末，南洋大臣重新得到控制海防经费中的南洋份额，其中有一部分在19世纪80年代初用于恢复江南为时短暂却用费昂贵的造船，这时李鸿章在朝廷的影响，正受到保守的清流派政敌的攻击。这一重新开始的努力最有意义的结果是1885年竣工的耗资5万多两的钢甲炮船"保民"号。

李鸿章在讨论中法战争（1884—1885）中福州舰队被摧毁后海军重建时，奏称江南所造船只不适用。他建议国内造船应集中于福州船政局。此后不久，新的海军衙门成立，负责在优先的基础上发展北洋舰队。李鸿章被任命为会办，先前由南北洋大臣分管的海防经费，现在集中于新的衙门。李对海军预算权力的扩张，敲响了江南制造局造船计划的丧钟，这个计划一直成本高昂、效益微小，一边倒地依赖外国的技术和物资器材。

重武器生产

尽管造船计划在吵吵嚷嚷声中停了下来，1875年采取新的海防政策后的十年，对于中国兵工厂武器生产的发展，却证明至关重要。李鸿章于1870年被调到华北以后，解雇了总办天津机器局的英国人密妥士，后者计划购置新的设备，而李鸿章认为为时过早，而且过于阔绰。密妥士的继任者、外国工匠的总管马基雷斯卷入一个外国工匠的人事纠纷，此事最后转至英国公使威妥玛爵士处理。拖了一年多的时间，在这个工匠任期届满，支取了全部薪水以后，威妥玛批准马基雷斯将他开除，但从机器局提取一大笔解雇金给他。

李鸿章指示津局新的中国管理人员扩充生产轻武器和弹药的设备。1876年开始生产雷明顿式来复枪，到19世纪70年代末，天津火药、子弹和炮弹的产量已经超过了江南制造局。李鸿章从金陵机器局得到华北所需的大炮，金陵当时仍在马格里医生监督之下。不过在1875年1月，金陵制造的两门海防用的铁铸大炮在天津附近大沽炮台爆炸，造成几名中国炮手伤亡。

自从李鸿章于1866年末离开南京以后，金陵机器局运行状况不佳。金陵附属于李鸿章的淮军，它的大部分经费来自淮军预算，它的产品大部分运往淮军各部队。马格里一直同中国总办刘佐禹争吵。刘向李抱怨说，外国技术人员不教中国工人武器生产技术。马格里则反驳说，他无权掌握指导训练所必需的劳动力。他指责中国监督没有征求他的意见，就做出人事调动，更有甚者，调人往往基于裙带关系或任人唯亲。其后果是职工中充斥阿谀奉承的人和亲信心腹，他们不是没有学习兴趣，就是学得很慢。到1872年，李鸿章对生产质量下降的情况已了如指掌。他叫马格里到天津他的衙署，看来接受了马格里关于中国工作人员阻碍了他努力的解释，因为李于1873年解除了刘佐禹的职务。然而，情况在继续恶化。

1874年马格里赴欧洲采购，七个月后回来，他再次应召到李鸿章的天津衙署，说明金陵机器局产品质量低劣和他训练中国工作人员的失败。这一次李鸿章似乎不大愿意接受他对于中国监督阻挠其工作的指责。李批准了有关任命几名中国经理人员，并将马格里降为外国指导的人事调动。马格里很快辞职，以逃避局内中国人员提出他对"在制造中不切实际、代价昂贵而毫无结果的尝试"应负的责任。

李鸿章没有在金陵制造的两门大炮于1875年1月5日在大沽爆炸时，接受马格里的辞职。李下令做出的调查揭露，大炮爆炸是因为制造铁料质量低劣，这些铁料实际上不是出于工业用途而是作为轮船压舱物运到中国的。马格里曾经批准作为权宜之计，暂用劣铁生产武器，以等待好铁运到。可是当时大炮未在机器局试放，便送往大沽。李鸿章不能原谅马格里的行为，他命令这个英国人将全部工作移交中国工作人员，让他辞职。

这一事件使李鸿章心中对于国内自造海防重炮的可行性产生怀疑。不过1875年末，在海上和沿海设防需要大炮的促使下，他建议按照英国阿姆斯特朗公司的产品模型，用锻铁制造有膛线的钢筒前装炮。第二年，江南制造局在阿姆斯特朗公司纽卡斯尔工厂监督麦金泉的指导下，开始了生产套筒前装炮的应急计划。麦金泉来到中国，感到李鸿章和其他高级官员对于中国工匠能够制造近代武器仍有严重怀疑。制造局的一名西方雇员回忆，在中国和西方工作人员中，弥漫着一种危机的气氛：他们相信李鸿章即将向朝廷奏请将江南制造局关闭。中国和西方雇员都敦促麦金泉尽快生产新炮，显示出成绩。即使质量并非最好，只要不爆炸便无妨，具体的成果将有可能使江南生产得以继续，使他们不致失去工作。

中国官员对于麦金泉是否有能力兑现他在江南制造局制造新炮的诺言，最初是有怀疑的。但是看来麦金泉接受了这个对他个人和工作的挑战，他开始坚定工作，指导中国工作人员，决心显示出成绩。1877 年进展迅速。到这一年春末，生产设备已经完备，中国工匠也经过了训练。十门新炮接近竣工。1878 年李鸿章对于新的生产给予全力支持。他在一份奏折中称赞阿姆斯特朗产品耐用可靠，并且建议由江南制造局生产。最初两门用于沿海设守的阿姆斯特朗式大炮于 1878 年 12 月在江南制造局试放成功。

紧接大沽悲剧之后，李鸿章就对江南制造局施加影响，要它生产阿姆斯特朗式的防守沿海的大炮，它们是西方生产的一种最有威力、最为安全的重武器。但是阿姆斯特朗产品已经过时，它与其他西方大国生产的后膛炮相比，火力不足，而且笨重。金陵制造的大炮在大沽爆炸的悲剧，还使李鸿章不得不直接面对中国传统社会中近代工业管理的复杂性问题。他依靠马格里医生做军事生产的技术指导。马格里先前曾很好地为李鸿章效力，不过此时他似乎更加全面地投入工作。李鸿章警惕外国人在他的兵工厂中的影响，希望看到像天津机器局一样，生产尽早转到中国人手中。他还注意到江南的工作人员对于技术独立并没有做好准备。由江南制造局制订、为李鸿章采纳的解决方法，是将制造局内外国人的参与限制在技术的建议和指导上面，管理权仍然操诸中国人手中。这一准则打开了中外合作生产设防沿海的阿姆斯特朗式大炮的成功道路，这种合作是在麦金泉的完全符合条件的外国技术人员小组和聪明勤奋的中国工匠指导下进行的。不过，在 19 世纪 80 年代，中国人的管理越来越受到湘系的控制，而且越来越受到裙带关系、任人唯亲和贪污中饱的侵蚀。

1880 年以后，江南制造局许多（但是并非全部）的活动，完全离开了李鸿章的控制。在这几年，毫无疑问，侵吞公款已在江南制造局发生，人事任命根据私人或家族关系，而不是根据资格，管理效能低下比比皆是。这些弊端陋习不过是官方报告的一部分，很难判定其作为抑制制造局完成任务的因素，影响如何。仍然可以肯定的是，低效率和浪费阻碍了管理。可以得到的资料表明，19世纪80年代和90年代初期可能是弊端陋习最为盛行的时期。在19世纪末20世纪初以后，报纸报道指责江南物资采购受到官方贪污和无知的损害。总办聂缉椝妻子的自传披露，南洋大臣左宗棠曾注意到江南总办的渎职行为，准备加以纠正。但是左宗棠于1883年指派聂缉椝为江南会办，主要因为聂是左的湖南同乡和江南制造局的共同创建人曾国藩的女婿。湘系势力在江南如此强大，以致江南建有曾国藩祠，局内官员齐集在他的牌位前致敬。刘麒祥继聂缉椝为江南制造局总办。刘的姐妹嫁于曾国藩长子曾纪泽，他曾随同曾纪泽因外交任务去过圣彼得堡。刘也是李鸿章的亲戚。后来有报告指责在刘任内，司员、工人、仆役增多、薪水支出激增为前所未有。

聂缉椝于1890年受任上海道，李鸿章对他大量侵蚀上海海关收入未予深究，这一点殆无疑义。这些款项有一部分似被聂用于购买华新纺织新厂的股票，该厂系1888年起由李鸿章赞助的上海一家官商合办企业。然而，19世纪90年代江南制造局的收入究竟有多少来自海关税收，已很难从数量上确定；要证明李鸿章直接卷入财政上营私舞弊或任人唯亲，也是不可能的，这些营私舞弊和任人唯亲曾于19世纪80年代和90年代对江南制造局造成损害。

到19世纪80年代初，江南制造局的轻武器和弹药已不再运往华北。李鸿章认为江南的雷明顿枪已过时，而天津机器局弹药生产已使江南的供应成为没有必要。雷明顿式来复枪过时，使津局转为生产毛瑟枪弹药。江南制造局也开始制造毛瑟枪子弹，供应采用进口步枪作武器的各省需要。

供应各省军队的需要，越来越影响江南制造局的弹药生产。从中法战争到中日战争的十年间，江南制造局制造出不少于六种不同型号的子弹，这反映了各省部队购获轻武器不正规所造成的问题。事实证明，帝国政府采用全国标准的枪炮口径和使子弹生产设备标准化的努力，纯属徒然。早在19世纪70年代，李鸿章已就购置海军船只和制造防守港口的大炮，同南洋大臣沈葆桢进行协调。然而在19世纪80年代和90年代，由于江南处在团结一致的湘系控制下，协调愈益成为例外的情况，而不是正常的做法。除了在19世纪90年代初江南制成几百支试验性的来复枪，并运往李鸿章那里，在中日战争之前，李的部队并没有从江南得到任何轻武器或弹药。不过在两次战争之间十年内，江南制造局生产用于沿海防务的经过改进的武器——包括后膛炮和连珠炮——却运往李鸿章管辖下的军事设施。

江南制造局在中日战争期间对武装力量所做的后勤贡献是微不足道的。李鸿章控制下的淮军和北洋海军在朝鲜和渤海湾同日本武装力量对抗，但是他们都没有获得江南制造局的大量供应。一些在南洋大臣控制下得到江南制造局的武器和弹药装备的部队被派往战区，但是他们的贡献充其量也是无关大局的。

一个简单的事实是，江南制造局作为中国首要的武器生产机构曾经有过发展，但是在19世纪80年代和90年代，历久不衰的湘系紧紧掌握着江南制造局，削弱了李鸿章对江南制造局管理和生产政策的影响力。这并不表明南洋大臣或江南制造局的管理层对李鸿章控制的部队采取阻止供应的措施。相反地，看来李在华北的部队既不想也不要江南制造局所制造的轻武器和型号不一的弹药。不过它生产用于沿海防务的巨型大炮，仍为华北所需要，它们继续运往李鸿章管辖下的军事设施。

结束语

以上关于中日战争前江南制造局的发展梗概尽管简略，却揭示了李鸿章多方面的官僚生涯同江南制造局机构发展互相交叉的特点。虽然李在战前岁月同江南制造局的关系既非持续不断，也不是十分密切，但是他和曾国藩一起，预见到机器工业在中国的发展，它在19世纪60年代带来了江南制造局的诞生。李鸿章对江南制造局的建立和发展所逐步形成的观念，是他熟稔19世纪经世学派思想和亲自考察西方武器和轮船功效的结果。人们普遍承认，李鸿章早年对军事工业近代化的兴趣，引导他在19世纪70年代后期和80年代鼓吹在非军事的经济部门引进机器生产，并且终于要求教育和武装力量组织的制度改革。然而，历史记录清楚表明：在19世纪60年代初李鸿章心目中的江南制造局形象开始形成时，他就已鼓吹中国经济和教育制度的重大改革。甚至在他获得有关西方社会的广泛知识之前，务实的、力求解决问题的经世学派的影响看来打开了李鸿章的视野，使他看到中国文明根本改革的必要性。

江南制造局建立五年后，李鸿章被调往华北，它仍然是他的事业下一个25年主要的注重点。尽管调到新的地方，他作为朝廷的顾问所起的作用和广泛的个人联系，使他在19世纪70年代江南事务中保持了重大的发言权：他帮助江南制造局摆脱了用费浩大、效率低下的造船计划。在19世纪80年代和90年代，他的直接影响虽然并未完全消失，但是看来变得微弱了。李在江南制造局的影响力无疑是越出华北一个省界的扩展，他在华北正式居于主导地位，并且扮演了全国性政治人物的角色。虽然批评他的人对他提出裙带关系、任人唯亲和贪污中饱的严厉指责，但是江南制造局的这些弊端恶习发生于他对江南制造局内部管理的影响已经不是决定性的时候。很难将对江南制造局发展起阻碍作用的责任加在他的身上。

江南制造局和中国其他兵工厂的领导在中日战争前最关键的是指导西方技术向中国转移。机器工业能否只靠利用中国资源得到发展？是否继续需要技术和人才的定期输入？外国技术人员对于技术转移当然至关重要，中国如果要取得技术独立，就需要在很大程度上依靠他们的指导作用。李鸿章所对付的技术人员是混杂的一群。他对江南制造局第一批技术人员不称职和因循拖拉感到恼怒——在他们中间，造船技术人员为武器生产技术人员的两倍。在天津，他成功地处理了外国人管理所引起的难题，虽然津局为此付出了很高的代价。中国兵工厂中最著名的外国人马格里，尽管是一个富有创新精神而且忠心耿耿的李鸿章的雇员，却是一个医生，作为武器生产工程师，他既无资格也无经验。马格里的无知最后引起一场灾祸，李鸿章除了将他撤职，别无选择。在马格里指导下生产有缺陷的武器造成悲剧性的人员伤亡，看来影响了李鸿章，使他支持江南制造局那安全的、有威力的然而是过时的阿姆斯特朗式的武器。部分由于麦金泉和他手下人的技术知识和指导技巧，阿姆斯特朗生产在江南取得成功，可是没有过多久，它不得不让位于其他模式的生产。

李鸿章似乎知道他雇聘的外国技术人员的缺点和长处，然而他能够做出的选择是有限的。从欧洲找人替换，如果不是不可能的话，也是很困难的。对于技术评估本身便是一个令人困惑的工作。事后看来，李鸿章的选择，有时像在苏州和江南制造局引进以蒸汽为动力的机器，是有远见的，有时像在江南选择阿姆斯特朗的武器，却是有缺点的。在19世纪80年代和90年代江南制造局离开了李鸿章的控制时，一大堆难题使它陷入困境，这些难题也是中国早期官办工业中普遍存在着的。从上海海关得到的每年经营收入，逐年大幅度波动；长期依赖外国技术人员、进口物资器材和进口设备，高额的人员费用，以及管理效率低下，造成了生产成本过巨；依赖传统的管理模式和制度化了的贪污连绵不绝，带来了昂贵的人事和管理费用；衰弱的中央管理证明不能实施产品标准化；陷入过去道路的泥坑而受到外国侵略重压的国家和社会，不可能在经济、教育制度和政府机构等相关基础结构方面尽快进行支持工业化所必需的改革。并非所有这一切领域的改进都未曾起步，它们正在起步。不过令人难以忍受的帝国主义环境——它曾使日本于1894—1895年向中国对朝鲜传统的宗主权提出挑战——将一张军事工业变革的时间表强加给中国，中国的军事工业，尤其是江南制造局，对此无法应付。

改革科举，创办兵工学校和造船学校

李将这里培育成为人才济济的精英生产基地。

——贝奈特

与此同时，福州船政局和江南制造总局开设了更多的科学技术专科。福州船政学堂建立于1867年（甚至在福州船政局奠基之前），有100多名14虚岁以下的学生，大多是从没落的地方士绅家招收的。学生得到许诺，将来准许授给绿营水师官职，或者按照军功保举文职官阶，这是太平天国运动期间一条著名的成功之路。起初，左宗棠和沈葆桢抱着过高的想法，即希望学生们经过五至七年的严格训练之后能够学会如何设计和监造轮船，并且希望那些向往着成为舰长、大副的青年们能在这段时间里掌握必备的航海技能。还要求学生们学习中文课程以保证思想正确。但是沈葆桢相当明智地要求学生只学习像《孝经》和《康熙圣谕》一类的简单著作，同时兼习浅显的论策文章。这所学堂的"法文班"由法国人教习，专攻轮船制造和轮船设计。除法文外，还要求学习一套包括解析几何和微积分在内的数学课程，以及包括物理学和机械学在内的自然科学课程。偶尔也让学生协助装配机器零件，但要到第五或第六学年，他们才在船政局所属各工厂里做更多的具体工作。这所学堂"英文班"的学员用三年时间学习航海理论（上英文、地理、平面和球面三角以及航海天文等课程），然后把他们送到一艘由前皇家海军船长指挥的教练船上（还有一个轮机舱部，招收曾在香港和上海的铸造厂和机器厂工作过的青年人，只教授英语、简单数学和蒸汽轮机原理）。这所学堂各个分部的教学显然是卓有成效的，而且青年当中又是人才济济，因而刚到七年就能通观厥成。1874 年年中，日意格报告说，"法文班"的七名毕业生已经"能够在兵工厂指导轮机（安装）工作"，另有 21 人预料可在一年半以后具备同样的能力；八名学生有最终胜任"设计室主任"的希望；九名毕业生证明他们能够"计算木制轮船的数据……绘制船身和船帆设计图，在模厂做出粗样以及监督施工"。他还宣布说，"英文班"的 14 名学员受到"为在长途航行中指挥一艘战舰所必需的理论教育和实际教育"。

然而，即使是最出色的青年工程师和设计师，也不能被指望立即承担主要职责。由于财政困难，1874 年以后福州船政局大大地削减了它的造船规划。从 1875 年到 1877 年，只有四艘轮船下水，虽然其中的"威远号"是一艘混合结构船（铁胁、水面），装有船政局自制的英式康邦卧立机，这在技术上是一个引人注目的进步。尽管船政学堂的一些毕业生参加了这项工作，但总工程师却是斯恭塞格：他是日意格的主要技术人员，在绝大多数法国人于合同期满撤走之后，他仍然留在那里。到 19 世纪 70 年代中叶的时候，有四名福州毕业生经过一段试用期后被授予汽轮船长头衔。而船政局制造的大多数轮船是由在通商口岸做过事的中国人指挥的，这些人虽然缺少正规训练，但是学会了驾驶 19 世纪 50 年代以来江苏和浙江两省政府购买和租赁的小轮船，并参与打击了沿海海盗（福州船政学堂 21 岁的毕业生、后来成为赫胥黎和穆勒著作的著名翻译家严复，在 1874 年是"海东云号"的代理船长，这艘小汽轮即为闽浙当局所有，但并不是福州船厂制造的）。沈葆桢挑选蔡国祥做这支水师的最高长官（也被称为"火轮水师兵舰"的"总统"），他原是湘军水师将领，曾国藩一度选任他做李泰国—阿思本舰队的司令。但这些安排并不意味着沈葆桢和丁日昌（丁日昌于 1875 年接替沈葆桢任福建船政大臣，于 1876 年又为原天津机器局的吴赞诚所继任）忽视了船政学堂自己的毕业生。

到了 1870 年，由于沈葆桢本人深感造船机器的奇巧，他完全确信那些渊深的学问——尤其数学——是西方技术的基本功。在一份他和闽浙总督英桂联衔于 1870 年呈上的奏折中指出：轮船与枪炮的质量取决于数学。现在西洋船舰和火器异乎寻常的改进，几乎到了不可思议的程度，这是计算能力日益精细的结果，如果计算稍稍细致一分，那么机器的使用就会灵巧十倍。沈葆桢考虑到，等到 1874 年福州学生毕业时最多也就上过七年学，于是他在 1873 年上疏清帝，应该把最好的毕业生送到法国和英国去深造，以便使他们能够"循序而渐进，将窥其（西学）精微之奥"。

直到 1875—1877 年，福州毕业生才赴欧留学，与此同时，在 1874 年年中和法国人签订的合同期满之后，沈葆桢和他的继任者坚持这所学堂应该按照原样继续开办下去。至少有两名法国教习被留了下来，并在 1876 年重新委任了讲授理论航海学的嘉乐尔。在丁日昌的倡导之下，船政学堂招收了 40 名在香港英国学校里学过一点英语和数学的男童（此事经由轮船招商局总办唐景星安排，他本人曾经在香港居住过）。船政学堂开办的"法文班"与"英文班"都具有可观的水平，而对航海人员的培训尤受重视。

当船政学堂作为速成学校为中国培养第一代现代兵舰工程师、船舶工程师和船长的时候，江南制造总局由于它特殊的环境，做出了更加广泛的贡献。李鸿章从一开始就主张，那些学童应该在制造局见习机器操作的同时，也要学一些西洋算学和自然科学。但是见习机器操作所用的教学设备不得不延缓到制造局本身搬出外国人居留地之后才予添置；因为虹口区有外国海员和他们的娱乐场所，被看作是一个不适宜设置学校的地方。尽管如此，1867 年中江南制造局还是聘用了几名曾经在安庆为曾国藩工作过的中国数学家——工程师，其中包括华蘅芳、徐寿和徐建寅。在这些人的建议之下，还建立了一所翻译馆（包括一所培养译员的学校），以出版中文的西洋科学技术书籍。1868 年春季，翻译馆任用了英国教习传教士傅兰雅，其后在同一年又录用了另外三名传教士，他们的汉语水平足以向中国的笔录人员口述技术著作的译文。曾国藩不顾一年之前倭仁的嘲讽，在1868年下半年的一份奏折中表示，他希望遴选书香门第的聪颖子弟随同这些洋人学习，以便使这些青年领悟西洋技艺中的义理（两三年之前，这位总督的天资颇高的长子曾纪泽开始学习英文和西洋算学，这大概是他父亲鼓励的结果）。1869年后期，在位于江南制造局新址的校舍竣工的时候，当时依然不到50个学生的上海同文馆即迁往那里，由江南制造总局主办，并改名为广方言馆。与此同时，制造局本身还安排了工人在职训练班和徒工夜校，以便向他们教授数学和简易科学知识。

　　然而，这个教学规划中的几个方面并没有得到很好的配合。徐寿和其他的中国数学家——科学家对制造局的生产计划并不负担责任。他们追求自己的学术兴趣，并且不断地从事翻译。到了19世纪70年代中期，12个中国人和五个传教士学者（傅兰雅、伟烈亚力、玛高温、金楷理和林乐知）合作，把许多从伦敦订购的书籍准确地译为中文，到1877年底，已经出版的翻译本和改编本著作达54种之多。其中不少是关于蒸汽轮机、制模以及铸造技术和格林炮、克虏伯炮手册之类。另外一些是比较有刺激性的著作，例如封·希理哈的《防海新论》（1868年版），中译本于1874年出版，很快李鸿章就仔细读了。还有一些是数学和自然科学的教科书，诸如白起德的《运规约指》（1855年版）、鲍曼的《实用化学入门》（1866年版）以及四大理的《声学》（1869年版）等。这些书是通过中国书商分销的。仅举两例：一部1872年发行的关于克虏伯炮的手册八年当中销售了904册；一部1873年发行的代数论文七年当中销售了781册。但是正如负责江南制造总局翻译工作最多的傅兰雅所抱怨的那样：这些书只有包括学馆和训练班在内的制造局内部几个部门才使用，而且使用的次数也很少。

　　下述事实使江南制造局所属学馆的发展受到阻碍：它本来应该培养工程师和翻译人才，而一个迂腐的理学士大夫涂宗瀛在他短暂的上海道台任期内（1870—1871），却责成上海县教谕主管学校的中文课程。这样，虽然数学在广方言馆三至五年的课程中受到应有的重视（学习时间的长短取决于各个学生的能力和专业要求），但在教授代数、几何的时候，还要求学生通习中国的《算经》，结果造成一些概念的混乱。尤其在第一学年，要求学生肄习繁重的中文课程。要一个星期一个星期不断地阅读历史著作，包括《左氏春秋》和司马光的《资治通鉴》。不仅如此，还直接安排经学课程，要求阅读的书中有朱熹的全部著作和一部18世纪清朝论宋学的文集。除此之外，学生们每周还必须花费一天时间准备一篇作文，有时是八股文。如果仍有余力，可以学习林乐知讲授的英语或者傅兰雅讲授的法语。中文课程一直延续到第二学年，到这时学生们才允许专攻"外国语文及风习制度"，为做外交工作做准备，或者选择技术性专业，例如矿物学、冶金学、机器设计与操作等。只是对于那些无志参加科举考试的学生，才单开技术专业课程，中文课在这里减少到最低限度——只读"四书"和"五经"。到19世纪70年代中期，这种单独的技术课也已经收录了大约40名学生，它似乎分为三个班组：造船学、船舶工程学和军事科学。开设的课程包括英文、数学、绘图和射击学。教习中有外国人参加，大概是些和制造局造船及军械制造有关的洋人。

在1870年下半年江南制造总局的教育和培训规划开始付诸实施的时候，从一开始就赞助这一规划的丁日昌，却因丁母忧而不得不暂时离任，这对教育和培训规划来说是一件不幸的事。丁日昌虽然非常注意财政和司法管理上的问题，但他仍然确信中国需要效法西洋科学。他在1867年的一份奏折中说，只有致力于那些看起来似乎是抽象的研究工作，才能把西方技术学到手。"洋人……耗其心思、气力、财货于渺茫无凭之地，在数千百年，而其效始豁然呈露于今日"。由于丁日昌的努力对19世纪70年代著名的赴美留学使团的成行起了关键性的作用，所以可以说，在他离任丁忧之前，他帮助中国在引进西方科学方面迈进了一步。

组织学生海外培训

中国旅行家李圭在1876年9月访问了哈特福德市。他在给李鸿章的报告中说道……然而另一方面，他们也渐渐地美国化了，把辫子塞在大帽子底下，兴致勃勃地打垒球。他们甚至在女监护教师（其中一位于1875年和容闳结婚）的陪同下到教堂去做礼拜。

　　早在1864年，一个无名的士大夫上书总理衙门警告说，日本在派人去欧洲学习制枪造船，因此总署大臣们在一定程度上受到这封上书的启发，便就是否宜于派遣学员到外国兵工厂一事咨询李鸿章。李鸿章答复说，这是迟早终须采取的步骤，但是可以等一等，先在中国设局建厂再说。耶鲁大学毕业、以受过"自由主义教育"而自负的中国人容闳，在1868年初向刚任巡抚不久的丁日昌呈递了一份计划，建议让中国青年在进行在职培训之前先到美国大学预科和高等院校学习。丁日昌深为这个计划所吸引，以至于亲自为此事写信给文祥，并且最终取得曾国藩的赞助。1870年10月，当丁日昌在华北协助曾国藩处理"天津教案"所造成的危机时，他说服了这位政界元老向清帝建议，派遣青年学生到海外的普通大学及陆海军学院学习。曾国藩在他的奏折中解释道："其（西洋）制则广立书院，分科肄习。凡民无不有学，其学皆专门名家。"1868年蒲安臣签订的条约允许中国人到美国游学，因此丁日昌确信，由于容闳本人曾在美国受过教育，如果确实能够给他配备一个具有正统背景的人同行，以使这个方案可以为北京所接受的话，那么他会是办理中国学生到美国游学的一个很好的人选。恰巧曾国藩的幕府里有一个翰林学士，他仕途坎坷，几乎要不惜采取任何手段决心谋求晋升。此人即1853年的进士陈兰彬，他虽被任命为刑部的一名主事，却回广东搞地方防御工作。他曾一度是湘军将领刘长佑的随从人员，不过现在在为曾国藩效力。陈兰彬曾被描绘为一个"嗜利小人，敢为大言；自便私图，不惜卖国"的人。然而他毕竟是愿意到美国去的有声望的翰林院学士。

　　曾国藩的奏折在北京搁置了两个月之久。1870年12月，当时做了直隶总督的李鸿章怂恿他准备一个详细方案，重新上奏。李鸿章对曾国藩说："断不可望事由中发。"容闳拟议派送120名12至20虚岁的青少年，每人到美国游学15年。李鸿章感到如期"深造"，自非15年不可；并且说所拟为期20年的总数为120万两的经费预算尚不算多，可由上海海关岁入中的六成部分提拨。李鸿章还补充说，"将来果学有成效，积有经费，再义充拓，方有步骤"。起初，李鸿章希望学生在出国之前能取得"监生"功名，后来当允诺在学生结业之后授以官衔时，他也就满意了。1871年6月，李鸿章在他和曾国藩联名签署的致总理衙门的一封信里阐明了这些想法，三个月之后，他和曾国藩又就这件事联衔上奏清帝。当清帝咨询此事的时候，总理衙门议请把原拟的候选学生年龄由12至20虚岁改为12至16虚岁，理由是这样会减少一些父母已至垂暮之年而学生仍须逗留海外的可能。总理衙门还奏请在赴美留学使团驻处恭设孔夫子的神位。在这些奏折的基础上，具有历史意义的派遣留学生这一措施得到批准。

与此同时，曾国藩授权在上海设局招生。由原籍是广东香山县的上海买办商人徐润负责劝说许多广东人送子应选。1872年第一批应招入选的30名青年中，24名是广东人（仅香山一县便有13人），只有三名来自江苏，而安徽、山东和福建是每省一名。容闳比大队先期一个月抵达美国，在康涅狄格州教育司的合作下，在哈特福德市设立了清朝留学使团的办事处。他们决定，留学生应分别派到该州12个镇市的居民家里（付给酬金），并且就在这些镇子里入学。陈兰彬带了30名学生及两名中国教习不久也到达，这两位中国教习将在哈特福德办事处定期地并且利用假期教授中文课程。此后三年中又有三批青年抵达美国，每批20名；这样，到1875年总数共达120人。

留学章程把中文课程安排到最低分量：《孝经》《大学》、"五经"和《大清律例》，还要求青年们去听讲历代满族皇帝圣谕的课，并且要定期地朝着假想的北京方向行礼。中国旅行家李圭在1876年9月访问了哈特福德市。他在给李鸿章的报告中说道，113名学生（因死亡、生病和撤回而缺七名）分成小组，每组12个人，每三个月有两个星期在哈特福德度过，在中国教习的指导下进行阅读、背诵、习字和作文。然而另一方面，他们也渐渐地美国化了，把辫子塞在大帽子底下，兴致勃勃地打垒球。他们甚至在女监护教师（其中一位于1875年和容闳结婚）的陪同下到教堂去做礼拜。

陈兰彬显然是一个营求私利的机会主义者，不过，他在这一阶段还能较好地和容闳合作。1873年下半年，陈兰彬到古巴去调查苦力贸易，然后返回北京得到擢升。1876年，他作为驻美国、西班牙和秘鲁公使再次来到美国，以容闳为副使。在陈兰彬的举荐之下，另一位翰林区谔良被任命为哈特福德办事局监督（区谔良似乎也是一个仕途坎坷的翰林，因为他仅是一名工部候补主事；驻美国的职务有希望使他更快地升迁）。区谔良带来一名新教习；由于刚刚来自北京这个排外党人正在兴起的地方，区谔良很快就对容闳允许学生西洋化提出了批评。不过，到 1877 年，他的苛责还不是那么严厉，当时他更感兴趣的是增加赴美留学生的年度拨款，为此他和容闳联名吁请李鸿章。至于李鸿章，他写信给这两位监督，要他们鼓励学生特别注意选修采矿和冶金专业，因为这两项被他认为是中国的急需。1877 年后半年李鸿章向朝廷报告说，有些青年在一两年内即可上大学学习，因此在李鸿章的奏请之下，清帝批准了以后九年总数为 289800 两银子的补充拨款。

由于不幸受到中美关系中一些事件的牵连，赴美留学使团于 1881 年被撤销。

与此同时，沈葆桢输送船政学堂毕业生去欧洲的计划也实现了。丁日昌丁忧期满之后，1875 年成为福州船政局总办。他趁日意格返回欧洲之际，安排了五名最优秀的毕业生（其中两名学生后来做了李鸿章舰队的管带）随同赴欧。1877 年 1 月，北洋大臣李鸿章和南洋大臣沈葆桢联衔上奏，说应把船政学堂 30 个很有前途的毕业生送到欧洲，至少深造三年，以从海关关税和福建省厘金中拨款 10 万两作为经费。这项计划得到批准，在两个月之内就有 30 余人启程，由李凤苞任赴欧学生监督，李凤苞是一位候补道台，在江南制造局受过训，并且受过日意格的训练。

和赴美留学使团比较起来，赴欧的规划在性质上更加实际；这次李鸿章的主要目标之一是培养中国舰长，以便驾驶从欧洲定购的近代兵舰。尽管如此，李鸿章和沈葆桢还是对清帝说，他们要鼓励一些学生学习化学、采矿等专业。包括严复在内的六名福州学员进入格林威治皇家海军学院。在志愿成为造船工程师的学员中，有四名在法国瑟堡造船学校学习，有五名在土伦海军船厂学习。但是还有五名福州学生在巴黎国立高等矿业学校结业。这至少是从仅对海军的关注扩展到更基本的问题上。罗丰禄和严复一样，是船政学堂"英文班"初期才学出众的毕业生，他放弃航海学，改在伦敦英王学院攻读政治和化学。在此期间，从 1877 年至 1880 年李鸿章的幕僚马建忠

（1844—1900）在巴黎学习法律和政治。

在 1882 年、1886 年和 1897 年，又有福州培训的学生相继赴欧，进行为期三年或者六年的学习。显然，这些学生年龄比较成熟，出国期限也比较短暂，因而与在康涅狄格州留学使团学生的经历相比，就更不容易西洋化了。

所有以上这些开端都有助于提供文化借鉴中必不可少的因素，即经过训练的人才，他们当中有许多人在此后的几十年里发挥了具有历史意义的作用。他们使中国向着引用西方技术方面稍稍前进了一点，就此而言，他们推进中国的自强事业。但是，到了 19 世纪 70 年代晚期，自强新政作为中国对付外国问题的一项政策，比起 19 世纪 60 年代来，已经变得大为多样化和复杂化了。中国国内工业和交通运输业采用了西方技术，它开始使努力的中心从防务转移到工业化方面。这就要求在历史学家这一方面也要使研究重点有一个相应的转移，因为中国国内的现代工业和交通运输业的发展所涉及的问题，其范围比自强新政的倡导者最初于 19 世纪 60 年代所预想的要更为广泛。

李鸿章的军事变革思想与北洋海军的兴衰

李鸿章的任务比起今天人们所能想象到的要艰巨得多，因为他面临向北京政府寻求资金、说服各省官员给予合作、同时又要挡住来自各方的不断地批评这多重的任务。北京中央政府的弱点众所周知（清政府从整体上给李鸿章增加了许多障碍）：它充满官僚主义陋习、地方主义观念和派系的明争暗斗。北洋海军本身也因组织不健全、装备陈旧过时而深受其患。在这样的环境下，李鸿章创建海军的努力，不应从不可能实现的理想，而应当从当时内部情况的整个背景作出评判。

——约翰·L·罗林森：《李泰国——阿思本舰队的发展及其意义》，
《中国论文集》（哈佛大学），1950 年 4 月，第 58—93 页

鸦片战争以后，中国士大夫开始意识到没有一支强大而有效的海军，中

国便不可能保卫自己，对付西方海上大国。创建近代海军成为中国努力西化的一项迫切而坚持不懈的大事。林则徐（1785—1850）是在禁烟问题引起中英冲突的困境下认识到建立这样一支海军重要性的杰出的中国官员。他曾提出以广东海关税银购买西方船炮，作为实现中国海军近代化的第一步。他的建议不幸被道光皇帝所驳斥而未能付诸实现。林的挚友魏源在其《海国图志》中提出这个问题，并且力促有关当局在广东沙角和大角设立由国家管理的造船厂和兵工局，制造枪炮和船只。魏源计划全面改革，将江、浙、闽、粤四省绿营水师改组为新式的海军劲旅。但是由于没有政府支持，整个计划成为空中楼阁，他的建议毫无结果。

同治元年，亦即 1862 年，出现一个新的机会。总理衙门大臣文祥向总税务司李泰国寻求帮助。通过李泰国的斡旋，清政府从英国购得七艘兵船，组成一支小型的"中英舰队"。总理衙门委任英国海军大佐阿思本为舰队统领。然而，英国人和中国人因为指挥权问题相持不下，结果双方都很失望。计划以失败告终。其后江苏巡抚丁日昌于 1868 年和 1870 年分别提出建立"三洋水师"和"内江外海水师"的建议。同一期间在上海（1865 年）和福州（1866 年）建立了新式的兵工厂和造船厂。不过由于朝廷态度消极，督抚相互推诿，终无可观成效。直至 1874 年日本人侵犯台湾，清政府才下决心整顿海防。沿海防卫于是分为南洋和北洋两个防区。两江总督被指派为办理江、浙、闽、粤四省海防事宜钦差大臣；直隶总督为办理山东、直隶和盛京三处海防事宜的钦差大臣。即使如此，中国海军并没有显著加强。根据 1878 年英国驻华公使威妥玛的报告，中国海军仅由上海和福州两地小型的地方性舰队组成，它的装备和训练都无法与欧洲的海军相提并论。就整个帝国而言，事实上并没有一支统一的海军，这种情况一直持续到中法战争，南洋海军在战争中全军覆没。

不过，在李鸿章的领导下，北洋防区终究实现了近代化，在 19 世纪 80 年代以后，开始被看作是代表清帝国的海军。这就是"北洋海军"或"北洋舰队"。北洋海军的历史背景复杂，它的成败不仅关系到中国海防的安危，而且影响中国和日本海上力量的消长。这方面近代化的努力值得历史学家密切注意。李鸿章作为北洋海军的创建人，北洋海军的成就要完全归功于他。

他创建海军的目的与经过，所遭遇到的挫折与困难，都与这支舰队的命运息息相关。

李鸿章对近代海军的认识及其目标

近代中国海军的起源可以追溯到李鸿章协助曾国藩同太平军作战时期。从那时起他成为熟悉军事的专家，并且认识到拥有一支海军的重要性。他由曾国藩奏保出任两淮盐运使，办理淮扬水师。李在这一时期有关海军的知识尚限于传统的中国水师；对于近代西方大国的海军并无任何认识。及至1862年春，他奉命驰援江苏，同太平军作战，才开始认识到欧洲海军的挑战。他率领淮军及淮扬水师乘所雇英国轮船从安庆沿江抵达上海。接着同英国和法国在上海的军队协同作战，并且得到常胜军的帮助。他对于西方大炮的精纯，子弹的细巧，西式操练的雄整，印象非常深刻。他深感中国在军事能力方面远远逊于西方大国。

1864年10月，李鸿章对于中国建立新式的陆军和海军，已有一个具体的构想。他关于中国海军的想法：包括改革绿营水师、采用西式装备、设立能够生产近代船炮的造船厂和兵工厂。李的思想和魏源"师夷之长技以制夷"的思想如出一辙。福州船厂和江南制造局随后在李的支持下得以维持。他在19世纪60年代和70年代近代化努力中的功劳值得赞赏。

李鸿章在1870年出任直隶总督兼北洋通商大臣以后，他的海军思想发生了进一步的变化。他比以前更清楚地认识到中国为凶恶的敌人环伺，国家处于危急之中，他深感中国正面临"三千余年一大变局"。尤其是1874年日本侵犯台湾更使他相信日本穷兵黩武，对中国的野心更甚于西方国家的威胁。西方国家虽然侵略成性，但距离尚远，而日本近在户庭，随时可以伺机侵略。他相信日本"诚为中国永远大患"。他奉命督办北洋海防以后，将目标放在对付日本挑战上面。发展海军是李鸿章对外关系和自强政策最优先考虑的重点。在他看来，船炮和海军是西方大国强大实力之所在，中国赶上西方要有很长的时间。日本只是最近才向西方学习，因此中国同它竞争，还比较容易。

李鸿章创建海军防卫中国对抗日本的政策，具有重大的历史意义。当然，在自强运动领袖中，并非只有李鸿章一人有这样的洞察力。文祥、沈葆桢和其他一些人也持有相同的见解。李鸿章以日本为假想敌、建立中国海军的思想，当时至少在一些政治家中有此共识。

但是，李鸿章的海军思想局限于自我防守的战略，他并没有积极进取的海权观念。虽然他设想训练一支有铁甲舰装备的强大海军，"南略西贡、印度；东临日本、朝鲜"，但是他的主要目的在于防御，而不是进攻；实际上他将军事力量主要看成是威慑力量。他仍然受到中国传统的陆权思想的影响。然而，日本则不然。日本最初也和中国一样，只注意海防。随后，部分由于美国海军战略家马汉的影响，日本人的海权观念发生了重大变化。日本政府向人民灌输重视海权的思想，同时做出向海外扩展的紧迫计划。反观中国，一直以一个普鲁士人写的《防海新论》作为海军战略的指导，结果是李鸿章满足于防卫北方京畿和南方财赋之区的少数口岸，而没有向海洋扩展海军力量的壮志雄图。中国和日本地理和历史上的差异导致两国态度的不同。不同的观念导致中国和日本海军的不同发展。

购船置炮——北洋海军的创建

北洋舰队建军比南洋舰队晚。1870 年 9 月李鸿章受命为直隶总督时，北洋三口还没有近代的战船。直至 1872 年 10 月李兼任北洋大臣以后，才有"操江"和"镇海"两艘兵船由南洋拨到天津，作为巡洋捕盗之用。1874 年 5 月，日本侵犯台湾。李鸿章大受刺激，力主购买铁甲战舰，以加强沿海防务。然而他的建议并未立即付诸实施，直到 1875 年 5 月他受权督办北洋海防，才采取积极的行动，开始组成一支新的海军。在以后十余年中，费银几百万两，为北洋海军购置各种类型的战船，包括铁甲舰、巡洋舰和鱼雷艇等。

北洋海军有战船 26 艘，可以分为两类：一为中国自制，一为购自外国。前一类数量较少，且不居重要地位。它们共九艘："康济""威远""泰安""镇海""操江""湄云""利运""海镜"和"平远"，占船只总数的 34.6%。其中"平远"系福州船厂制造的钢甲快船，其余八艘是补给船、练船和运船。另一类兵船被认为是舰队的主力，共有 17 艘，包括"定远""镇远""济远""致远""经远""来远""靖远""成安""超勇""扬威""镇东""镇西""镇南""镇北""镇中""镇边"和"敏捷"。这17艘船只由外国制造，占整个舰队的65.4%，其中13艘英国制造，四艘德国制造。除"敏捷"一艘是练习用的机帆船外，其余为主力舰、巡洋舰和其他战船。"镇远"和"定远"为德国伏尔铿船厂制造，各长298英尺5英寸，宽60英尺4英寸，吃水19英尺6英寸。腰线护甲长144英尺，厚六英寸，炮台厚甲12英寸，令台甲厚八英寸。两船均为6000马力，时速14.5海里。它们各载炮十尊，包括口径为12英寸的重炮四尊，分置前后。每艘船只还有其他大炮，包括五管连珠炮十尊，加特林后膛炮525门，以及鱼雷。两艘战舰威力极大，按当时的国际标准，质量堪称上乘。

除了这两艘战船，至少还有不少设备精良、足资战斗的船只。"致远""靖远"购自英国，它们和"超勇""扬威"同为阿姆斯特朗公司建造；"济远"和"经远"系德国制造。六艘中国自制的铁甲舰也都宜于作战。北洋舰队的建成，是李鸿章煞费苦心努力的结果。

李鸿章对鱼雷快艇也感兴趣。他相信只有鱼雷艇和铁甲舰同时使用，方可攻守有益。他于1881年向德国伏尔铿厂订购十艘鱼雷艇；1887年他的代表同英国一家海军造船厂签订合同，订购可以在公海作战的新式头等鱼雷艇（12英尺长，13英尺宽，1000匹马力，吃水6英尺6英寸，时速25英里），价值2500英镑（折合库平银85700两以上）。分别置于威海卫和旅顺港鱼雷营，水兵由英国和德国专家训练。这两部分的鱼雷艇尽管在1894年中日战争中未能发挥作用，它们却是北洋海军不可分割的一部分。北洋海军船只中，还有12艘通过赫德向英国购买的炮船，事后证明令人失望，并且招致许多批评。这12艘炮船不仅价格昂贵，而且炮大船小，行动不稳。它们在公海上作战，毫无用处。李鸿章谈到它们时，每每摇头，懊丧不已。

海军学堂与训练

近代海军是西方技术的产物，它涉及许多领域的知识。由于海军有关航行、训练和部署调动都有高度的技术要求，建立海军远比陆军困难。李鸿章对此深为了解，常常劝勉海军将士学习西方技法，务求娴习精通。他鼓励他们"细心讲求，切实训练，坚持实习，准备作战"。每当新购兵船驶抵时，他就亲自前往码头察看，以期对船炮性质功能有所了解。

李鸿章保留一批外国军官协助教练，他要求管驾、轮机、司炉和水手都必须由熟手充当。李鸿章又系统地小心谨慎地着手海军建设。他不惜用费派遣数百名海军官兵前往英国和德国接受新购军舰，驾驶回到中国，以便使他们得以实地练习。

李鸿章深信海军学校极端重要。1866 年设立的福州船政局便附设一所训练海军军官的学校。李在北洋舰队中利用了这所学校的许多毕业生。然而，福州船政学堂并不能满足新建舰队的需要。而且，北洋海军中南方人和北方人比例失衡，大多数是福州人。他于 1880 年在天津创立北洋水师学堂，训练北方学生。截至 1894 年中日战争，大约有 300 名海军学员是从天津水师学堂或北洋其他各校毕业的。在同一时期，从福州船政学堂毕业的有 630 人，为北方毕业生的一倍。福州船政学堂的学生不仅继续在北洋舰队，而且在南洋舰队供职。由于历史较久，人数较多，北洋海军军官中大多数仍为这些福建人。

海军学堂只是提供基本的一般的训练。李鸿章坚持派遣海军学员出国留学，尤其是学与航海有关的技术。从 1877 年至 1890 年，共有三批 35 名海军学员派送英国。有些送格林威治皇家海军学院，有些送乌理治皇家炮术学校，其他的人派往英国海军实习。这些学生归国后在北洋海军中居于高级地位，并被委以重任。刘步蟾和林泰曾是其中佼佼者。35 名留英学生中，有 89%（31 名）来自福州船政学堂，其他四名来自天津水师学堂，但其中仍有一名是广东人，南方人显然成为北洋海军军官的主体。

遴选将才与组织舰队

除了购买船炮和安排海军人才培养外，李鸿章也十分注重遴选指挥军官。然而，由于中国的海军并不像西方国家那样被认为是需要专业训练的职业，这是一项艰巨的任务。如前所述，许多福州船厂出身的学生曾出国学习。但是由于年纪较轻，经验缺乏，他们作为指挥官还不符合条件。看来李鸿章除指派淮军旧部丁汝昌充任提督外，别无选择。丁汝昌是一个英伟、忠诚、勇敢的军官，富于陆军经验，但缺乏海军方面必需的条件。李鸿章感到必须雇聘外国专家协助丁汝昌，由此造成了北洋舰队的一个根本问题。1879年，李鸿章指派三个英国人，船长葛雷森、哥嘉和章斯敦为北洋海军教习，以葛雷森为总教习。这三个船长由于过去完全在商船上工作，没有海军船舰工作的经历，事后证明并不合适。

随后李鸿章以另一个英国人琅威理代替他们。琅威理毕业于皇家海军学院，曾任英国海军舰长。他是一个热情负责、阅历丰富的军官。他很自然地成为北洋舰队总教习的首选人物，于1882年和1885年两度受聘担任这个职务，供职共计六年。北洋海军在他精心计划和指导下，取得重大进步，并且受到国内外的密切注意。1890年在著名的"升旗之争"事件中，他受到一些中国军官排挤，不得不离开北洋。琅威理离职之后，李鸿章雇聘其他一些外国军官到北洋海军：两个英国人，两个美国人，四个德国人。不过他们没有一个人有琅威理的才干和技能，也没有一个人有和琅威理匹敌的权力和权威，以解决北洋舰队内部的问题，纠正对它的态度。北洋海军自1890年以后日益衰败。

北洋舰队一直到1888年才正式成立。造成这一延搁有几个原因。向外国购买的船只驶达要一段时间。李鸿章最初对于舰队应如何组织和调动，并没有把握。自19世纪60年代以来曾经分别提出三个海军计划：曾国藩所拟"内江外海水师"计划、丁日昌所拟"三洋水师"计划和李鸿章的幕僚薛福成所拟"北洋水师"计划。所有这三个计划都不充分具体，因此李鸿章的北洋舰队正式组成便无限推迟。1888年3月经朝廷催促行动，李才令其僚属——天津海关道周馥、北洋海军提督丁汝昌、管带刘步蟾和林泰曾，以及北洋水师营务处道员罗丰禄——向琅威理咨询。三个月后，北洋海军组织章程拟就底稿。经李鸿章同总理海军衙门大臣醇亲王讨论以后，这份文件终于1888年8月奏准实施。这一计划虽以传统的绿营水师和长江水师的组织为蓝本，但是也有选择地参照了英国、法国和德国的海军组织。

根据所定制度，北洋海军分为前军和后军。前军是舰队的主要作战单位。它由九个营组成（一船为一营），分为中军及左、右翼。后军为舰队的后勤，负责全舰队的训练和补给。它由16个鱼雷营组成。北洋海军到此时共有舰艇 30 余艘，4.1 万余吨，大炮 120 门，官兵 4000 余名。除了外籍专家，包括轮机在内，有 87 名高级军官。其中有 43 人，即占总人数近一半，受过正式训练：35 人毕业于福州船政学堂（40%），八人毕业于天津水师学堂（9%）。他们中间 24 人曾到国外学习：留学英国 13 人，美国十人，德国一人。未受国外正式训练的人员中，有一些人曾去英国、法国或德国作短期考察，协助监造船只，或接船驶回中国。这些军官在整体上显然比起他们在绿营水师或长江水师同等地位的人，更能胜任。

北洋舰队最初并没有标准的操练规定。在《北洋海军章程》公布以后，才有以下八种规定：小操、大操、会操、会哨、合操、操巡、巡历和校阅。每次都记录功过，据以分别赏罚。北洋舰队不仅强调正常操练，而且经常派往南北洋各口巡弋。此外，它还出访海参崴和朝鲜港口，南面则远达新加坡和东南亚水域。

北洋海军曾经成功地维护中国在东北亚的海权。但是随着 1890 年琅威理离职，督责训练乏人，它开始衰退。李鸿章也年事日高。他忙于其他紧迫事情，对海军详情细节便无暇多顾。

无法克服的困难和不可避免的崩溃

北洋海军自 1875 年筹划，1888 年正式成军。它不幸在第一次中日战争中被日本海军完全摧毁。李鸿章的努力全付东流。北洋海军的失败，导致中国丧失了制海权。辽东半岛的军事形势因之改观，影响了中国此后几十年运蹇境窘。这一切是怎么发生的呢？

北洋舰队的毁灭应该部分归咎于清政府采取消极防御的战略。不过北洋海军本身也有若干严重的缺点：首先，制度上含混不清。北洋海军名义上隶属于北京海军衙门。由于海署大臣醇亲王对海军一窍不通，舰队实际上是归李鸿章节制。李忠于清政府，但是他还负责处理许多紧迫的事务。他此时已成为全国督抚的领袖，集内政、外交、洋务、海防于一身。在 19 世纪 80 年代末 90 年代初，他忙于应付每日遇到的政治问题，以致不能对北洋海军诸多问题给予更多的注意。

其次，是指挥系统不清。由于李鸿章未能经常顾及，北洋海军由丁汝昌负责。丁未受过海军正规训练，他因此常为部下所轻，他们大多数人是由中国水师学堂毕业。丁汝昌所倚赖的外籍军官有的傲慢自负，有的要求过分。这些外国军官和中国军官之间关系紧张，经常有不快之事发生，"升旗之争"便是这种冲突的反应。因而发生的琅威理去职，导致北洋海军进一步衰败和腐化。

再次，经费不足是一个严重的问题。最初海防经费预算每年 200 万两，但是从未如数收足。北洋海军改隶于海军衙门以后，舰队每年预算减至不及 130 万两。最糟的是 1891 年 4 月，户部建议停购舰上大炮、裁减海军人员。这些建议得到朝廷准许，这使舰队及其装备的更新事实上成为不可能。当时一些有识之士即为北洋海军能否生存发展感到忧虑。及至中日战争，北洋海军连遭失利，终至彻底失败。

最后，军纪不严。纪律不整导致一些部队在战役白热阶段弃阵脱逃。北洋海军的缺点暴露无遗。李鸿章深知这些缺点，极力设法避战，不与敌舰交锋。他因此受到许多历史学者的严厉批评。然而，就北洋海军的弱点而论，采取一种更加勇敢的政策或战略，是否将带来不同的结局，恐怕还是未定。

结束语

作为西方国家海上力量勃兴的反应，尤其作为日本威胁渐增刺激的结果，中国决定建设海军。李鸿章恰是适逢其会，适充其任，他肩负起这一历史性的责任。

近代海军是 19 世纪的一项革新事业。海军的发展要求有复杂精致的装备和高度专业化的科学技术知识。考虑到所有这些方面——科学技术、人才、工业、财政，中国当时完全不具备条件以支撑一支近代海军。北洋海军的诞生，几乎全靠李鸿章一人独自的努力。他以十年持续不断地努力，造就了一支拥有 30 艘战舰、120 门大炮和 4000 名官兵的舰队，它至少在数量上超过了日本的海军力量。

第四章

找寻继承者：时代巨变旋涡中之李鸿章的用人观念

托马斯·F.米拉德：

李在东方的地平线上仍然隐约发挥着巨大的影响。1901 年在他去世之前，我曾和他有过短暂的谈话，他的头脑非常清晰并且仍然关注着国家的未来。在生命处于弥留之际，他把一些年轻人召到床前（其中应有袁世凯），并把改革清国的使命交到了他们的手中。当大清国的改革与李鸿章的这个人相提并论时，还会有人发出冷笑吗？

李鸿章和他同时代其他清国高官的不同之处，只是在于他有一个比其他人更为宽阔的视野。当然，在他身上也有他为官环境下不能避免的一些传统恶习。然而，他毕竟远远走在他这个时代的前面，并且预见到：他的国家在即将来到的数年里，会需要那些具有前瞻眼光和进步思想的人。

——《纽约时报》新闻专稿:《改革的事业与李鸿章留下的使命》，1908 年 6 月 14 日

李鸿章的幕友与门生

李鸿章就是这样一个领袖，他罗致到身边的幕友，也和他本人一样，是中国新事物和旧事物的"混血儿"。不过，有一件事情是确凿无疑的，即凡是不把李鸿章作为主人看待的外国人，没有一个能在他手下长期供职。

李鸿章的用人观与对亲属的回避

19 世纪，随着帝国权威的逐渐削弱，随着虚骄自大、深闭固拒的风气，也随着清朝财政的濒于崩溃，以自强形式体现出来地向着西化所采取的每一个步骤都势所必然地落在了有权有势的封疆大吏——如李鸿章的肩上。他们具有胜任这项工作所需要的权力、人才、远见和首创精神。因此，尽管洋务企业处于政府权力控制之下，但是他们却是在地方官员的直接操纵下运转着。正是在这些企业中，此前政府行政的特定职能和幕府制度绞在了一起。我们上面对于"局"的论述也完全适用私人陆海军。权威来自中央，但是实际控制权是在地方，下级官吏所效忠的也是地方大吏。选拔、荐举李鸿章部下军事将领的是李鸿章，而不是兵部；选拔、荐举李鸿章所办企业的总办、会办的也是李鸿章，而不是吏部。

由于朝廷不能够或不愿意改变这种制度而担起创新之责，由于它只设置了基于官员，身负重任的地方官员便不得不聘请幕友以适应时势所需要的那些全新的事物。曾国藩在幕府中加进了军事的和自强的因素，但是在后者还处于萌芽时期时他便亡故了。李鸿章继承了曾国藩的思想和政策。因此，同曾国藩一样，李鸿章继续使用私人军队，并且将自强思想扩大、发展到一个不可预见的程度。他们精通业务，他们是李鸿章的私人雇员，他们能获得职务应归功于李鸿章的权势。李鸿章的陆海军将领；他的轮船公司、矿务局、铁路公司、电报局及织布局的总办、会办和帮办们；他所开办的学校的教职员们，和他的私人文案、私人顾问一样，都是他的幕友。他们都忠于他，他们的安全、得奖和受罚都取决于他及其他的地位。尽管李鸿章开办的绝大多数工商企业都采取官督商办的经营方式，每个企业的总办、会办们也都有官职，但是只有李鸿章才是他们的主人。他为每一个新企业的开办争得朝廷的批准，并保护它免受高官显宦们的染指。他可以经过、也可以不经过朝廷的批准就任免这些企业的官吏，他是这些企业政策的最终裁定人，尽管在这些公司的章程中有关于经营者和股东的经营责任的规定。李鸿章的整个组织建立在个人效忠的原则上，虽然李鸿章信仰忠于国家，但是，在一个等级森严的国度里，其幕友忠于的是他个人，而他关心的才是忠于国家。

在聘请幕友时，李鸿章首先关心的是才智、能力和思想倾向。尽管他坚持儒家观念，认为人是能够适应环境的、是可以教育的，他仍不能和大多数同时代人一样恪守正统观念，他不把德行置于能力之上。他的思想似乎和耆英的思想更一致。耆英在 1851 年向新登基的咸丰帝建议："用非所长，虽君子亦恐误事；用其所能，虽小人且当保全。"耆英因持论过偏受到咸丰帝的申斥。李鸿章也因其聘请幕友的条件而受到许多时人的非难。不管怎样说，李鸿章的幕府成员即使不总是正人君子，但都是很能干的。

李氏家族中另一个唯一参加了其幕府的成员是他的女婿张佩纶。张佩纶是在 1888 年与李鸿章的次女结婚的。李鸿章何以吸收张佩纶做他的幕友，而且后来又让他当了自己的女婿，这是他一生经历中使人茫然不解的问题之一。张佩纶 1871 年中进士，选翰林，19 世纪 80 年代是清流党成员，而清流党是极力反对并猛烈抨击对西方的妥协让步的。张佩纶对那些屈服于外国人的官员——如崇厚的谴责是十分尖刻的；在 1882 年琉球争端中他鲁莽地要求中国用武力对付日本。同年，当中法关系恶化之时，他又主张中国以武力对付法国。然而，尽管张佩纶的政见与李鸿章截然相反，他在 1879 年至1881 年丁母忧期间还是在李鸿章的幕府中做了两年军事参谋。1884 年，中法战争中法军炮击福州时，他畏敌逃跑，结果被革职流放。1888 年，由于李鸿章的说情，他才得以被召回，同年应邀重入李幕并成为李鸿章的女婿。尽管二人政见迥异，但是张佩纶继续在李幕中供职，一直到 1894 年。对于张佩纶长期在李鸿章手下供职的原因的唯一解释，是李鸿章欣赏他直率的性格和儒雅的风度。其他一些可能的原因有：李鸿章和张佩纶之父张印塘1853年曾同在安徽江忠源手下任职，尽管没有关于二人有交往密切的记载；还有，李鸿章可能觉得让张佩纶在自己的幕府里更好一些，因为这样便于监督他。

对才具的要求无疑是李鸿章的许多亲朋不能在他幕府中供职的原因。他可能是为"孝"字所迫才用了其中几个人。但是他竭力将这些无用之人的作用压到最低限度。一方面，有些传闻说，李鸿章的几个侄子曾做他的幕友，但是没有一个人取得过任何重要的职位。另一方面，他又很乐意聘用有能力的世交。1876年，李鸿章谋划在上海建立织布局以抵制英国纺织品的进口，他写信给沈葆桢说："适有魏温云观察，纶先与弟世好，会计最精，商情最熟，浼令出头承办。"即使是李鸿章用他的家庭成员、亲戚或世交做他的幕友，清朝反对重用亲戚的戒律还有足够的力量，加之御史们的鼓噪，足以迫使他慎重对待之。从某种意义上说，他或许对这些戒律尚未失效感到高兴，因为它们给他提供了便利的借口，使他能拒绝数不清的亲朋们要求加入其幕府的请求。

李鸿章的幕僚们

当然，李鸿章幕府的人员成分每个时期并不相同，在长期的宦海生涯中，他的幕府中确确实实容纳过几百人。然而，某些人连续担任各种职务，形成一个相当小的核心集团。他们的出身和所受的教育各有不同，在李鸿章手下供职的原因也不尽一样，但是他们都对保护中国使其免受内外敌人的侵扰这一问题倾心关注。这些人的出身包括读书士子、行伍军人、行商坐贾和"归国学生"，他们在李幕中充当谋士、将帅、文案、外交官和工商企业的总办、会办等。19世纪80年代中期以前，这一核心集团主要由那些有更多传统背景的人组成，他们是在叛乱年代（1862—1870）开始在李鸿章手下供职的；但是此后领导权逐渐被那些"归国学生"或曾在西方待过的人所掌握。在李鸿章的谋士中，有三个人对他的西方观和自强之必要性的观念影响最大，这就是冯桂芬、郭嵩焘和薛福成。

李鸿章早在北京当翰林的时候（1847—1853）就结识了冯桂芬（1809—

1874），但是直到 1861 年苏州士绅恳求曾国藩派军队保卫上海时，二人才再见。冯桂芬代表苏州士绅写了请愿书，于是才有了李鸿章组建淮军并成为江苏巡抚。冯桂芬是苏州人，1841 年中进士，选翰林。虽然他是读书人，但是很积极地在家乡兴办团练。太平军攻陷苏州时，他逃到上海，在那里亲眼看到西方的实力。1862 年，李鸿章奏调冯桂芬入幕，从那时起直到 1865 年，冯桂芬作为一个不受李鸿章约束的谋士和兼职幕友为李鸿章服务，给李鸿章以后的思想打下了不可磨灭的烙印。1870 年，在一道奏折中，李鸿章对冯桂芬表示感激不尽。

冯桂芬是同治中兴的主要理论家之一，他可能是"自强"这一概念的始作俑者。他还是最先看到中国要想生存就需要学习西方技术的中国人之一，他的思想是后来著名的"中学为体，西学为用"一语的雏形。他清楚地看到，西方远优于中国，但是又认为事实并不一定就是如此。他认为，如果皇帝能够端正人心，如果中国能从西方引进急需的船炮，这种情形是能够在中国自身发展中得到改变的。他甚至认为，数学构成西学的基础，因此应该在上海和广州设立翻译局，培养学生学习西文，这样就可以把外国的数学和科学教科书译成中文。根据他的建议，李鸿章于 1863 年建立了上海广方言馆。冯桂芬还提倡改革科举制度，列入科学方面的内容。他甚至认为，外国人不应受到鄙视，而应受到诚恳、公正的对待。他是太平天国运动失败前夕倡议收复苏州地区的发动者，是 1865 年李鸿章和曾国藩发起的减税方案的执笔人。这一时期李鸿章的许多改革建议实际上都是冯桂芬执笔的，或者至少是直接受了他的影响。

李鸿章的第二个谋士是郭嵩焘（1818—1891），他和李鸿章是丁未同年并同为翰林，亦曾同在曾国藩幕府中供职。虽然郭嵩焘只是 1862 年在李鸿章的幕府里待了几个月，但是终其一生，李鸿章一直是他的密友、知己兼保护人。由于李鸿章的推荐，郭嵩焘被委为苏松粮道（1862），之后又署理广东巡抚（1863—1866），并于 1875 年成为第一个中国驻英公使。早在 1859 年他奉命协助僧格林沁抵抗西方军队进攻北京时，郭嵩焘就公开谴责用武力对付外国人的政策。他的看法是，外国人所要的只是与中国贸易通商的权利，如果中国政府以理代力，可保帝国百年无事。由于郭嵩焘最敢于直言主张与西方国家妥协，他便成了保守派攻击的首要目标。在他 1876 年去英国及其日记出版后，保守派对他的攻击更加猛烈，因为他在日记中说，西方具有悠久、发达的文明，它胜于其他蛮族文化。他倡议进行长远的改革，甚至主张改变中国的基本的组织结构及制度，希望看到在全国遍采煤、铁矿，遍设铁路。虽然李鸿章同意他的观点并尽全力保护他，保守派的猛烈攻击还是迫使李鸿章告诫他要更加小心谨慎。1879 年，郭嵩焘奉召回国，考虑到去北京会危及他的生命，遂径回湖南老家赋闲。然而，直到 1891 年去世，他一直不断地写信、上奏支持李鸿章的政策。

李鸿章的第三个谋士是薛福成（1838—1894），他是 1857 年的秀才，江苏人，从 1865 年到 1872 年在曾国藩幕府中供职。1875 年应邀入李鸿章幕府做文案，一直到 1884 年由李鸿章推荐被任为浙江省的道台。后来，他成为中国驻英公使（1890—1894）。在李鸿章幕府期间，他充当李鸿章国家时事问题方面的谋士。他在外交代表制问题上的见解促使朝廷在 1875 年向西方国家派驻了公使。当时他说，有必要在科举考试中创设一项专与外事有关的科目，以鼓励才智之士学习外事。他认为，中国正在遭受外国人的欺骗，因为中国缺乏国际法知识和近代外交知识。他的许多观点被吸收入 1876 年的《烟台条约》之中；1881 年他为近代中国海军拟订了一套章程；也正是在他建议下，1882 年中国军队在汉城兵变后被派赴朝鲜。起初，薛福成曾认为郭嵩焘的改革思想太激进，但是当他 1890 年成为中国驻英公使后，亲眼看到了郭嵩焘所谈过的情况，他的观点也就大体与郭嵩焘的观点相一致了。他认为，议会制度是最好的政治制度，而科学、义务教育、政府鼓励工商业、使用机器创造财富和供养人民是欧洲既富且强的原因。

三谋士中，薛福成入幕最晚，也最讲实际。由于和西方人的接触——冯桂芬在上海，郭嵩焘和薛福成在欧洲——这三个人都睁开了眼睛看世界，并将他们的思想传给李鸿章。即使在他们离开李鸿章的幕府之后，他们也都还继续为李鸿章出谋划策。在其长期仕宦生涯中，李鸿章是主和论的鼓吹者，也是洋务派的首领之一；他赞同外交代表制，支持培养中国人学习外文和科学，他有好几次公开表示主张改革科举制度，使之包容西学，以便吸引那些聪慧才智之士学习这些学科。由于冯桂芬和李鸿章定交较早，冯桂芬对李鸿章的影响可能也最大，而郭嵩焘和薛福成则无疑丰富了李鸿章的思想，支持了他的见解，同时，郭、薛二人也是李鸿章西学知识的来源。

李鸿章的属下和门生

李鸿章以其幕府和职权为工具培养人学习西方技术。他不允许部将坐吃老本，而是鼓励他们虚心学习西方先进事物。他批评程学启和郭松林"坚僻自是，不肯求教"，而赞扬刘铭传希求上进，希望淮军驻上海期间（1862—1864），刘铭传能"资取洋人长技"。这种政策给李鸿章带来了好处，也给中国带来了益处，因为他的几位部将最终官至高位并积极投身兴办洋务企业之中。在李鸿章的扶掖下，早年曾从事走私勾当的刘铭传从一个安徽地方团练首领起家，最后成了淮军名将，之后作为首任台湾巡抚（1885—1891），他又圆满地整顿了该岛的军事防务、用人行政及税收机构，还建立了学校，铺筑了街道，架设了电线，引进了西式邮政制度，延长了原设电报线路，铺设了台湾和福州间的海底电缆，修筑了中国最早的铁路线之一（长62 英里）。

关于李鸿章的其他部将，如张树声，他曾经是合肥一个团练首领，李鸿章淮军宿将之一，官至总督；丁寿昌，合肥人，李鸿章老友，捻军覆亡后一个时期内为淮军部将，19 世纪 70 年代成为天津兵备道。1877 年底，有一个委员会按照李鸿章的指示为开平矿务局的建立制定章程，丁寿昌还是这个委员会的成员。

至于工商企业的建立和经营，李鸿章主要依靠上海、广东的商人或买办。轮船招商局的首任总办朱其昂就出身于上海一个拥有沙船、从事漕运业的商人家庭。1873 年，继他任轮船招商局总办的唐廷枢（唐景星）及唐的副手徐润，以前都是买办，他们是广东人，在上海做买办。中国第一个国有棉纺织厂的创建者，后又与电报局有关系的郑观应，以前也是个买办，而且是广东人。通过这些人，李鸿章得以保证他的企业得到上海和广东商人及买办们的财政支持。

盛宣怀的经历可以生动地说明新旧中国之间的鸿沟是怎样在李鸿章努力下沟通的。盛宣怀是以科举正途开始其人生历程的，但是他除捞了个秀才（1866）外，没有取得过更高的科名，这是他终生引为憾事的。靠着一个做李鸿章幕友的朋友的推荐，他在1870年应邀加入淮军。李鸿章移任天津时，盛宣怀跟着淮军，继续做李鸿章的幕友，负责粮饷供应。1871年，他脱离军职，受李鸿章委派去遭受洪涝、饥荒灾害的直隶赈灾。直到这时，他还一直是沿着中国传统的路子走着。1872年李鸿章建立轮船招商局，盛宣怀协助制定章程，从这时开始他成了李鸿章的主要经济顾问，他的这一角色一直持续到1895年李鸿章失势。在这期间，盛宣怀成为轮船招商局的督办，同时又是中国电报局的总办。他还参与了一些煤、铁矿和纺织厂的筹建经营工作。他是被李鸿章委以这些差事的，因而他要直接向李鸿章负责这些企业的经营，保证它们的成功。然而，他负责经管这些企业并没有妨碍他担任与此无关的海关道职务，先是东海关监督（在烟台），后是津海关道（1892—1895）。因而，盛宣怀是既当幕友又当官僚。

李鸿章幕府中被委以洋务者，"归国学生"人数最多。在当政期间，李鸿章主持派遣了学生赴欧美学习海陆军、开矿、通信等。这些学生学成回国后，许多人入了李鸿章的幕府。李鸿章是为数不多的认识到赴欧美幼童们在欧美各国所受教育的价值的官员之一。他是幼童留学欧美的发起人之一，当1881年这些幼童们被勒令回国后，他把许多人安置在自己手下。他们中的很大一部分人被送到他在天津新建的水师学堂和鱼雷学堂，其他有些人则进了电报学堂，有些人被送到天津以北的开平煤矿，还有些人则进了李鸿章在天津建立的医院中。这些人中有许多人最后又进了外交界。留美幼童们还太年幼，因而在李鸿章当政期间他们在李鸿章幕府中还不能充当重要角色，然而，有三个年龄较大的归国学生，在19世纪80年代中期开始成为李鸿章的得力助手，他们是马建忠、罗丰禄和伍廷芳。

马建忠（1844—1900）出身于江苏一个缙绅家庭，早在太平天国运动时期在上海他就引起李鸿章的注意。他在那个条约口岸的经历使得他成为"西化"论的鼓吹者，19世纪70年代他被李鸿章派往法国学习，以便更多、更好地了解西方。他曾一度在驻巴黎的中国公使馆任参赞，19世纪70年代末回国。回国不久，李鸿章就在一封信中提到，马建忠正在"讲习交涉律例"，正在搞翻译，也正在被培养做外交工作。1881年，李鸿章派他以非官方使节赴印度商讨解决鸦片问题，同年，他拟定了准备用作美国和朝鲜谈判蓝本的条约草案。1882年，谈判缔结朝美、朝英和朝德条约时，他还充当了李鸿章的代表。同年，他作为李鸿章的特使再次返回朝鲜，参与镇压大院君叛乱。1884年，李鸿章将其转入商界，任命他为轮船招商局会办，他任此职一直到1891年。1895年，他陪李鸿章赴马关谈判，1896年又陪李鸿章环游世界。在其有生之年，他将自己古典文化知识与近代语言素养相结合，写成中国第一部权威的现代语法著作——《马氏文通》，于1898年出版。

罗丰禄是跟随李鸿章数年的海军事务秘书（Naval Secretary）和亲信，福建人。1871年，罗丰禄以名列前茅的成绩从福州船政学堂航海学校第一期毕业，之后成为郭嵩焘驻英公使馆的随员。他加入李鸿章幕府的确切时间尚不清楚，但在1881年10月，李鸿章评价他说："罗丰禄学有根底，当差甚勤。"罗丰禄是李鸿章的机要秘书、海军事务秘书、翻译和内勤总管，一直到1897年，通过李鸿章施加影响，他成为中国驻英公使（1897—1901）。他不仅熟知欧洲的风习礼仪，而且精通英语口语和书面语。1896年李鸿章访问欧洲时那机智的谈吐和得体的措辞受到公众的赞扬，这多半要归功于罗丰禄，是他把李鸿章在各次欢迎会、招待会上的致辞译成英语的。罗丰禄把李鸿章在维多利亚女王留言簿上写的一首中国古典诗用莎士比亚风格译成英文，获得英国女王的欢心。然而，尽管他受过西方教育，但他拒绝采用西医治疗嘴唇上的恶性肿瘤，从而加速了他的死亡。他并不惧怕死亡，竟乐观地说，也许因为他不是基督徒，所以，既不知道天堂的快乐，也不晓得地狱的惩罚。

李鸿章的第三个起重要作用的归国学生幕友是伍廷芳，他在1890—1903年和1908—1909年两度出任中国驻美公使。我们可以很贴切地称他为"英国陶冶出的中国人"（Made in England）。他出生于广州，与公行时代著名的行商"法官"同出一家，15岁开始学习英文，此前他已经在新加坡度过很长一段时间。1873年，他家把他送往英国学习法律，成为第一个被允许进入英国法律界的中国人。郭嵩焘曾试图劝说他留在英国做中国公使馆的参赞，但是他拒绝了，于1877年回到中国，在香港开办律师事务所，并有声望于时。但他在1882年接受了李鸿章的邀请，来到天津，加入李鸿章的幕府，做了李鸿章的法律顾问和外事代表。李鸿章之邀伍廷芳入幕，除了希望幕府中有一个像伍廷芳这种能力的人这一明显的原因外，他还说，他不想让伍廷芳在香港为英国人所"牢笼"。在李幕期间，伍廷芳又对铁路发展产生了兴趣，1886 年促成开平铁路公司的成立并成为其总办。伍廷芳还随马建忠、罗丰禄一道陪同李鸿章去马关谈判。这三个关系密切的谋士中，只有伍廷芳一人积极参与中华民国早期的事务。

李鸿章所有的幕友中，跟随他时间最长的当推周馥（1837—1921）。周馥，安徽人，1861 年开始供职于李幕，当时李鸿章本人还是曾国藩的幕友。周馥没有取得过任何科举功名，但是他受过大约十年的正规学校教育，而且 1859 年以前还偶尔教过书。从 1861 年到 1901 年，除几次短期离开过李幕外，如丁忧（1878—1881）、赋闲（1895—1898）或被派以李鸿章辖区之外的职位（1899 年，四川布政使），他一直在李鸿章手下供职。1867—1870 年李鸿章平叛期间，他留在南京，先后在曾国藩和马新贻手下任职，这二人均为李鸿章密友。他在李幕中做的是传统式的工作。太平天国运动失败后，他参与重建工作。他还参与直隶的防洪治河工作。在直隶，1881—1888 年他当过津海关道，1888—1895 年他做过直隶按察使。尽管这些职务均为清政府机构的独立官职，按照清朝初期的标准衡量，他已经不能再被看作是李鸿章幕府的成员，但是在建立电报局、天津水师学堂、天津武备学堂及其他工作中，他都给了李鸿章以宝贵的帮助。他不时地在直隶军界兼任职务，还充任李鸿章的主要外交顾问。1894 年中日战争爆发后，他率领营务处开赴前线，并与袁世凯一道负责转运军需。李鸿章的大部分幕友终其一生从没有取得过任何具有全国影响的重要职位，周馥的经历就是例证，他们是李鸿章幕府中的苦力，他们对他忠心耿耿，工作勤勤恳恳，但是他们得到的最大奖赏也不过是中等官位。他们是职业幕友，被派到哪里就在哪里工作，而且一般来说，他们满足于自己的境遇。只是在李鸿章死后，他们没有了幕主，其中的一些人如周馥和郑孝胥，才名闻全国。周馥于 1901 年成为四川总督（原文如此——译者注），当他于 1907 年由于年迈（70 岁）被迫退休时，他正在两广总督任上。郑孝胥，福建人，事李直至其终，对清朝末代皇帝保持忠诚，当溥仪 1932 年从天津逃至东北成为伪满洲国的傀儡皇帝时，他跟随溥仪一起出逃，是伪满洲国国务总理。

李鸿章并不反对给处于困境中的老朋友谋个挂名职务，并且经常特意为他们寻找差事，这些差事不必他们操心费力，却使他们得以糊口为生。然而，在他自己的幕府里，每一个幕友似乎都是为一定目的而聘用的。李鸿章坚定地相信教育的价值，他所支持、帮助过的文人又反过来支持他的所作所为。在他幕府中供职的文人值得一提的是吴汝纶（1840—1903），这也是为他作传的人。吴汝纶，安徽人，1865 年的进士。从 1865 年到 1871 年他在曾国藩幕府中供职，从 1879 年到 1889 年在直隶署理天津知府，后任知州，他是通过李鸿章的推荐得到这两个职位的。1889 年，他要引退，李鸿章予以劝阻，让他主持保定的莲池书院，他遂主持该书院一直到 1899 年。虽然吴汝纶是以正途出身开始其学者生涯的，但是由于曾、李的影响，他对洋务（Westernization，西化）也产生了兴趣，并于晚年在直隶致力近代教育。他搜集了一批杰出的学者，研读西方著作的中译本，并在保定建立了一所语言学校，延聘日本和英国教师任教。据估计，吴汝纶在直隶培养了约 1200 名学生，其中有些人无疑进了李鸿章的幕府。吴汝纶在李鸿章手下能够继续研究学问、授徒施教，但是他也在帮助李鸿章为保全中国而培养人才。

李鸿章对留洋人才的培养与使用

李鸿章为拯救中国这一直接任务而培养他的幕友。在这一过程中，他既延揽正途出身的人，也招致受欧风美雨熏陶过的人。然而，这些人在自强方面共同的兴趣使得他们的思想能够融合在一起，因而也就使李鸿章的幕府成为变革的核心——这种变革不仅从根本上影响了幕府制度本身的性质，而且影响到清末民初历史的进程。这种逐渐融合和变化的过程可以从两条截然分离的历史事件链（Chainof Events）和人际关系链（Chain of Personaj Rela nons）中看出来，一方是"外来势力"（"Foreigl Force"，指受过外国教育的一派人。——译者注），另一方是"传统势力"（"Traditional Force"，指传统的正途出身的一派人。——译者注），这两股势力最终在李鸿章的幕府中会合，并在李鸿章死后继续团结前进。

"外来势力"的根底可追溯到 1841 年的澳门，当时 13 岁的容闳通过一个传教士医生的帮助，被录取为马礼逊学堂一年级学生。这一年级的另外五个学生中，一个就是 Tong Chik，即后来广为人知的唐景星（唐廷枢）。这两个幼童均来自澳门附近地区，代表了广东人的一个阶层，这一阶层倾向于学习英语及西学而不是以儒家典籍及官僚政治作为进身之阶。在澳门和香港（1842 年学校迁至此地）学习六年之后，容闳赴美深造，唐景星则留在中国，先后在香港殖民政府中充当译员，在上海海关任译员和总翻译，1863 年成为上海英国公司怡和洋行（Jardine Mathesonand Company）的买办。容闳于 1854 年回国，最初几个月在籍温习母语。1863 年，他受曾国藩委派赴美国为制造局采买机器。1865 年春机器运抵上海时，时任江苏巡抚的李鸿章和苏松太道丁日昌已经在上海建起一座小型制造局。容闳采买的美国机器和李鸿章的制造局合在一起，遂为江南制造局之肇始，同时是容闳和丁日昌定交之开端。

与容闳不同，同是广东人的丁日昌是以正途出身开始其宦海生涯的。然而，由于他与曾、李均有交往，而且他对西方有兴趣、很欣赏，他便在一系列事件中充当曾、李与"外来势力"之间的重要媒介。丁日昌约 20 岁中秀才，大概在 1862 年加入曾国藩的幕府，不久曾国藩派他赴广东办理厘金——大约与此同时，李鸿章之兄李瀚章也被派到那儿。在广东，丁日昌还受托监制军火。1863 年，他应李鸿章之请回到江苏，加入李幕，开始从事军火制造。1864 年下半年，由于李鸿章推荐，他被任为苏松太道。除了为江南制造局操劳奔波以外，他还于 1865 年在上海建立了龙门书院。何爵士（Sir Edmund Hornby）在其自传中描述了他于 1865 年在丁日昌主持一次考试时参观这个书院的情形：

这并不是一次能使考生获得很高声名的考试，而仅是地方性的考试，但是其中仍有值得注意的特色，为此（丁）道台应该受到高度赞扬。考试科目中有外国历史，有地理。几幅彩色教学地图——就像在英国国立学校中可以见到的那些地图一样——挂在墙上，上面用中国字标出主要国家、城镇、河流、山脉，地图的一端是一幅卷轴，上面写着那些文明国家的君主的名字。我希望这种新奇的做法会有良好的结果，但是，虽然道台很乐观自信，他又承认这是对考试科目的革新，既未获得学生们的好感，亦未得到上级地方当局的赞同。

到 1867 年在曾、李推荐下，丁日昌升任江苏巡抚时，他与容闳已经是老朋友了。正是根据容闳的建议，一所翻译西方科学著作的翻译馆在江南制造局内建立了起来。容闳还详细地和丁日昌讨论了派遣中国幼童赴美国接受西方教育的想法。由于丁日昌的斡旋，容闳的这一计划引起曾、李的关注。在他们的赞助下，1871 年这一计划被皇帝批准，第一批学生于 1872 年夏扬帆赴美，在这批学生中有唐景星的儿子唐国安和侄子唐绍仪，他们之所以被选中，是由于唐景星与容闳是老朋友的缘故。

这批学生留美之时，唐景星辞去他在怡和洋行的职务，加入李鸿章的幕府，当了轮船招商局的总办，从 1873 年到 1884 年，担任这一职务共 11 年。认识唐景星的西方人都很钦佩他的管理能力和他的忠诚正直，赞赏他的"进步"思想，并希望看到中国采纳西方文明。另外，当 1877 年李鸿章考虑派他为驻美公使时，却说他的中学根底不深。谈到他和李鸿章的关系，唐景星说："总督是前面拉车的人，而我则是后面推车的人。"

到 19 世纪 70 年代中期，那些或通过为外国人充当买办，或曾留学国外，或由于在通商口岸与西方人有交往而受到锻炼并对西方事物产生了兴趣因而成为"外来势力"成员的中国人，还没有足够的影响力领导这个时代。相反，他们不得不依靠和曾国藩、李鸿章、丁日昌这些身居高位、热心自强的人的私人关系来贯彻他们的思想主张。他们可以在后面推车，但是领导权却掌握在正途出身的人手中。儒家的非专业性依然是人们所向往的，即使是自强活动家如李鸿章也只是借用各种专业人才来充实他的幕府，而不是培养专业人才。不过，"大堤"已经出现裂缝，受过西方教育影响的各种专业人才与读四书五经出身的非专业人员之间的冲突已经模糊地显露出来，这一冲突将挽救幕府制度于危亡，并将导致前一种势力在 20 世纪取得胜利。然而，专门知识，无论是关于内政的还是关于洋务外交的，暂时还是为儒家目的服务的。

李的知遇之恩与袁世凯的崛起

第二种势力"传统势力"的根底，可追溯到 1853 年，是年上谕令李鸿章由北京回安徽镇压太平军。这道上谕还令监察御史袁甲三与他一道共同协助吕贤基。是年晚些时候，亦已回安徽镇压太平军的李鸿章之父李文安在袁甲三幕府中供职数月，招募"乡勇"镇压正在兴起的捻军。1853 年的这些事件是安徽李家与河南袁家长期亲密关系的肇始。大约在 1863 年袁甲三去世三年后，曾随他征战疆场，后来成为著名军事将领的他的一个侄儿袁保庆因无子嗣，领养了他大哥袁保中的四子，这个成为一个著名文武世家的嗣子的六七岁男孩，就是袁世凯。和李鸿章一样，袁甲三本也是以文人开始其宦海生涯的，但时势使他成为一个军事将领，也正是通过军界，袁世凯将成为中华民国的总统。

袁世凯尽管参加了几次科考，但是从未榜上有名。然而，他很会用兵，1880 年捐得第一个头衔后，投入山东吴长庆军中，吴长庆是淮军旧将，也是袁世凯养父的老友。1873 年袁世凯的养父死于南京，吴长庆和刘铭传负责办理丧事，14 岁的袁世凯则护送灵柩返乡葬于祖坟。袁世凯投奔吴长庆时只有 21 岁，但是他并没有做一个普通士兵，吴长庆令他在张謇指导下继续攻读学业。张謇当时也在吴长庆幕中，后来成为中国著名的实业家之一。在张謇指导下，袁世凯学习赋诗作文，但是他的军事才具远远胜过他的文学才能，因而根据张謇的推荐，吴长庆让他训练自己的军队。张謇还告知他要放弃任何做文官的希望。

1882 年，袁世凯第一次抛头露面的机会来了。是年，署直隶总督张树声（时李鸿章正在籍丁母忧）令吴长庆率 3000 名士兵赴朝鲜平叛。张树声是在薛福成的建议下命吴长庆出兵朝鲜的。陪吴长庆同行的有安徽同乡、李鸿章的水师提督丁汝昌和负责外交事务的马建忠。作为吴长庆幕府成员，袁世凯亦随同前往。由于他在平叛中执行军事任务迅捷有效，引起李鸿章的注意，叙功奏奖记名同知。当朝鲜国王打算采用新法训练一支 500 人的特种部队时，李鸿章把这个任务交给袁世凯。这样，袁世凯便留在朝鲜练兵，向朝鲜国王和王后大献殷勤，并总管中国驻朝军队。1884 年，日本一手策划了甲申事变（在汉城），袁世凯迅速行动，将其平息于发动之初。在这场战事中，袁世凯结识了唐绍仪，唐当时正负责守卫朝鲜海关总税务司穆麟德（P.G.Von Mollendorff）的官邸。这一相遇导致了日后二人间亲密、长久的友谊。

唐绍仪于 1874 年随第三批幼童离华赴美，1880 年从哈特福德（Hartford，

Connecticut，康涅狄格州）中学载誉毕业，袁世凯入吴长庆幕就是在这一年。1881 年夏留美幼童被勒令回国时，唐绍仪已经在哥伦比亚大学（Columbia University）完成了一年级学业。和其他许多留美学生一样，唐绍仪回国后亦供职于李鸿章手下。1883 年，李鸿章委派穆麟德为朝鲜海关总税务司，唐绍仪被派做他的助手。同在李鸿章手下供职的唐、袁二人在 1884 年的甲申事变中偶然相遇，也是在中国不同的地方业已存在多年的那两种"势力"的相遇。

由于在汉城平叛有功，袁世凯被召回国，由李鸿章推荐，被任命为中国驻朝鲜通商大臣，赏加道员衔。1885 年袁世凯返朝上任，唐绍仪作为他的机要秘书亦随同前往。从这时起到 1894 年，袁世凯是中国的（也是李鸿章的）驻朝代表，在那九年中，唐绍仪则一直是他的机要秘书，并在他外出时代拆代行。这种关系，始于朝鲜时代，延续到 20 世纪，随着袁世凯的官运亨通，唐绍仪也扶摇直上，中华民国的建立使这一关系发展到顶峰：袁世凯成为中华民国的总统，唐绍仪则成为国务总理。沿着接近于传统模式的行伍道路步入仕途的袁世凯成为领导者，而"归国学生"唐绍仪则倚袁世凯为靠山。

按照太平天国运动以前的标准衡量，袁世凯和唐绍仪只是在一段十分短暂的时间内是李鸿章的幕府成员——袁世凯是在 1894 年对日作战时协助周馥负责李鸿章的营务处，唐绍仪则是在 1881—1883 年和 1899—1900 年两次在广州做李鸿章的译员。在其各自一生的其他时间里，他们或为李鸿章幕友的幕友，或是做官。早期幕府制度的形式是一小组谋士围着一个官员。曾国藩使之范围扩大，幕友也开始有自己的幕友。当李鸿章为了经营管理那些五花八门的企业而将幕府制度进一步扩大时，幕府便失去原有的小而紧密的特性。幕友和幕主之间的界限、私人聘用和国家录用之间的界限，统统变得模糊了。袁世凯实际上是在吴长庆幕府供职，但是听从李鸿章的指挥，以李鸿章为奥援。他任职朝鲜时的情形亦是如此：他是由朝廷任命的，但是听命于负责朝鲜事务的李鸿章。盛宣怀曾在烟台、天津做道台，这是独立于幕府之外的官职。但是他同时又是轮船招商局的总办，这个职务则是由李鸿章直接任命的。

在清朝前期的幕府制度下，幕友是不能参与幕主衙门之外的事务的，因而他们也不需要官衔。然而，当幕友开始经管轮船公司、统带陆海军和协助进行外交谈判时，他们作为朝廷命官以与有关官员进行平等或接近于平等的往来，就成为绝对必要的了。这些官衔应为文职，这也适合交往的需要，但是传统的官僚政治体制并没有为轮船公司和制造局的经营者及淮军的将领等诸如此类的人提供相应的官职。因此，出于需要，李鸿章只得私人聘用这类人，但是他们可以捐官，或经李鸿章推荐由政府授予他们官职，这样专业人才就被纳入政府官僚序列而"尽入彀中"了，也就达到把社会变化维持在儒家体制所许可的范围之内这一目的。专业人才们乐于接受这一现实，因为他们仍然相信获得名利要走正统官僚政治这条路。是他们的不合于正统的专业知识而不是传统文化知识使得他们进入官场成为可能。但是，一旦取得这一立足点，他们便成为正统思想的坚定支持者。李鸿章手下的要员，如朱其昂、马建忠、唐景星和李经方，做的都是道台。然而，通常情况下，这一官职或只是"记名"的，或不担负任何实际责任。

由于李鸿章的幕友担负着官职，其中有些担任的是独立于李鸿章幕府之外的职务，因而在 19 世纪晚期，幕友的标准变得模糊不清了。由于有保举官吏的权力，因而李鸿章及其他封疆大吏在究竟是谁在授予官职这一点上得以与中央政府分庭抗礼。个人效忠代替私人聘用成为幕主制度的基础，并且由于其更具有普遍性，这种效忠就使得幕府制度成为中央集权愈益严重的"腐蚀剂"，因而，"回避法"便愈益陷入中国人以私人关系为基础组织政府和社会的恶癖的包围之中。尽管袁世凯赴朝鲜任职是由朝廷任命的，但他效忠的是李鸿章，而且随着李鸿章个人权力的膨胀，他对李鸿章的忠诚也日益增强。李鸿章则运用他保举官吏的权力回报部下对他的效忠，将他们紧紧团结在李鸿章周围，扩展其权力网的广度及深度，从而幕府成为地方官僚政治机构的一个组成部分，并且几乎形成地方派系势力。

李鸿章对外国专家与人才的聘用

由于缺乏合格的中国人来经营他的企业并满足他尽快培养人才的需要，李鸿章不得不将一种新的因素引进土生土长的幕府制度之中，即聘用外国人做幕友。他任用外国人做顾问、教习、海军军官、舰长、仓库管理员、制造局帮办、军事教习，甚至他的外交谈判代表。不过，有一件事情是确凿无疑的，即凡是不把李鸿章作为主人看待的外国人，没有一个能在他手下长期供职。太平天国运动时期李鸿章与戈登的冲突就是由于戈登想使常胜军成为一支独立的武装力量而引起的。由于英国舰队司令阿思本（Captain Osbom）拒绝承认李鸿章对他舰队的统率权而将皇帝看作他的顶头上司，李鸿章在李泰国—阿思本舰队（the Lay Osborn Flotilla）中就会没有份儿。然而，那些承认李鸿章的地位并忠实地为他服务的外国人都受到他的尊重，并且薪金优厚。

在李鸿章的幕府中，外国人占有特殊的地位，并有他们自己不正规的等级制度，差不多是站在顶点的有两个人：德璀琳（Gustav Detring）和毕德格（William N.Pethick），所有在李鸿章幕府供职的外国人通常都把信寄给这两人中的一个，这并不是因为他们受命这样做，也不是因为李鸿章已经正式建立了指挥系统，而是因为他们两人与李鸿章几乎天天有密切的私人接触并能讲汉语。德璀琳是那些在李鸿章的工商企业中供职的外国人的联络官；也是那些为李鸿章办理外交事务的外国人的联络官。毕德格则负责管理在北洋海军任职的外国人员并总管外国人。以地域和语言为基准，他们两人之间还有一个不太严格的分工：德璀琳支配着在李鸿章手下任职的欧洲人，毕德格则吸引着美国人，有时还有英国人。似乎仅仅位于他们两人之下的汉纳根（Constantinvon Hanneken），是李鸿章的军事联络官，但他通常是通过德璀琳进行工作，他不喜欢像他们两人那样与李鸿章如此亲近；但是，这些联络渠道并不一定要严格遵守，任何一个在李鸿章手下供职的外国人都可以直接和他打交道。

德璀琳，德国人，由赫德的总税务司署委任为天津海关税务司。虽然严格地说他不是李幕成员，但是在李鸿章直隶总督任期内他几乎自始至终与李鸿章保持着密切的联系。他在各种有关地方、国家乃至国际事务上为李鸿章出谋划策，与其接触十分频繁。1885 年中法战争结束后，应李鸿章的请求，马士（H.B.Morse）被从海关调到轮船招商局，协助进行从美国公司手中收回招商局船只和库房的工作，这时，他就是通过德璀琳向李鸿章汇报工作进展情况的。马士在轮船招商局任职的两年中（1885—1887），就仓库、船坞、轮船设计及成本核算、航线、黄河治理、台湾开发、财产的处理与获得、撞船事件、煤炭开挖、铁路火车、吊桥、人事问题、国际争端、鸦片走私、轮船修理、朝鲜贷款等问题给德璀琳写信汇报。马士把德璀琳当作一块"共振板"，作为与李鸿章沟通联系的直接渠道。他向德璀琳报告轮船招商局内发生的几乎所有事情，从而也就成了李鸿章在轮船招商局的私人情报员。19世纪80年代后期墨贤理（H.F.MerIill）任朝鲜海关总税务司时，他的许多信件都是直接写给德璀琳，再由德璀琳将有关情况转报李鸿章并将李鸿章的指示传达给墨贤理。

毕德格，美国人，美国内战结束前夕在纽约一个骑兵团任职。此后不久，他为了尽量多尽量深地了解中国以便帮助中国，并同时促进中美关系的发展而来中国。他成了一个有造诣的汉学家，能够熟练地用中文阅读、写作，会说一口流利的中国话。1872年，他被任命为美国驻天津领事馆副领事和翻译，除1880—1884年外，他一直担任此职，直到1894年。1894年，他被免去天津副领事一职，因为美国驻天津领事认为，他担任李鸿章的私人秘书，就使他不能公正地履行其领事的职责。毕德格在李鸿章手下任职一事在天津并不是个秘密，因为1879年以前他就已经担任李鸿章的秘书。他在李鸿章手下任职是从做李鸿章孩子的家庭英文教师开始的，由此获得李鸿章的信任和友谊。他是一直与李鸿章亲近的少数几个人之一，是李鸿章外交事务方面不可多得的助手。他一直在李鸿章手下供职，直到李鸿章1901年去世，而他则只比他的雇主兼朋友李鸿章多活了一个月左右。毕德格曾为李鸿章作传，他死时这部传记尚未付印。许多人急切盼望这部书出版，这主要是因为其作者比任何其他外国人都更了解李鸿章其人其事。然而，毕德格死后，在他的遗物中没有发现这部传记手稿，并且从此再没有找到。虽然毕德格在李鸿章幕府中的职位不过是个私人秘书，但是他还担任李鸿章的翻译，负责陪同外宾，为李鸿章读了不下800部英文、法文和德文书籍（用中文翻译），为李鸿章在外国人中寻找能够在他手下供职的人，陪同外国工程师或技术人员进行探矿工作等，1895年陪同李鸿章赴马关议和，并且为李鸿章提供消息，让他大体上了解在天津的外国人及外交界中正在发生的事情。李鸿章幕府成员中重要性位居第三，也是完完全全在李鸿章手下供职的外国人是汉纳根，他是德国人，曾在德国军队中服役，历任炮兵军官和骑兵军官。他是于1879 年被中国驻柏林公使馆聘来做李鸿章的副官（Aide de camp）的。除做军事参谋外，他还监督修筑了旅顺港和威海卫的防御工事。中日战争爆发时，他正在那艘不走运的"高升号"上任中国军队的军事教官，但他泅水逃了命。在战争过程中，他同时在李鸿章的海军和陆军中任职，还曾一度担任北洋海军的联合提督（Co Admiral）。李鸿章用人倾向于他认为哪儿需要这个人就在哪儿用这个人，而不管他以前是否受过这方面的训练，他的中国海军提督以前也是骑兵军官。

李鸿章第一个外国人幕友是马格里（Hollidsy Macuteny），他是英国军医，以前在英军第九十九联队任职。1862 年，在常胜军司令华尔战死的同时，马格里辞去他在英国军队中的职务，加入李鸿章的幕府。有一段时期，他担任李鸿章的私人助手，协助李鸿章练兵，给李鸿章出谋划策，在涉外事件上给李鸿章以指导，充当过李鸿章与戈登间的调停人，也充当过李鸿章与外国人之间的联络官。正是在马格里的鼓动下，李鸿章于 1863 年在湘江建立了他的第一座兵工厂。马格里在湘江、苏州及南京主持李鸿章的各个兵工厂，兢兢业业，忠心耿耿，一直到 1875 年，由于与中国同事发生争端而辞职。几乎每一次中国幕友和外国幕友发生冲突时，即使外国幕友有理，李鸿章也总是站在中国幕友一边。马格里从轮船招商局辞职与琅威理（Captain W.M.Lang）从北洋海军辞职，都是出于同样的原因。外国人可能是对的，但毕竟是外国人。马格里虽然辞了职，李鸿章并未完全弃之不顾，而是为他谋得了在中国驻伦敦公使馆做参赞的职位。1876 年陪郭嵩焘赴英，在公使馆克尽职守并忠诚事李垂 30 年之久。

李鸿章在他活动的几乎每一个方面，都不得不依赖外国专业人员做顾问。在轮船招商局，他有一个外国总监（AForeign Super Visory Director）和一个外国航海监督（A Foreign Manine Superintendent）。从 1885 年的花名册上看，该局轮船上 144 位船长、大副和管轮无一是中国人。开平矿务局从一开始便聘用外国技师，李鸿章所办的铁路公司也是如此。他的织布局从建筑厂房、购买机器到组织生产都有丹科（A.W.Danforth）参与其间。北洋海军依靠外国人做教习、顾问官、管轮和炮长。1879 年，外国医生成功地治愈了他妻子的病，于是，他聘请了一个外国医生伊尔文（Dr. Irwin）为家庭医生，并任命伊尔文为其海军医师。敦约翰（John Durm，在天津的英国人，李鸿章曾就与梵蒂冈建立外交关系一事派其赴罗马与教皇商谈）、德璀琳、宓吉（Alexander Michie）都曾于不同时期在外交谈判中为李鸿章做过事。然而，李鸿章只是在他不能使用中国人的时候才使用外国人。

他从1862年到上海时就开始与外国人有了接触，学会了尊重他们的优秀品质而害怕其恶劣品质。虽然他认为西方人要对中国的全部问题负主要责任，但他还是使用他们，为的是增加自己对西方的了解，并培养出可以代替他们的中国人。

李鸿章对外国人和西方世界的了解是广博的，这种广博的了解是通过源源不断的来访者、阅读译成中文的西方书籍及中外幕友的指导获得的，从轮船、枪炮的技术末节到天津外国租界最新的趣闻逸事，他几乎无所不晓，都能很在行地与人谈论。知识就是力量，李鸿章在幕府中聚集了一大批国内外能够向他提供他所需要知识的人，使他能够利用这些知识来实施他自命的拯救中国的任务。

津沪联系：李鸿章通过代理人对上海的政治控制

斯坦利·斯佩克特说："无论李鸿章在什么情况下，这些人都是他的实力的来源。很清楚，他们之所以被置于两江地区，是因为李和曾（国藩）要他们都留在那里。他们为李曾集团完全控制了那个地区的财富。"

晚清中国近代化的一个最重要的后果是各省政府和城市工业中心之间新的横向联系的出现。过去地区和各省领导人很少就行政事务彼此咨商，每个省或地区是一个孤立的行政单位，省与省之间几乎没有交流的渠道。官府交通运输网络，举邮路即驿道作为例证，它不是按横向联系，而是按连接中央政府与各省的辐射状模式建立的。

政府传统上对垂直关系的强调，由于两个因素而更加突出。首先，中国的省通常依天然屏障划分。大多数省界为山脉、湖泊或江河。结果是地区之间的交通常较一个省内部的运输困难。第二个也许更为重要的因素是政治上的诱因。满族政府对于各省汉人权力的扩充深怀疑惧。正如颁布"回避法"以防止地方主义一样，邮传网络的设计也是为了保证中央权力的安全，阻止横向的结盟。

随着轮船和电报的出现，地理距离与天然屏障对交通的障碍变得小了。而且新的对外关系制度引起了不仅是中央与地方政府之间，而且地方政府之间相互了解和合作的需要。例如，郭嵩焘在19世纪70年代就极力主张中国要改进各省之间的交流，他说，国家在战争中战败，正是有关各省政府不统一和缺乏合作的结果。他指出，广东用兵，而上海却在议和；北方与外国人作战之时，南方各省却继续同他们通商。

然而，刺激省际和地区之间关系变化的最重要因素却是由近代化运动所造成。电报、铁路和轮船等机械、电力的设备虽然缩短了距离，节省了时间，但是这些新事物的设置和管理需要两个或多个的省合作。诸如兵工厂、纺织厂、钢铁厂和矿务局等其他近代化项目，出于供应和市场的原因，也需要交通运输系统的改进和扩展。

另外，近代企业的引进引起了跨省控制的问题。管理这些新项目缺乏政府的规章，有可能造成管理的伸缩性更大和一些省的领导人权力扩张。由于无例可循，一些督抚获允管理他们省界以外的许多近代化项目。最显著的例子是李鸿章。他于19世纪60年代中期担任江苏巡抚，正是他在上海发动了近代化运动。在1870—1895年，他身居直隶总督，却仍是江苏政治中最有影响的人物之一，维持对江南制造局、轮船招商局、上海机器织布局和上海其他近代化机构（局）的有力控制。

城市之间的交通运输

在轮船时代到来之前，天津同长江下游地区主要运输线是运河。政府在南方的岁入和漕粮几乎全部用沙船经运河运到天津。偶尔也有货物和旅客经黄海运送，通常是在大沽和上海之间。然而直到19世纪中叶太平军叛乱使运河运输中断以前，海路并不是广受欢迎的路线。轮船以其持久的安全和速度引进中国后，提高了海路的重要性。过去从上海到天津航行需时八天以上，现在轮船将旅程减少到四天。陆路在 19 世纪运输中从未充当主要的角色。即使是官府的驿马，这样的距离也要走十天以上。

轮船首先引入汉口至上海的长江航线。19 世纪 60 年代后期上海和宁波之间又开辟了另一条航线。在轮船企业设立最初几年，上海—天津轮船航线比较而言不甚重要，但是随着时间推移，津沪线崭露头角，成为最重要最繁忙的航线。

1881 年电报线架设，在这两个城市之间建立了另一种交通联系。电报线最初是为外交目的而设置的。李鸿章在天津承担了北京总理衙门加给他的越来越多的外交责任，他成为发展交通系统的强有力的人物。他指出他不可能依靠可怜的交通运输系统有效地对付外国人，抱怨上海同莫斯科之间消息传播比上海同天津之间迅速，他劝说中央政府采纳他设立中国电报局的计划。

李鸿章的计划获得允准，建造工作于 1881 年 6 月开始，当年 12 月竣工。这条电报线不仅将天津同上海联系起来，而且在两地之间，将直隶、山东和江苏三个省内七个城市联系起来。

两个城市之间的人事调动

近代交通运输网络是城市之间看得见的联系。然而上海—天津联系超过了物质上的有形联系。近代化运动还便利了两个城市之间的人员流动。在 1860 年以后的历史时期，上海和天津衙门之间有许多人事调动。上海官员中调往或升任天津职位的官员有刘含芳、孙士达、潘蔚、刘汝翼、吴毓芬、沈保靖、郑藻如、李兴锐、徐建寅、王德均、吴赞诚、黄建笔、张翼、周馥、凌焕，以及其他许多人。这些官员一般分为两类：一类是由前淮军军官，如吴毓芬、刘含芳和吴赞诚，以及李鸿章过去的私人助手，如凌焕和周馥所组成。换言之，他们不是李的追随者，便是他的老朋友。另一类大多是技术人员，江南制造局的工作人员，略举数例，如沈保靖、郑藻如、徐建寅和王德均。所有这些人员调动或升擢都有一个共同之处：他们都是由李鸿章推荐或安排的。

毋庸讳言，李鸿章和当时中国许多官员一样，是一个认识到人际关系的重要性并且任人唯亲的总督。据说他曾向宫廷太监行贿，并且庇护贪污。他极力将自己的人（幕府成员、淮军将领和其他安徽同乡）安插在他治下的省级政府和其他机构。

然而，任人唯亲并不能解释上海—天津人事调动的全部情况。例如，郑藻如既不是原来的幕府成员，也不是安徽人。李鸿章只是通过沈保靖呈禀江南制造局的报告才知道他。李对郑的管理能力印象很深，要求将他调到天津，希望他有关兵工厂的专门知识能对不久前改组的天津机器局发展有所裨益。其他技术人员的调动——沈保靖、徐建寅、王德均等——也可作此解释。随着天津在1870年以后逐渐成为外交中心和近代工业实验中心，对洋务人才的需求激增。李鸿章在1871年给曾国藩的一封信中表达了这种需求，他写道："此间洋务幕吏无一解事者，函牍奏咨必须亲制，殊为窘苦。"正是这种主要由近代化和对外关系引起的需要，促进了人员从上海向天津流动。

除了从上海到天津的正常人员流动，天津的官员调往上海也很频繁。许多官员名义上属于天津的官府，却在上海执行实际管理的任务。实际上像招商局、文报局、出洋学生沪局和电报局等近代机构的许多经理都是由李鸿章从天津派来。例如，招商局在19世纪70年代和80年代的主要总办和会办（唐廷枢、徐润、朱其昂、朱其诏、盛宣怀和马建忠）全都有直隶省的官衔。

总的来说，19世纪后期天津和上海之间的交通运输线和人员交流，使人看到在此以前所未曾存在的城市之间的密切联系。

上海道台：是李鸿章的人吗？

城市之间的联系是否意味着一个城市在政治上控制另一个城市？如果是这样的话，在直隶的李鸿章是否从政治上控制上海？

看来李鸿章一开始就紧紧掌握着上海的人事和政策方针。斯坦利·斯佩克特说："无论李鸿章在什么情况下，这些人（1863—1894年上海道台）都是他的实力的来源。很清楚，他们之所以被置于两江地区，是因为李和曾（国藩）要他们留在那里。他们为李曾集团完全控制了那个地区的财富。"仔细考察一下李鸿章同这些道台的关系和任命的程序，便会使人对斯佩克特的论断表示怀疑。的确，在这一时期前前后后居于上海道台职位的人大多是曾和李的追随者，然而这并不意味着他们始终同李鸿章合作。例如，李在19世纪60年代的一名经济顾问冯焌光，便不是一直支持李的政策。实际上上海道台中只有三个人是通过李的推荐而得到任命的。丁日昌和应宝时是李为江苏巡抚时被荐举担任道台之职，一个省的领导人运用推荐的权力，并非少见。李鸿章离开江苏以后，只有一次在选用上海道时为前淮军将领刘瑞芬而运用了他的影响力。李鸿章同涂宗瀛和龚照瑗也都保持良好的关系，两人都是他的安徽同乡和旧友。但是涂的任命是由两江总督曾国藩提出，而龚则由后来居于相同职位的刘坤一所推荐。

没有证据表明李鸿章曾干预冯焌光、沈秉成、邵友濂和聂缉槼的任命过程。在李鸿章的私函和沈与邵的传记中都看不出这些人早年便已同李相识。在冯焌光受任前不久，李鸿章在给曾国藩的信中提到他："冯生言过其实，行不逮言，又内怀疑忌，难惬众望。"聂缉槼尽管是曾国藩的女婿，又是湖南人，但不应看成是李鸿章的人。斯佩克特错误地断言所有湖南人或曾国藩的追随者都毫无区别地是李的支持者。人们都知道，曾幕友内部时常争斗，湘籍和皖籍人士在各省竞争。就聂缉槼而言，他是李鸿章的主要对手左宗棠的门生，他的任命主要是他的妻叔、时为两江总督的曾国荃荐举之力。

正式的政治控制

正式控制的最基本因素是委派的权力。在太平天国运动时期及其后，各省军事领袖已从中央取得委派的权力。这一权力包括委派次一级行政管理官员的权力，诸如兵备道、海关道，以及其他先前由中央政府指派的中层职位。用在太平天国战争高潮期间，各省督抚在地方或省级政府中安置自己的人方面，多少有些各行其是。但是中央政府从未放弃对任命、批准和调动的权力，对重要的行政职位尤其如此。

实际上在19世纪中叶，省领导人确在设法获得更多的委派权力。据称在19世纪60年代所有部选职位都是在他们掌握之下。1873年六部尚书中有人向朝廷提出建议，在太平天国运动以后，省领导人没有必要保留对部选职位的控制，这些职位至少有一半应仍归六部掌握。经过若干考虑之后，于1881年达成所谓"一咨二留"的妥协办法。这种解决办法是各省指派两名后，吏部指派一名"部选"到该省。

这些事实表明，在太平天国以后的时期，即使各省领导人在团练和地方财政方面享有相对大的权力，清政府仍然维持对各省官员任命的有力控制。就挑选简放的候选人来说，各省当局可以向军机处推荐合格的官员，但是委派权仍属于军机处和皇帝。地方掌握道台的任命这一错误想法可能是由以下几点造成：第一，将推荐权同委派权错误地等同起来；第二，未能将三种类型的道台加以区别。例如，为处理外国事务和对外贸易而于1870年设立的天津海关道，是一个外补的职位。直隶总督可以委派人担任此职，然后上报清政府。然而天津兵备道却不是由总督委派而是由军机处挑选，由皇帝直接委派，因为它是简放的职位。

这样看来，斯佩克特关于跨省控制的假设是有疑问的，因为即使是两江总督，对上海道台的委派也没有最后的决定权。

李鸿章深谙行政体制，不想公然同中央当局或两江总督委派江苏地方官员的权力对抗，他也不想干预别省事务。他于1876年被卷入吴淞铁路争端时，向南京和上海当局表示歉意说："此事（吴淞铁路争端）本由南洋主政，我是局外旁观，因见两边骑虎不下，故为买回自办之说，调停解和。"

那么，李鸿章对上海近代化项目的控制，又如何解释呢？他有没有委派这些局管理职位的权力呢？

他有这种权力。轮船招商局、上海机器织布局和电报局的总办、会办和商董都是由李直接札委。主要的原因是这些项目在全国来说是新的，它们的经营管理没有规章制度可循。而且在近代化最初时期，许多省的领导人并不想涉足这些新的项目。这使李鸿章和其他一些自强的领导者有机会保持对他们自己治辖省以外项目的控制。李鸿章干预上海近代化项目，还有另一个充足的理由。作为北洋通商大臣，他负有指导、监督北方所有洋务的责任。由于上海近代企业和北方近代化项目有相互联结、彼此依存的关系，李鸿章干预上海的近代化方针政策，在行政上是无可非议的。

然而，即使在非传统的洋务领域，跨省控制仍受到强大的力量抑制。第一，近代化项目是在保守的官员尤其是御史密切的注视之下。第二，当中央政府对军事和经济改革开始变得更愿意接受时，它也就更加急于恢复对这些项目管理的权力。例如，湖广总督张之洞于1889年末便因"于（广东织布官局）添购机器等事，未经奏明"而受到军机处指责。军机处指出，"嗣后如有建议创办之事，及购买机器、军火各项物料，均著先行陈请（军机处），候旨遵行。不得于未经奏准之先，率行举办"。而且，跨省控制有赖于受到影响的各省领导人的合作。一个省的领导人不能够有效地控制为他的竞争对手或反对者所管辖的另一个省的近代化项目。例如，左宗棠任两江总督时，李鸿章对江南制造局的影响明显削弱。他有权札委上海机器织布局总办和会办，而左宗棠作为两江总督，却能够将该局的任何一个经理人员调离该局。

非正式的政治控制

虽然李鸿章干预上海的近代化项目，具有合乎情理的权力，他却更多地依靠人际关系的非正式系统，而不是行政管理的渠道，运用他的影响力。这种人际网络包括三种关系：同乡、同僚和同年。所有这三种关系在传统的中国社会，尤其在官场中都受到重视。通过这些渠道工作，为社会所接受，而不被认为是政治上营私舞弊。李鸿章是安徽人，他在江苏和上海的同乡包括巡抚张树声（1872—1874）、上海道涂宗瀛（1868—1870）、刘瑞芬（1876—1882）、龚照瑗（1886—1889）和长江水师提督刘铭传。在清政府中，吴廷芬和孙家鼐是光绪朝两个有影响的安徽人。第二种关系包括两个方面，略举在江南地区活动的少数几个人，如曾国藩和彭玉麟这样的湘军友朋，以及薛福成、丁日昌和冯焌光这样的过去幕府成员。不过李鸿章同江南制造局之间最重要的联系是同年关系。李于1847年会试中试，丁未（1847年）同年中有两人，张之万和何璟，于19世纪70年代初出任江苏巡抚；三人为两江总督：马新贻（1867—1870）、李宗羲（1873—1874）和沈葆桢（1875—1879）。另外，两个丁未同年，沈桂芬和张之万，担任军机处领导成员多年。

这三种类型的关系使李鸿章有可能干预江南地区的政治，尤其在沈葆桢和张树声治辖两江地区时期。例如，沈葆桢曾不止一次向李鸿章征询关于上海官员的意见和评价。何璟也向李鸿章征求有关上海人事的意见。

正是在这些将李鸿章同江苏，尤其上海官僚联系起来的非正式关系的基础上，李鸿章有可能取得上海商人和士绅非官方阶层的有力支持。他从这些社会上和商业上强有力的群体中，为他的近代化计划募集资金，选择管理人员。当直隶和华北其他地方于1877—1878年遭受旱灾和饥荒时，这一民间阶层为此组织赈局捐款。李的支持者中，有苏州周振声、松江龚长麟（音）和上海恽光业与陈煦元。看来许多这样的绅商只信任李鸿章，当1883年李鸿章因母亲去世守制开缺时，苏州—上海赈局和捐局宣布它们将解散，直到李终制回任。这看来有两方面的原因：第一，李鸿章是一个精明的政治家，知道怎样操纵舆论，并且以赏给他的追随者虚衔和封典，以取得他们的支持。一名为上海的直隶赈捐局努力工作的上海士绅金安清就曾得到李的允诺，为他"求一挂名差使，以资养赡"。第二，士绅和商人为了他们在新的经济事业中的既得利益，支持李在上海的近代化计划。

总之，李鸿章依靠近代交通运输网络，并且通过人际关系的非正式系统，在长江下游地区确有相当大的影响力。不过，正式的政治控制仍属于中央。

第

五

章

忠诚为先的末世儒臣：
外国人对李鸿章的性格解析

福尔索姆（Kenneth E. Folsom）：

李鸿章一生，表现了非凡的精力和勇气。恰如道德与曾国藩联系在一起一样，精力与李鸿章联系在一起。他至少身高六英尺，远远高于他的同胞。他的身材匀称，外貌强健有力。他的举止端庄，给人印象深刻，充满智慧、警觉和果断。……

李鸿章谥号文忠的"忠"字，意为忠诚。这一品质是他特性中最显著的一面。他以极其忠于中国和清朝统治者而著称，在他给朋僚的信中，他再三强调这种忠诚："我辈受国恩厚义未可以言去，只有竭力支持，尽心所事而已。"……尽管他极其忠于皇室，也极其忠于他的朋友、同乡、老战友、家庭、亲戚及师长，从西方人的民族主义观点来看，这似乎是荒谬的，尤其鉴于个人效忠是中央控制削弱的基本原因。但是对具有儒家理论和东方文化的中国人来说，这种不一致并不是显而易见的，或者说是不相干的。重要的是"仁"——关心人的情感。李忠于皇室是因为他能够忠于他的朋友。

——*Friends Guests and Collrshues*；
The MuFu System

一生屈辱仍然忠字当头

觊觎更多在华利益的英国人事后说，面对强大的威胁，李鸿章依然能谈出一个明显存有抵抗态度的条约，是一件"值得惊诧"的外交事件。

大清国没有"外交"的概念，所有的外事统统归于"洋务"。洋务运动的首领李鸿章不可避免地成为大清国理所当然的"外交家"。李鸿章的外交生涯不但让西方人知道了大清国有一个"相貌堂堂"且"矜持、自信和傲慢"的李中堂，而且让中国人在 19 世纪、20 世纪之交那段悲伤的日子里终于揪出一个"罪魁祸首"——李鸿章让国人因为遭受屈辱而积淀的愤恨在怒斥他的过程中得到宣泄。

西方人了解李鸿章的外交能力，是通过中英《烟台条约》的谈判。其时，英国人的军舰开入烟台，日本军队开始向朝鲜武装挑衅，对大清国构成战争威胁。皇亲醇亲王主张与英国人决裂开战，而李鸿章的思路是：大清国不能再在外交上走一贯的老路，即事端一出，动辄开战，战则必败，败则议和，和则割地赔款。1876 年 9 月，《烟台条约》签订。觊觎更多在华利益的英国人事后说："这个文件既不明智也不实用，毫无意义，是一堆冗言赘语而已。"尽管洋人说，面对强大的威胁，李鸿章依然能谈出一个明显存有抵抗态度的条约，是一件"值得惊诧"的外交事件，但从烟台回到直隶总督府的李鸿章还是因为赔款和开放口岸而背上卖国的罪名。

1894 年爆发的中日甲午之战，是李鸿章一生遇到的最大挫折——"海军费绌，设备多不完，惟鸿章知之深。朝野皆不习外事，谓日本国小不足平，故全国主战，独鸿章深知其强盛，逆料中国海陆军皆不可恃，故宁忍诟言和。朝臣争劾鸿章误国，枢臣日责鸿章，乃不得已而备战。"到 1895 年 2 月 17 日 16 时，日本联合舰队在风雪交加中开进威海卫，浩浩大清国败于一个弹丸小国的事实，令自以为是"天朝中心"的国人举国愕然。朝廷顾不得"天国颜面"，再令李鸿章去日本议和。

李鸿章在日本马关被一名刺客击中，子弹卡在他左眼下的骨头缝里，没有医生敢在这个位置动手术刀，李鸿章给朝廷的电报只有六个字："伤处疼，弹难出。"而面对日本人割让辽东、台湾、澎湖，赔款军费3亿两白银的"要价"，朝廷在给李鸿章的电报中均是模棱两可的"着鸿章酌量办理"。伤痛和心痛折磨着李鸿章。如果采取强硬的态度和立场，只能导致中日战争继续扩大。以大清国实际的军力状况而言，战争的结果只能是中国的东北被全面占领；而如果答应日本人的条件，大清国主权和财产的损失也是巨大的。两害相权取其轻，这是面对残局的李鸿章的选择。

1895年4月，带着《马关条约》草约和脸上的绷带回国的李鸿章，发现他成了举国的"公敌"：朝廷斥责他办事不力，官员说他丧权辱国，民间暗示他拿了日本人的银子，更有人公开声明要不惜一切杀掉他以雪"心头奇耻大辱"。

每一次在国家面临危机时出来收拾残局的李鸿章，都被国人视为卖国贼，只有全体军机大臣在上奏给皇帝的一份奏折中说过的"中国之败全由不西化之故，非鸿章之过"，曾令李鸿章老泪纵横。

远游万里心念家国

李鸿章亲自考察了西方主要资本主义国家的政治、经济、军事、科技和文化，亲眼看到西方的社会现实，打开了眼界，深切地体察到中国和西方的差距，深感西方"各国强盛，中国贫弱，须亟设法"，如实地向光绪皇帝和慈禧陈述了在欧美的所见所闻，希望中国能赶上西方列强，在思想上也产生了对资产阶级维新派的同情。

因为签订《马关条约》而被免去显赫职务的李鸿章，赋闲在京城贤良寺。

1896年，俄国沙皇加冕，各国派员祝贺，俄国人特别提到代表的级别问题，朝廷只有派李鸿章去。因为洋人们说，对于19世纪的中国，他们只知有李鸿章而不知有朝廷。李鸿章以在马关被刺为由一再推辞，而朝廷一再坚决不准，当李鸿章认为确实到了"众望所归"的时候，便表示自己"非敢爱身，惟虞辱命"，只有"一息尚存，万程当赴"。

当时，沙皇俄国正在修筑横跨欧亚两洲的西伯利亚大铁路，妄图控制中国东北。1896 年 5 月，又恰逢沙皇尼古拉二世将要举行加冕典礼，清政府为了与沙皇俄国立约结盟，使之与日本相抗衡，所以让李鸿章作为特使将要出访的第一个国家，便定为沙皇俄国。

经过简短的准备，1896 年 3 月 18 日，李鸿章在俄国驻华公使喀西尼的安排下，在俄、德、法、英、美五国驻华使馆人员的陪同下、乘坐法国邮船"爱纳斯脱西蒙号"从上海出发，开始了他的环球访问。随同访问的有李经方、李经述、于式枚、罗丰禄等，连同五国使馆人员共 45 人。他们从上海出发后，经过东海、南海、马六甲海峡，横渡印度洋，穿过红海和苏伊士运河，到达埃及的塞得港。沙皇派遣乌赫托姆斯基公爵专程前往塞得港迎候并在塞得港换乘俄国轮船，由地中海前往黑海。经过一个多月的航行，于 4 月 27 日到达俄国港口城市敖德萨，然后再乘车去彼得堡。4 月 30 日，李鸿章一行乘坐的专列快车到达彼得堡，接着就和沙皇财政大臣维特举行会谈。5 月 3 日，维特向李鸿章提出"借地修路"问题，并把此举以俄国"支持中国的完整性"为承诺来诱骗李鸿章对侵害中国主权的要求让步。为尽快达到协议，沙皇一面派外交大臣洛巴诺夫和维特一起继续与李鸿章谈判，一面又亲自秘密接见李鸿章，企图使李鸿章相信其承诺。谈判在彼得堡未能结束，5 月 18 日李鸿章到达莫斯科后继续进行，并用重金贿赂李鸿章。在俄方的诱骗和李鸿章的步步退让下，6 月 3 日终于达成协议，李鸿章和洛巴诺夫、维特分别代表本国政府在《中俄密约》上签了字。这一条约的签订，使沙皇俄国不仅骗取了在中国东北修筑过境铁路的特权，而且为其以后侵入中国打开了方便之门。

李鸿章在和俄国签订了有失中国主权的《中俄密约》后，对外秘而不宣，于 6 月 13 日乘火车前往德国进行访问。6 月 14 日他到达柏林，随即前往皇宫觐见了德皇威廉二世，对德国干涉还辽和军事方面对中国的帮助表示了谢意。6 月 15 日，应德皇之邀，参观了德国军队。在德国期间，李鸿章两次同德国外交大臣马纱尔进行政治会谈，还拜会了德国前首相俾斯麦，参加商会宴请，参观工厂，直到 7 月 4 日李鸿章一行才离开德国前往荷兰访问。

经一天的旅途，7 月 5 日李鸿章一行到达荷兰的海牙。当晚他出席了荷兰政府为他举行的欢迎宴会和晚会，使他感到异常高兴和感激。由于时间紧迫，李鸿章只在这个低地国家访问了三天，就于 7 月 8 日离开荷兰到达比利时首都布鲁塞尔。

来到比利时的第二天，李鸿章就觐见了比利时国王利奥波尔德二世，并同比利时国王商谈了卢汉铁路的修筑问题。在比利时期间，李鸿章观看了比利时军队的军事演习，参观了军工厂，看到了克革烈枪炮公司的最新产品，这些给他留下了深刻印象，他对比利时的装备感到精致优良，倍加赞赏。

在结束对比利时的考察访问以后，7 月 13 日李鸿章一行从比利时出发来到法国巴黎。其时恰逢法国国庆前夕，第二天他就前往爱丽舍宫觐见法国总统富尔，应邀参观了法军为国庆而举行的军事表演，参加法国国庆活动。在访法期间，李鸿章又同俄国政府代表签订了《合办东省铁路公司合同章程》。同法国外交部汉诺多就"照镑加税"一事进行了磋商，先后参观了报社、学校、博物院和厂矿企业，这些参观考察活动使他甚为满意。直到 8 月 2 日他才结束了对法国的访问，然后乘坐法国政府派出的专轮渡过英吉利海峡，开始了对英国的访问。

在到达英国后，李鸿章觐见了维多利亚女皇，拜访了英国前首相格莱斯顿，同英国首相兼外交大臣索尔兹伯里就"照镑加税"问题进行了会谈。为了了解西方政治制度，李鸿章还访问了英国议院，先是到下议院旁听议员们讨论国事，再到上议院观看了院中特设的"君主御座"，并同议员们交谈。在朴次茅斯军港，他参观了英国海军舰队，盛赞英国海军"行列整肃，军容雄盛"。他还先后参观了英国的造船厂、枪炮厂、钢铁厂、电报局和银行等，英国先进的科技和军备使他赞叹不已。

8 月 22 日，李鸿章一行结束了在欧洲考察访问的最后一站——英国，乘船横渡大西洋前往美国访问。经过六天的海上航行，于 28 日抵达美国的纽约。为迎接李鸿章的到来，正在海滨度假的美国总统克利夫兰特地赶到纽约，第二天便会见了李鸿章，会见中李鸿章与美国总统讨论了"照镑加税"问题。而后李鸿章进行了频繁的外交和考察活动。9月3日，他会见了美国基督教教会领袖，赞扬了美国来华传教士的功德。离开纽约后，李鸿章到达费城，在那里参观了美国独立厅、自由钟，接着又从费城到达华盛顿，参观了美国国会和图书馆。到9月5日，李鸿章一行才离开华盛顿前往英属加拿大。

在前往加拿大的途中，路经美加边境时，他参观了美加边境的尼亚加拉大瀑布，尽情观赏了这里的自然风光，然后才前往多伦多。在多伦多稍事停留后，李鸿章一行来到加拿大西海岸的城市温哥华。至此，李鸿章访问欧美的活动全部结束。9月14日，他及随行人员搭乘美国太平洋轮船公司的轮船横渡太平洋，踏上了回国的航程。在到达日本横滨时，他转乘招商局的"广利号"轮船返国，10月3日到达天津。

李鸿章这次出访欧美，从3月28日离开上海，到10月3日到达天津，历时190天，期间，经过四大洲，横渡三大洋，水陆行程9万多里，遍访欧美八个国家，尤其是访问了当时欧美五大强国，作为70多岁的高龄老人，实属不易，这在清代历史上也是无先例的，可以说他是清代大臣中第一个进行环球访问的人。他的这次访问有得有失。得的方面，是他思想上的收获。在这次访问中，由于他亲自考察了西方主要资本主义国家的政治、经济、军事、科技和文化，亲眼看到了西方的社会现实，打开了眼界，深切地体察到中国和西方的差距，深感西方"各国强盛，中国贫弱，须亟设法"，如实地向光绪皇帝和慈禧陈述了在欧美的所见所闻，希望中国能赶上西方列强，在思想上也产生了对资产阶级维新派的同情，这是他出访成功的一面。但是这次出访也有他所失的一面。由于他代表清政府和俄国签订了《中俄密约》，有损中国主权，造成严重后患。就在这一密约签订一年多之后，德、俄相互勾结、狼狈为奸，先后在中国租借了胶州湾、旅顺、大连，建立了势力范围，其他西方列强也紧随其后，把中国拖到被瓜分的边缘。当然，中国面临的这种被瓜分的危机原因不能完全归罪于李鸿章个人，但他访问欧美在外交方面的失策，不能不说是西方列强瓜分中国的导火索之一。

时光流逝，日月如梭。李鸿章已死去百余年，他的功过是非，历史早有评说。他的那次环球访问，也像他的其他言行一样，永久的留在中国近代的历史上。

联俄拒日：一生永远的痛

李鸿章以为《中俄密约》可保大清国 20 年无事。然而仅仅四年之后，最先攻破大清国都城第一道城门东便门的正是俄国人！

李鸿章的俄国之行有一个重要行动，就是与俄国结盟。

"联俄拒日"是甲午战争之后大清国朝廷中的主流认识，以两江总督刘坤一说得最为明确：威胁大清国的国家以日本为最，日本企图占领东北的野心积蓄已久，而俄国因为与大清国东北接壤必最不愿意。所以"我若乘此时与之深相结纳，互为声援，并稍予便宜，俄必乐从我"。

在插满大清黄龙旗的彼得堡，李鸿章开始与俄国人商谈《中俄密约》。《中俄密约》的要点是：中俄两国针对日本的军事威胁结成互相援助的军事联盟；俄国在中国东北地区铺设铁路与俄国横穿西伯利亚的远东铁路接轨。

这一次，李鸿章没能意识到一个具有近代常识的问题：铁路的延伸正是扩张领土的主要手段。至于当大清国受到日本威胁的时候，铁路能够便于军事援助这一点，李鸿章和大清国的官员都没有进一步认识到，如果俄国人想侵入并占领中国的东北，这条铁路同样会给俄国人提供军事运输的便利。更何况在中国境内修建铁路，一旦"路权"模糊不清，俄国人就会有理由在铁路沿线派驻武装部队。后来的历史证明，这就是对中国东北安全构成巨大威胁的"中东铁路警察队"。关于后者，李鸿章想到了，于是他坚决反对俄国以官方的名义投资铁路，而坚持用私人投资的方式。李鸿章以为这样就可以将铁路的修建变成商业行为。

李鸿章以为《中俄密约》可保大清国 20 年无事。然而仅仅四年之后，最先攻破大清国都城第一道城门东便门的正是俄国人！紧接着，曾经告诉李鸿章"自己的国土大得用不完、没有侵占别人一寸土地想法"的俄国人开始胁迫大清政府将"东三省永远归俄国所有"。这时候，李鸿章终于明白：大清国自与洋人交往以来所奉行的"以夷制夷"的策略是多么的天真无知。

李鸿章在给朝廷的奏折中表示：在某种意义上讲，大清国已经没有绝对封闭的国防。西方势力不但在文化上侵蚀着中国，更重要的是他们有侵占中国的野心，其手段是"一国生事，多国构煽"，列强的"友好"和"野心"从来都是掺杂在一起的，大清国对此必须保持警惕。世界发展至今日，一国已不可能关闭国门而安然生存。大清国如果打开国门参与世界商品经济的往来，不但可以富强自己，而且因为贸易是双边的，同时制约了别人，这样的制约甚至强过武力，整个地球便可"胥聚于中国"。持有这样的认识，不但在百年前的中国可谓凤毛麟角，即使是在当代中国也可属振聋发聩之声。

最后一次出场

李鸿章给朝廷发去一封电报——大清国两广总督对朝廷"北上勤王"的圣旨的回答是："此乱命也，粤不奉诏。"这也许是19世纪、20世纪之交中国历史上最著名的一句话，它标志着在封建帝国内具有近代政治意识的官员第一次在国家政治事务中显示出鲜明的独立性和抗争性。

1900年6月，八国联军攻陷了中国北方的海岸门户大沽炮台，三天之后，京城门户天津陷落，以保护使馆为名登陆的联军向通州进发，而通州距大清国的都城北京仅20公里。21日，大清国宣布与各国进入战争状态。然后朝廷的电报一封接一封地到达南方，要求各省封疆大臣率兵北上共同灭洋。而李鸿章深知国家忧患日深，军力积弱日久，"若不量力而轻于一试，恐数千年文物之邦，从此已矣"。李鸿章给朝廷发去一封电报——大清国两广总督对朝廷"北上勤王"的圣旨的回答是："此乱命也，粤不奉诏。"

这也许是 19 世纪、20 世纪之交中国历史上最著名的一句话，它标志着在封建帝国内具有近代政治意识的官员第一次在国家政治事务中显示出鲜明的独立性和抗争性。大清国南方日益活跃的商品贸易和经济活动，潜移默化地影响着官员们的思维方式和统治模式，这种影响虽可能如风蚀岩石般缓慢但却是不可逆转的。两江总督刘坤一、湖广总督张之洞、闽浙总督许应、四川总督奎俊等在获悉李鸿章的电文后，确定了共同抗旨以求东南互保的原则。他们的道理很简单：如果大清国的南方也发生了动乱，那么乱了敌人的同时肯定也要乱了自己。虽然在以后很长时期内这些人无不被国人痛斥为一群"出卖民族利益的无耻之徒"，但在 1900 年的庚子巨祸中毕竟是他们确保了大清国南方半壁江山的稳定。

几种评论

李鸿章死后两个月，梁启超写出皇皇大作《李鸿章传》，称：鸿章必为数千年中国历史上一人物，无可疑也。李鸿章必为 19 世纪世界历史上一人物，无可疑也。梁启超说他"敬李鸿章之才"、"惜李鸿章之识"、"悲李鸿章之遇"。

日本前首相伊藤博文对李鸿章的评价是：知西来大势，识外国文明，想效法自强，有卓越的眼光和敏捷的手腕。

美国前总统克利夫兰的评价是：以文人来说，他是卓越的；以军人来说，他在重要的战役中为国家作了有价值的贡献；以从政来说，他为这个地球上最古老、人口最多的国家的人民提供了公认的优良设施；以一个外交家来说，他的成就使他成为外交史上名列前茅的人。

李鸿章生逢大清国最黑暗、最动荡的年代，他的每一次"出场"无不是在国家存亡危急之时，大清国要他承担的无不是"人情所最难堪"之事。因此，国人在对他咒骂痛斥之时，确实"不可不深自反也"，确实不可"放弃国民之责任"。

附：振聋发聩之声

——《纽约时报》李鸿章采访实录

▲ 美国记者　△ 李鸿章

当地时间 1896 年 8 月 28 日，大清帝国直隶总督兼北洋大臣李鸿章乘"圣一路易斯号"油轮抵达纽约，开始对美国进行访问。李在美国受到总统克利夫兰的接见，并和美国一些要员及群众见面，受到"史无前例的礼遇"（《纽约时报》）。9 月 2 日上午 9 时许，李在纽约华尔道夫饭店接受了记者的访问。本文是 1896 年 9 月 3 日《纽约时报》对这次采访情况的综合报道，略有删节。

▲ 尊敬的阁下，您已经谈了我们很多事情，您能否告诉我们，什么是您认为我们做得不好的事呢？

△ 我不想批评美国，我对美国政府给予我的接待毫无怨言，这些都是我所期望的。只是一件事让我吃惊或失望。那就是你们国家有形形色色的政党存在，而我只对其中一部分有所了解。其他政党会不会使国家出现混乱呢？你们的报纸能不能靠国家利益将各个政党联合起来呢？

▲ 那么阁下，您在这个国家的所见所闻中什么使您最感兴趣呢？

△ 我对我在美国见到的一切都很喜欢，所有事情都让我高兴。最使我感到惊讶的是 20 层或更高一些的摩天大楼，我在清国和欧洲从没见过这种高楼。这些楼看起来建得很牢固，能抗任何狂风吧？但清国不能建这么高的楼房，因为台风会很快把它吹倒，而且高层建筑没有你们这样好的电梯配套也很不方便。

▲ 阁下，您赞成贵国的普通老百姓都接受教育吗？

△ 我们的习惯是送所有男孩上学（翻译插话："在清国，男孩，才是真正的孩子"）。我们有很好的学校，但只有付得起学费的富家子弟才能入学，穷人家的孩子没有机会上学。但是，我们现在还没有你们这么多的学校和学堂，我们计划将来在国内建立更多的学校。

▲ 阁下，您赞成妇女接受教育吗？

△（停顿一会儿）在我们清国，女孩在家中请女教师提供教育，所有有经济能力的家庭都会雇请女家庭教师。我们现在还没有供女子就读的公立学校，也没有更高一级的教育机构。这是由于我们的风俗习惯与你们（包括欧洲和美国）不同，也许我们应该学习你们的教育制度，并将最适合我们国情的那种引入国内，这确是我们所需要的。

▲ 总督阁下，您期待对现存的排华法案进行任何修改吗？

△ 我知道，你们又将进行选举了，新政府必然会在施政上有些变化。因此，我不敢在修改法案前发表任何要求废除《格利法》的言论，我只是期望美国新闻界能助清国移民一臂之力。我知道报纸在这个国家有很大的影响力，希望整个报界都能帮助清国侨民，呼吁废除排华法案，或至少对《格利法》进行较大修改。

▲ 阁下，您能说明选择经加拿大而非美国西部回国路线的理由吗？是不是您的同胞在我国西部一些地区没有受到善待？

△ 我有两个原因不愿经过美国西部各州。第一，当我在清国北方港口城市担任高官时，听到了很多加州清国侨民的抱怨。这些抱怨表明，清国人在那里未能获得美国宪法赋予他们的权利，他们请求我帮助他们使他们的美国移民身份得到完全承认，并享受作为美国移民所应享有的权利。而你们的《格利法》不但不给予他们与其他国家移民同等的权利，还拒绝保障他们合法的权益，因此我不希望经过以这种方式对待我同胞的地方，也不打算接受当地华人代表递交的要求保证他们在西部各州权益的请愿信。第二，当我还是一名优秀的水手时，就知道必须学会自己照顾自己。我比别人年纪要大好多岁，从温哥华回国的航程要比从旧金山出发更短些。我现在才知道，清国"皇后号"船体宽阔舒适，在太平洋的所有港口都难以找到如此之好的远洋客船。排华法案是世界上最不公平的法案。所有的政治经济学家都承认，竞

争促使全世界的市场迸发活力，而竞争既适用于商品也适用于劳动力。我们知道，《格利法》是由于受到爱尔兰裔移民欲独霸加州劳工市场的影响，因为清国人是他们很强的竞争对手，所以他们想排除华人。如果我们清国也抵制你们的产品，拒绝购买美国商品，取消你们的产品销往清国的特许权，试问你们将做何感想呢？不要把我当成清国什么高官，而要当成一名国际主义者，不要把我当成达官贵人，而要当作清国或世界其他国家一名普通公民。请让我问问，你们把廉价的华人劳工逐出美国究竟能获得什么呢？廉价劳工意味着更便宜的商品，顾客以低廉价格就能买到高质量的商品。你们不是很为你们作为美国人自豪吗？你们的国家代表着世界上最高的现代文明，你们因你们的民主和自由而自豪，但你们的排华法案对华人来说是自由的吗？这不是自由！因为你们禁止使用廉价劳工生产的产品，不让他们在农场干活。你们专利局的统计数据表明，你们是世界上最有创造力的人，你们发明的东西比任何其他国家的总和都多。在这方面，你们走在了"欧洲的前面"。因为你们不限制你们在制造业方面的发展，搞农业的人不限于搞农业，他们还将农业、商业和工业结合了起来。你们不像英国，他们只是世界的作坊。你们致力于一切进步和发展的事业。在工艺技术和产品质量方面，你们也领先于欧洲国家。但不幸的是，你们还竞争不过欧洲，因为你们的产品比他们的贵。这都是因为你们的劳动力太贵，以致生产的产品因价格太高而不能成功地与欧洲国家竞争。劳动力太贵，是因为你们排除华工。这是你们的失误。如果让劳动力自由竞争，你们就能够获得廉价的劳力。华人比爱尔兰人和美国其他劳动阶级都更勤俭，所以其他族裔的劳工仇视华人。我相信美国报界能帮助华人一臂之力，取消排华法案。

▲ 美国资本在清国投资有什么出路吗？

△ 只有将货币、劳动力和土地都有机地结合起来，才会产生财富。清国政府非常高兴地欢迎任何资本到我国投资。我的好朋友格兰特将军曾对我说，你们必须要求欧美资本进入清国以建立现代化的工业企业，帮助清国人民开发利用本国丰富的自然资源。但这些企业的管理权应掌握在清国政府手中。我们欢迎你们来华投资，资金和技工由你们提供。但是，对于铁路、电讯等事物，要由我们自己控制。我们必须保护国家主权，不允许任何人危及

我们的神圣权力。我将牢记格兰特将军的遗训。所有资本，无论是美国的还是欧洲的，都可以自由来华投资。

▲ 阁下，您赞成将美国的或欧洲的报纸介绍到贵国吗？

△ 清国办有报纸，但遗憾的是清国的编辑们不愿将真相告诉读者，他们不像你们的报纸讲真话，只讲真话。清国的编辑们在讲真话的时候十分吝啬，他们只讲部分的真相，而且他们也没有你们报纸这么大的发行量。由于不能诚实地说明真相，我们的报纸就失去了新闻本身的高贵价值，也就未能成为广泛传播文明的方式了。

第六章

半神、半人的异邦人：
李鸿章的人际交往与人格魅力

一位英国人这样描述了他所看到的 73 岁的李鸿章：

他像来自另一个世界的身材奇高、容貌慈祥的异乡人。他蓝色的长袍光彩夺目，步伐和举止端庄，向看他的每个人投以感激的优雅的微笑。从容貌看来，这一代或上一代都会认为李鸿章难以接近，这不是因为他给你巨大的成就或人格力量的深刻印象，而是他的神采给人以威严的感觉，像是某种半神、半人，自信、超然，然而又能文雅面对苦苦挣扎的芸芸众生的优越感。

除对朝廷极其忠诚外，李鸿章对朋友、同僚、老战友、家庭、亲戚和老师也忠心耿耿。从西方的、民族的观点来看，这显得很荒谬，特别是由于对个人的忠诚乃是中央集权衰落的根本原因。但是，对于受儒学熏陶的，重视文化传统的中国人来说，这种差异或是不甚明显，或是二者毫不相干。

他每次出面与外国人打交道，都意味着这项工作要以几乎非中国式的速度来完成。他既不是道德主义者，也不是斗士，但是他却试图根据自己的看法去解决问题，并在环绕其周围的各种社会限制中开展工作。

权力运用的极致

李鸿章在 1895 年失势以前，已经取得在满族统治下其他汉人（如果有的话，也为数极少）还从未得到过的权倾朝野的赫赫声势。

幕府制度的存在完全依赖于官僚政治体制，这种官僚政治体制的痼疾为幕府制度提供了存在的根据，幕主的职位、财富和个人品性则成为幕府制度赖以寄托的三大支柱。正如"幕府"一词本身所示，没有地方官职，自然不会有幕府。如果幕主不是地方官员，他的追随者和朋友们亦不能被视为幕友。此外，幕府的规模几乎直接与幕主的职位及其管辖范围紧密相关。一个地方官只有拥有个人财富才聘得起幕友，而其财富通常是与其做官相伴而来的。最后一个支柱是幕主的品性。一个幕府能否顺利开展工作，它是为善还是作恶，取决于幕主的个人品性。坏官可以使自己声名狼藉，使幕府声誉扫地，而好官则可以提高自己的地位，同时使其幕友步步高升。李鸿章位高权重，腰缠万贯，意志坚强，但是他还有一些无法描述的性格特点，而这些性格特点对于一个伟大人物而言却是最基本的东西。李鸿章正因为具备上述三个条件，而且恰逢其时，他才得以扶摇直上，跻身伟人之列，其幕府的规模和重要性也远迈前代，冲击着神圣不可侵犯的官僚政治体制。

1853 年 3 月 4 日，工部侍郎、安徽人吕贤基奉旨回籍办理团练，吕贤基奏请李鸿章和给事中袁甲三帮同办理，朝旨批准。"……鸿章弱冠时颇有志为学，遭世大乱，为吕文节（贤基）牵率入军。"从此，李鸿章以做幕友开始了其军旅生涯，并且他将通过这种渠道，而不是通过正统官僚政治的渠道，成为封疆大吏，实现其伟大抱负。

李鸿章在1853年作为吕贤基的幕友返回安徽，到1859年加入曾国藩幕府，一直供职于在此期间历任安徽巡抚的幕府中，指挥军队镇压太平军和正在兴起的捻军。由于军功，他被授予多种官衔和荣誉衔，并成为一个小有名气的军事将领。

1858年底，清军在合肥保卫战中一败涂地，李鸿章愤而从安徽巡抚福济幕府中辞职，赴江西加入曾国藩幕府。福济是李鸿章殿试主考官之一，1854年起李鸿章开始在他手下供职。李鸿章与其幕主分歧的焦点是军事战略问题。福济在1854年成为安徽巡抚之前从未参与过任何军事行动，措施也不尽合宜，而且很保守。与之相反，李鸿章年轻气盛，主张采取大胆措施。由于清军往往临阵而逃，李鸿章对此深恶痛绝，与清军将领产生抵牾。李鸿章对他供职的这个地方也颇不满意，他认为这个地方死气沉沉，没有机会发挥自己的才干，让人们认识到自己的价值。不过，在此数年对他也颇有益处，因为他得到了军事锻炼，得到了若干荣誉衔，取得了一定声誉，并在不知不觉中建立了自己的关系网，这个关系网成为日后他组建自己军队的基础。

李鸿章在曾国藩幕府供职的两年多时间里（1859—1862），进一步获得了军事战略经验，参与了更大规模的军事行动，从中他能够见习到有关治理一个广大地区、指挥一支复杂军队所遇到的种种问题。1861年，他奉曾国藩之命返回安徽招募勇营，长达九年的见习期就此宣告结束。1862年初，他率领新招募的军队返回安庆曾国藩大营，由于曾国藩的保举，他先被授以署江苏巡抚，不久实授，从而，他通过在地方做幕友而不是在北京做学者型官僚获致高位。他做幕友时学到的经验教训将对他任巡抚、总督后在处理与他自己的幕友的关系上大有裨益。

李鸿章任江苏巡抚是他九年前离开北京后得到的第一个实授官职。此前，李鸿章也得到过几个官衔，诸如1854年授知府，1855年记名道，1856年按察使，1859年授道台。但是，这些官衔或是虚衔，或是李鸿章留在军中未曾赴任。即使现在李鸿章已经成为一个高级文职官员，此后八年间他依然主要是一个军事将领，其幕友也基本是参赞军事。1865 年，对太平天国的战争取得胜利后，他升任署两江总督以协助曾国藩剿捻，然而翌年二人易位，由李鸿章主持剿捻。1867 年，他被任为湖广总督，但是直到 1869 年成功地镇压了捻军之后他方始赴任。从 1869 年到 1870 年他接替曾国藩任直隶总督，这期间他的主要活动有：调查四川、贵州两省的反洋教暴乱活动，与法国公使谈判这些暴乱事件的解决办法，先后策划镇压西南苗民起义和西北回民起义。李鸿章被派以这些各种各样的差事是由于他的淮军军队的强大，也正是由于他的军队是唯一名副其实的军队，他才被委以大清帝国最重要的地方官职——直隶总督，它负有保卫首都和京畿的重任。

1870 年以前曾国藩得到的所有荣誉衔都来自军功。1853 年，他在安徽和州打败太平军，赏戴蓝翎；1854 年，因收复含山有功，赏戴单眼花翎；1863 年，他的军队从太平军手中收复苏州，加太子太保，赏穿黄马褂，这是最高的军功奖；1864 年南京陷落，太平天国覆灭，皇帝封他为一等肃毅伯，赏戴双眼花翎；1868 年剿平捻军后，朝廷又将由于捻军曾一度冲破他的包围圈并威胁到京师而褫夺他的那些荣誉衔赏还给他，并授协办大学士。

到 1870 年，李鸿章已经成为疆臣领袖，但并未到达他一生飞黄腾达的顶点，在此后的 25 年间，他成了清王朝的栋梁，因为他是中国事实上的外交大臣，中国北方所有陆海军实际上的最高指挥官，发展帝国工商业并实际上垄断了北方所有工商企业的主要企业家，还是慈禧太后的亲信顾问。无论是在亚洲，还是在欧美，没有几位政治家肩负过如此重大的责任，他堪与俾斯麦、格莱斯顿和伊藤博文相媲美。

李鸿章生平的这第三个时期开始于 1870 年，是年，在任直隶总督的同时，他开始兼任北洋通商事务大臣，负责上海以北所有条约口岸的对外通商事务。正是通过这一职位，他得以跻身于中国外交界。1871 年，他与日本谈判了中国第一个现代条约，他是 1871 年—1880 年间与日本谈判琉球归属问题的中方首席代表，1874 年日本派兵讨伐台湾（Fonnosa）时他还参与了台湾防务的筹划。19 世纪 70 年代，他与英国人在烟台（Chefoo）谈判解决了马嘉理案（The Maygary Case）（1876），并且劝告朝鲜与日本（1876）、美国（1882）及欧洲国家就通商事务进行谈判。19 世纪 80 年代，李鸿章卷入中法外交纷争和军事冲突中，这场冲突导致了 1885 年的中法战争，也是在这十年间，他试图恢复中国在朝鲜的地位、恢复中国对朝鲜的控制，他干得很成功，1882 年他与伊藤签订协定，遏止了日本的侵朝阴谋。1885 年英国人占领巨文岛（Port Hamilton）后，李鸿章敏锐地利用英国人对俄国扩张的恐惧，成功地使其撤离了该岛。1886 年，他建议与梵蒂冈建立直接的联系，以之为更加有效地控制中国基督教事务的手段，但是由于法国的干预而未获成功。1893 年朝鲜局势恶化之时，又是李鸿章尽力压制着"主战派"（War Party），使其没能轻举妄动，也是他就此事与日本谈判，1894 年谈判破裂、战争爆发以后，又是李鸿章的陆海军与日军血战并被击败，当然大丢面子的也是李鸿章。

除了保持住淮军是中国最有战斗力的军队之外，李鸿章还创建了自己的海军，并于 1885 年被委派为新设立的海军衙门的会办大臣，这一职位使他具有了控制全国海军事务的权力。为了充实其陆海军人员及装备，他建立了水师学堂（1880）、武备学堂（1885）、船坞、兵工厂、技术培训学校以及从旅顺港（Port Althur）到山东的一系列防御工事。为收回中国经济利权：他还开办了各种工商企业。1872 年，他创建了中国第一个轮船公司，随之又开办了中国第一座近代煤矿（1877）、铺设了第一条铁路（1880）、架设了第一条电报线（1881）、兴办了第一座棉纺织厂（1882）、创立了第一座近代金矿（1887）。为了表彰他对中国的贡献，清政府授予他大学士衔（1873，有清一代只有两个满人、两个汉人享有过这一名誉衔），加太子太傅（1879），并赏戴三眼花翎（1894，此前这一荣誉只授予满洲王公）。李鸿章在 1895 年失势以前，已经取得在满族统治下其他汉人（如果有的话，也为数极少）还从未得到过的权倾朝野的赫赫声势。

富可敌国的财势

从李鸿章的品性，其权位的取得和巩固，他用财富获取巨大政治权益的政治智慧以及他视财富为向权力奋斗的基本工具等诸方面很容易推测出来。

与其官位相称并被倚为支柱的，是李鸿章的万贯财富。在中国，财富主要是通过当官来罗致的。与中国的价值观念相一致，李鸿章也是利用其职权积聚了一大笔财富。谣言盛传，说李鸿章的财富不可胜计，据说在他死时其财产约 4000 万到 5 亿两白银。然而，没有人真正知道李鸿章的财产到底有多少，在这个问题上唯一可靠的具体证据，是 1904 年 4 月 4 日在李鸿章当时尚存的子孙之间订立的"合同"，这个合同分的是李鸿章的不动产。该合同代替了遗嘱，是直到丧事结束后才写就的。李鸿章的遗产是在其长子李经方、已故次子之长子李国杰、四子李经迈之间分割的。

合同条文如下：

1. 庄田十二块、坟田一块、堰堤一道，安徽桐城县城内产业四处，另加省城安庆房地产十四处，均留作李鸿章发妻周氏祠堂开销之用。由经方经管。

2. 合肥县撮城庄田一处，留作祭祀葬于该处之李鸿章两妾及经方发妻开销之用。由经方经管。

3. 合肥县庄田两处，为经述之祭田（他葬在其中一处），由经述之子国杰经管。

4. 合肥县田产两处、庄田三处，坟地一处，留与经迈为其殁后之祭田及墓地，由经迈本人经管。

5. 李鸿章在合肥县、巢县、六安州、霍山县之其余田产及其在庐州府、巢县、柘皋村、六安州及霍山县之房产，均为李鸿章祭田及恒产。上述由产房产永不分割、抵押或出售，其岁入用于祭祀和维修庐州府城祠堂之外，其余部分用于扩置房地产。由国杰经管。

6. 合同签订之日起十年后，若李鸿章祭田及恒产岁入逾二万担，除上述开销外，所有盈余部分由三位继承人平分，本规定永不变更。

7. 合肥县东乡李文安之墓地及祭田继续保留，不得分割、抵押或出售。

8. 上海——价值四万五千两白银之中西合璧式房产出售，其中二万两用于上海李氏祠堂之开销，其余二万五千两用于在上海外国租界买地建屋，该幢房屋应为三位继承人之公有居处，归三人共同拥有、共同管理。

9. 江苏扬州府——当铺之收入用于省城江宁李鸿章祠堂之开销。

10. 分别位于江宁（南京）、扬州之两处房产出售，卖房所得用于扩建上海之公有居处。

11. 根据李鸿章生前指示，江宁学馆分与国杰作宅邸，扬州一处房产分与经迈作宅邸。

不幸的是，合同既未提及李鸿章各个庄园及城镇不动产的规模、位置或价值的具体情况，因而无法确定其总值，也未提到任何现金、珠宝细软及其他财宝。著者访问李鸿章已故孙李国超（李经迈的独子）时，他对李鸿章动产的处置情况也不甚了解。最可能的情况是其动产在李鸿章死前或死后不久就分了。不论如何，这份文件确实反映了李鸿章不动产的情况，它们均在安徽和江苏二省，因为文件中丝毫未提及他在天津或北京有任何不动产，尽管他在北方任职多年。还有，尽管谣传李鸿章的当铺遍布全国，文件中却只提到一处。李鸿章是否像有的人说的那样是中国最富有的人，至今还是个问题，但是即使是他已故的孙子也承认他是个相当富有的人。

中国人把追求财富看作是一种自然愿望，一个人即使多子长寿，如果不是个财主，也不会被人们看作是大人物。人们是依靠德才为进身之价也好，用金钱买官也好，当官是发财致富的一种手段。1896 年李鸿章在纽约会见格兰特将军（General Grant）的儿子时，他首先问的一个问题就是他是不是很富有，当格兰特做出否定的回答时，李鸿章说道："你的意思是说，你父亲在历时五年的反英战争中身为将军并使战争获得胜利，嗣后又两度当选为美国总统，而你，他的儿子，却很贫穷！呜呼，我真不理解这怎么可能！"即便是官吏本人要廉洁正直，他也仍要使他的家人和亲属过一种哪怕不奢侈豪华也要舒适安逸的生活。社会压力最终常常会压倒出于道德因素的考虑。为财富辩护的言论在儒家经典中亦可见到，孔子说："邦有道，贫且贱焉，耻也。"君子应当富贵尊荣，小人则应贫穷寒酸。从理论上说，官是君子，因此他应该是富有的。

然而，官员的薪俸少得可怜——一个县令的年薪是 100 两到 300 两——而且他还得自己掏腰包支付公私开支。为了缓解这一状况，1728 年雍正帝下令增设附加薪俸即"养廉银"，其数额是基本薪金的数倍。养廉银的数额一地与一地不同，此官与彼官相异，1871 年直隶总督的养廉银是 1.5 万两。

即使有薪金的这一增加，官员们也不指望自己的薪金能满足支付所有事务性开支及幕友的薪水。结果便是他们不得不截留一定比例的由他们经手的国家税收，并责令百姓为其提供一切运输服务。官方劳役服务费并不固定，全视习惯而定。清政府十分清楚这一情形。1709 年康熙帝在给湖南巡抚的谕旨中说："所谓廉吏者，亦非一文不取之谓，若纤毫无所资给，则居官日用及家人胥役何以为生？如州县官止取一分火耗，此外不取，便称好官。"

李鸿章身为封疆大吏，手中掌管着包括陆海军军费、地方税收、他省协饷等数以百万两计的政府税款，简直不能确定他到底中饱了多少钱款。另外，李鸿章在他主办的工商企业中用购买或收受的股资以分红利的形式所得的收入也难以估量，同时，这些公司还为他提供特别服务如免费运送货物，这一特别服务与其他特权相结合，就使得他可以从事免税贸易。他从投机钻营者手中收受了无数的礼品，他过生日时，下属们也得送些东西来孝敬。还有报道说他控制着安徽的大米贸易，他的庄田里还种着罂粟。这些说法的真实性令人怀疑，但是毫无疑问，李鸿章利用职权在中国经济的内销外贸两方面罗致财富。然而，他罗致财富并不仅是为了个人，更重要的是作为巩固和加强其权力的工具。

在中国，财富是通向高官和权力的必备之物，它能为你打开仕途之门，它能保护你免于受到损害，它能帮助你结党联盟，它是与人交往的"润滑油"。任何一个高级地方官员，如果不用大量金钱在京中结交当道，他很快就会失去靠山而丢官。在小说《太平天国纪事》中，有一段写到主人公，供职于常胜军的一个中国文人，对一些英国人描述他的曾祖父，一个大学士，退休时花了多少钱：

向皇帝辞行的日期已经定下来了，要保证见到皇帝，他还不得不花钱开路。因为是大学士，他已经是在京城了，因此不必为进京花钱。但是他还得花好多钱，首先是皇城的门卫，其次是紫禁城的门卫，再次是御殿的侍卫们，打发了这些人之后，他还得打发宫廷内侍、内务府总管大臣、掌仪司郎中、传导官、总管太监等及其他一些人，这样他才能到达御前。

如果他拒绝这样做会怎么样呢？伯吉斯问。那他就会因为没有觐见皇帝被指控目无君上、对君不忠，这样他就很可能被拿问审判，流放边疆，这是一种活着的死刑；同时他的家产会被悉数没收。

我曾祖父花了 25 万多两银子才见到了皇帝。……他给皇帝和皇后送礼花的钱更多。

有报道说，1895 年李鸿章被褫职奉命进京时，为了保护自己不受政敌的伤害，被迫在朝廷大臣及其他各色人等中花了一笔 800 万两银子的巨款。李鸿章得以坐镇直隶达 25 年之久，原因之一很可能是他定期向慈禧太后和其他朝廷大臣赠送厚礼。这一现象如此普遍，已经成为官场活动的一部分。因而，在官方记载中，即使有也很少提到它。然而，这一点从李鸿章的品性，其权位的取得和巩固，他用财富获取巨大政治权益的政治智慧以及他视财富为向权力奋斗的基本工具等诸方面很容易推测出来。

据认识李鸿章的西方人士描述说，李鸿章的私人生活是很简朴的。他饮食简单，习性谨严。他在给父亲及朋友们写的碑文中，以典型的儒家思想强调节俭的观念，因而在西方人士中，他是以贪婪吝啬而臭名昭著的。尽管李鸿章否认这一指责，但是他显然不愿意轻易花钱除非是花到有用的地方。

有钱就有权，正因为如此，李鸿章才对它孜孜以求。也是出于这同一个原因，他使用金钱时如此审慎，但是一旦需要，他也能慷慨大方。金钱使他通向朝廷的联络渠道畅通无阻，也使他得以聘用能干的幕友。他相信以名利相诱具有广泛的号召力，这是使人们将其精力贡献于某一特定目的的最佳刺激物。他支付给幕友的薪金是多少无从知晓，但是其中许多人的确在他手下发了大财。不过，李鸿章得以身居高位、腰缠万贯并罗致幕友，却更依赖于三个支柱中的第三个，也就是最后一个，即他的品格和品质。

名副其实的领袖品格

他饱满的精神状态衬托着他高大的身躯，给人的总体印象是有一种粗朴的肌体力量。他举止庄严高贵，给人一种聪敏、机智、果决的印象。

李鸿章品性的诸多方面中，最突出的乃是他对做官和获取名利的强烈愿望。这一愿望大多数中国人都有，但是对李鸿章而言，做官几乎就是为了做官，别无他意。

李鸿章 20 岁北上进京时，在下面这首诗中抒发了他的抱负，同时，也预言了他未来的生活道路：

> 丈夫只手把吴钩，意气高于百丈楼。
> 一万年来谁著史，三千里外欲封侯。
> 定须捷足随途骥，那有闲情逐野鸥。
> 笑指卢沟桥畔月，有人从此到瀛洲。

在本诗首行中，李鸿章表示他年届20，已为成人，正在去碰运气。清代以前，外出旅行时随身带剑是很普遍的事情。第二行暗示他将成为一代硕儒，远迈前贤。诗中用一"侯"字，意味着他想要竭力仿效汉代班超这样伟大的军事将领。班超在"三千里外"的边境上因抗击匈奴而被封为"侯"。杰出的学者和政治家常常被比作"骥"，李鸿章也打算跟步前贤。卢沟桥即北京城外著名的马可·波罗桥（Marco Polo Bridge），许多名人曾从这里取道进京，取得彪炳青史的功名，而这正是李鸿章的抱负所在。

在写于同时的其他诗中，李鸿章更进一步抒发了他的宏伟抱负。他痛惜虚掷了 20 年光阴，无所事事，说为了有所作为，他必须离乡赴京，那里有许多著名学者，他可以跟着他们读书学习。他将"功""名"二字作为奋斗目标，发誓要趁着年轻努力用功，以便能成为达官显贵。纵观他的一生，除了没能成为名儒之外，这些诗中表达的其他愿望几乎都实现了。

曾国藩评价李鸿章，说他是"拼命做官"。这一评价的确是中肯的：从 1862 年李鸿章担任江苏巡抚时起，到 1901 年他辞世时止，几近 40 年，除 1882 年因奔母丧离职数月外，他从没有离过职。即使在 1895—1900 年这一段声名狼藉的时期，他仍旧保留着几项官职，并期望能东山再起。大多数中国官吏是逃避责任，而李鸿章却似乎是伸手包揽责任，他从不推卸棘手的任务，总是被寄望做创始性的工作。他崇拜韩愈（768—824），似乎也遵循着韩愈的训诫：面对政敌和公众的反对，要勇于斗争，绝不后退。然而，韩愈为之奋斗的是捍卫儒学，他绝不会赞成李鸿章几乎是为官位的盲目献身。

李鸿章一生中，自始至终表现出非凡的精力和勇气。如果说道德文章是和曾国藩联系在一起的，那么身体活力则是和李鸿章联系在一起。他至少有六英尺高，抬首挺胸，比大多数中国人都高。他饱满的精神状态衬托着他高大的身躯，给人的总体印象是有一种粗朴的肌体力量。他举止庄严高贵，给人一种聪敏、机智、果决的印象。1896 年他环游世界，到达英国后，即使当时他已是 73 岁高龄，他那威严的仪表还是引得有人这样描绘他：

我从（下）议院往外走时，突然迎面遇上李鸿章，他正在被引进下院去听一个辩论。这是一个来自另一个世界的陌生人，看上去身材异常高大，面容慈祥和善——蓝色官服雍容华丽，举手投足威严高贵，带着优雅的笑容欣赏着他所看到的一切。就外貌特征而言，很难想象有任何一个人能和李鸿章相比。这倒并不是因为他给人留下了功勋卓著、权势显赫的印象，而是他的风采传达出一种神仙般的自足、超脱而又对芸芸众生和蔼、慈悲的威严。

与李鸿章良好身体素质的非凡表现相俱而来的是其敢想敢做的非凡表现。在镇压太平军和捻军期间，他率部亲临前敌、冒雨出巡营垒而著称。在其晚年，当他主和而不是主战的政策使他遭到举国反对时，他认为自己是正确的，因而绝不畏缩，也不屈从人意稍作自责。尽管他家资万贯，身居高位，但他并未纵情声色，而是过着一种有规律的、相当简朴的生活。然而，直到晚年，年龄和阅历使他成熟起来时，他才深切认识到保养身体的重要，才开始关心起自己的身体来。在 1873 年写给湖北巡抚郭柏荫（远堂）的信中，李鸿章说："年来已定，约子初就枕，少壮迟眠，积习已惯，往往伏枕至丑后始可熟睡，然闭目静息，精神较旺，其得力于箴规者多矣。"李鸿章还反对吸食鸦片，并试图在其同僚中劝解他人勿吸鸦片。他的养身之道是多读古人书，静思天下事。他建议朋僚们躬行此道，以得到心灵的宁静和处理公务的方法。

充沛的体力在李鸿章处理公务中起着重要的作用。他极其讲究实际，也极有工作效率，总是脚踏实地，思想与时代现实合拍。作为一个活生生的人，他没有沉湎于冥思玄想和深奥的理论之中。讨论任何问题时，他总是把礼节弃置一旁，不使其阻塞通向达成友好协议的道路，而且，他能够以其惊人的洞察力抓住问题的核心。他精神抖擞地投身繁重的工作，确保每一件公文得到迅速办理，如果需要，他甚至坐下来亲自拟写一封措辞有力的急件，而不是坐等文案来拟稿。他每次出面与外国人打交道，都意味着这项工作要以几乎非中国式的速度来完成。他既不是道德主义者，也不是斗士，但是他试图根据自己的看法去解决问题，并在环绕其周围的各种社会限制中开展工作。《红楼梦》中有一段很适合于用来描述李鸿章的现实观。有人劝一个年轻的、充满理想主义色彩的官员在办理牵涉股实权贵之家的案件时一定要慎重其事。当他反驳说那会有损公正时，那个人说：

> 老爷说的何尝不是大道理，但只是如今世上是行不去的。岂不闻古人有云："大丈夫相时而动"，又曰："趋吉避凶者为君子"。依老爷这一说，不但不能报效朝廷，亦且自身不保，还要三思为妥。
>
> 雨村低了半日头，方说道："依你怎么样？"

在李鸿章看来，像唐·吉诃德一样与风车作战是毫无用处的。一个人只能量力而行，"惟有量力踏实做去"。

在他管辖的范围内，李鸿章很清楚自己的权力有多大，并为其施政峻厉而自鸣得意。他有效地维持了自然和谐的状态，这对治人者来说十分重要。他绝不允许任何反抗外国人的暴行发生，也不能容忍任何反抗朝廷的势力出现。在直隶总督任上，他曾说过，尽管其他省份会有骚乱，直隶却不会有任何叛乱发生，1874年，他的军队蠢蠢欲动，想发动兵变，他迅速果断地将其镇压了下去，并将几名叛兵枭首示众。1900年任两广总督坐镇广州的短短一段时间内，他成功地镇压了活动在省河里的海盗，恢复了这一地区的秩序，这是以前历任总督没能做到的。当他奉命赴天津谈判解决义和团变乱时，广州人恳求他留下，因为他们认为他是他们所见过的最好的总督，生怕他一离开，骚乱不法行为会卷土重来。

尽管李鸿章实行高压统治，他对平民百姓的疾苦也深为关心。平定太平军和捻军后，他倾注心力致力被蹂躏地区生产生活的恢复。在江苏，他鼓励逃亡的人们重返被严重破坏了的家园，奏请对这一地区减免赋税，并清理河道、重建官署，还为便利当地商贾在苏州和上海之间建起了邮政制度。在捻军活动过的地区，他决心铲除所有捻军余部，但他认识到，要想做到这一点，必须首先争取民众。他说："……亟须慎选严明慈惠之牧令，广设方略，勤求教养，庶三数年后，奸宄可清，乱源自息。"他认识到，有必要使用武力压制和恩惠拉拢两手政策。他经常使用"软硬兼施"一词。他不是盲目地坚持在民不聊生之时继续征收各项赋税，而是采取了一种较富建设性的政策，力图保障人民生活，以使他们有能力纳税。当在个别地区使用西式轮船威胁到当地船工的生计时，他想方设法维持他们的收入。1869 年接任湖广总督由上海赴武昌时，他很想乘轮船沿长江而上，因为轮船速度较快。然而，他还是遵从了当地船工的意愿，乘了中国帆船——但他是让轮船拖着这艘帆船的。

李鸿章对公众的感情显得很敏感，似乎还不时地投其所好。人们会有这种印象：尽管他身为高官且出身世家，但是在他和人民之间却有某种亲密的关系。他施政是严厉的，但他又是务实的、有人情味的，虽未免粗暴但治事有方——这些品质一般人是能够理解的。

在与李鸿章亲近的人眼中，李鸿章是以其热情亲切和富于幽默感著称的。他的曾孙李家煌凭着从先人那里得来的印象，描绘出他的形象是幽默、快活、机敏的。另外，他又以其言辞粗鲁（如果不是粗野的话）、性情乖张、傲慢无礼而闻名。他承认自己性情不好，因为这往往让他吃苦头，但是对其他毛病他似乎并不想改正。他那粗鲁的言辞是用来威吓与他作对的人的，但是一旦他们予以坚决抵抗，他也会软下来。他的傲慢无礼根植于其自信，他深信自己聪明能干，从不认为应该把事实隐藏在虚伪谦和的外表后面。他曾宣称："鸿章生平不惯作伪人。"义和团运动期间，一个外国通讯记者对他说，人们普遍认为他是中国唯一一个能够对付这种局势的人，他答道："我亦相信。"

李鸿章谥号"文忠"中的"忠"，意思是"忠诚"，这是李鸿章最主要的品质之一。他以对中国和清朝统治者的极其忠诚而闻名，他在给朋僚的信函中也屡屡表述之："我辈受国厚恩，义未可以言去，只有竭力支持，尽心所事而已。""弟任重事烦，时虞陨越，加以内顾多戚……"

除对朝廷极其忠诚外，李鸿章对朋友、同僚、老战友、家庭、亲戚和老师也忠心耿耿。从西方的、民族的观点来看，这显得很荒谬，特别是由于对个人的忠诚乃是中央集权衰落的根本原因。但是，对于受儒学熏陶的、重视文化传统的中国人来说，这种差异或是不甚明显，或是二者毫不相干。重要的东西乃是"仁"，即对人类情感的关心。李鸿章忠于朝廷，正是因为他能忠于朋友。一个人们必须在国家和家庭之间二者择一的世界，是一个不适于人类居住的世界。秦王朝及其法家曾经主张建立一个这样的世界，结果被推翻。当李鸿章和沈葆桢考进士时的房师孙锵铭（葇田）在浙江遇到麻烦后，李鸿章代为求人，请闽浙总督左宗棠帮助他找些事干以维持其生计。数月后，李鸿章又致函江西巡抚沈葆桢，看他能否在西江地区（广西和广东）帮助孙锵铭觅一官职，因为在浙江和江苏很难找到差事。镇压太平军和捻军时在李鸿章麾下效力的老兵们经常得到他的帮助，对于那些为国捐躯者，他为其奏请封典，并力图保证其家属得到供养：

> 杨绍铭军门鼎勋在敝处统带勋字营，随同南北征战，卓著勋劳，今夏在沧州减河防所病故，业为沥恳圣恩，予谥忠勤，庙子建祠，典礼优厚，足酬苦煅而慰忠魂。惟其身后凋零已极，上有七旬老母，内有孀妇孤儿，两兄鼎清鼎鼐未可寄命托孤。弟与同营诸统带刘省三、郭子美等再四筹商，以有功军国、死绥仗义之人，吾辈不为经纪，何以对亡友于地下？因令杨鼎清等奉其母与忠勤灵榇回蜀，派部获州观察护送前去。

李鸿章对其发迹之地颇为自豪，对安徽事务及安徽人的生活状况饶有兴趣，对安徽同乡的生活甚为关切，他捐款支持安徽的工程建设，奖掖有才华的安徽人，为其谋官求职，对家乡的爱溢于言表。《庐州府志》的修订和出版——即《续修庐州府志》——一事由李鸿章之弟发其端，他死后李鸿章亲自出面，把家庭其他成员和同府同乡如刘铭传等人罗致在一起，共同主持其事。

李鸿章在其一生中表现出的对朋友的忠诚几乎已经成为传奇。有一次他写道，虽然忠诚、诚实为品行端正之根本者，但是一个人如果没有朋友，则此种品质是不可能得到的。朋友的作用在于指出对方的弱点，故而，朋友之间应当平等相待，交朋择友则须谨而慎之。朋友的批评与个人完善自己的愿望相结合，就可以产生你所盼望的忠诚和诚实。交朋友也是为了在你身处困境时有人能帮你一把，而你也有义务用你的影响去帮助他们。李鸿章是如此坚定地信奉这一原则，以致他甘愿冒着丢掉自己职务的危险去身体力行这一原则。在曾国藩弹劾李元度一案中，李鸿章从曾幕中辞职而去，这不仅仅是为了援助李元度，也是为了坚持忠于朋友这一原则。可是，这似乎是李鸿章最后一次采取如此坚决的行动。他在辞职期间，显然开始认识到这种强硬的立场除了使自己受到伤害外，没有任何益处。考虑到牵涉其间的人之常情，他用一种更为慎重的态度审视了自己的这一行为。他虽然仍会向朋友伸出援助之手，但是他会减轻对各当事人的伤害。1863年6月29日，李鸿章就曾国藩调黄翼升（昌歧）到两淮地区一事致函曾国藩，决心留住黄翼升（其人为水师大将），他是从以下几方面来辩驳曾国藩的：士气、战略，还有……最重要的是情谊：

> 昔日蒙师门奏派，鸿章与昌歧统带此军，四载以来，欢洽无间。昌歧每言常愿合伙，不愿分离，真死生患难之交。昌歧昨得调淮之信，忧惶无措。吾师识将意顺兵心，谅能体恤及此。如必欲其去，或奏令鸿章偕往，……仰候鉴裁。1863年7月14日，李鸿章又致函曾国藩，谓：昌歧固畏淮苦，此间实系万不可少之人。前昊绅有公呈吁留，附呈钧鉴。

在又写了几封语气相同的信之后，李鸿章终于用上了十分强硬的口吻，"……昌歧不行，鸿章不遣，再将昌歧与鸿章一并参办，死亦甘心……而遽科鸿章以拥兵自卫之罪。'将在外，君命有所不受'，语有之乎？吾师海量盛德，求勿以此纤芥致伤天和，鸿章与昌歧从游有年……"尽管这最后一封信听起来像是最后通牒，李鸿章还是压住火气，恳求曾国藩考虑到人之常情和他的耿直性格而使此事顺利解决。这时的李鸿章对曾国藩其人已经十分了解，他还知道适可而止，不使事情陷入僵局。

李鸿章是一个名副其实的领袖。根据《领导人的职能》一书著者切斯特·巴纳德的理论，领导人首要的、独一无二的贡献应是对组织的忠诚，因为正是他被要求来出面维持组织内部的运转。李鸿章既忠于国家，也忠于清政府，而且永远是专心致力于工作。他的精力、自信、务实和权力预定下他全部行为的基调。他的职务使他具有开创新事物的权力，他的财富使他有可能聘用给他出谋划策并有能力执行他的计划的幕友。下属的忠诚可以用钱买，也可以用权压，但是这种忠诚充其量也还是很脆弱的。由于幕府的私人性质，要想使其行之有效，其成员必须是由奉幕主为核心的志趣相同的人组成，使他们围绕在幕主周围的，不只是金钱，而是相互忠诚和共同利益的纽带，是人与人之间那种不可名状的吸引力，这对一个伟大人物来说是十分必要的。

第七章

死者指挥生者：
历史发展进程背后的李鸿章

濮兰德（J.O.P.Bland）：

李鸿章远比他同时代的人物具有更大的历史影响力，甚至比控制大清帝国命运、大权在握的慈禧太后还要来得大。对中国人民来说，慈禧仅是一位外族统治者（满人统治汉人），她的影响力随着她的去世以及清朝的灭亡一起消失了。但是李鸿章的言行事业在中国人生活的暗流中仍旧存在着。例如袁世凯，无论当朝鲜监督、中华民国总统，或者希望当皇帝，总是忠实地表现与传达李鸿章的传统，虽然袁氏缺少了李鸿章的精明与资质。人们说到李鸿章都会认为他是国之干城。

——*Li Hong · chang*

不同世界历史观的伟大与可笑

似乎没有一个足以与之比拟的历史人物，像他这样有争议。我们相信，现在是该用另一种眼光看待李鸿章的时候了。

中国在 1775 年是一个大帝国。在康熙和乾隆皇帝长期生气勃勃的统治下，国家版图向四面八方扩张。中国有悠久灿烂的历史。它的人口几百年来远远超过世界其他各民族，生活水平也比较高。中国强大富庶，是世界上引人瞩目的中心，至少当时看起来是这样。然而到 1900 年，国家蒙受奇耻大辱，首都北京在义和团失败之后，被八个"夷"国兵靴所践踏。那时世界舆论将中国看成和波斯、罗马、奥斯曼一样，是又一个行将消失的帝国，中国人自己的自信心也严重动摇。19 世纪是中国历史上一个悲剧时期。

20 世纪的中国目睹它在命运和声誉上明显的突然变化。尽管中国历史学者仍很难解释 20 世纪中国的濒临崩溃，但有一种将它归咎于西方帝国主义列强、封建制度、清朝满族最高统治者和矢忠支持王朝传统制度的儒家士大夫阶层的趋向。在这些士大夫中，没有一个人投身中国改革的早期阶段，比李鸿章时间更久、影响更大。然而，正是由于他自 19 世纪 60 年代至 1901 年去世几十年中在中国政治上的突出地位，他后来便一直受到历史学者严峻的评判，为什么这一主要是否定的评价持续这么久？是什么原因使近代中国历史上这个关键人物受到相对的忽视？

对于任何一个研究李鸿章及其时代的学者来说，一个原因是有关的原始资料汗牛充栋。另一个原因是自他去世以后，中国历史浮沉变迁，不利于对他的一生事业做出更为同情的评价。

有关李鸿章的资料很容易取得，但是使用它们却非易事。所有从事 19 世纪中国历史研究的人都认识到，《李文忠公全集》虽不完整，但它是原始资料庞大的主体。这一基本文集现在正以《李鸿章全集》为名，在现代扩编为一部更便阅读的文本。和《李文忠公全集》同样重要的，还有许多李鸿章和同他有来往的人的其他原始资料。试略举一二，如他同潘鼎新的通信（《李鸿章致潘鼎新书札》），有关海军的通信（《李文忠公海军函稿》），以及李鸿章文献的其他选集，如《李鸿章传记资料》。他还有一部分很有分量的撰著，可见于重要的史料选刊《洋务运动》和《中日战争》。在李鸿章长期事业中同他相互影响的一些人，从他原先的恩师曾国藩到他的幕友，如盛宣怀和马建忠，也都有大量的文献资料。由于涉及李鸿章的资料浩繁复杂，几乎没有一个学者能够说，他已经全面掌握了有关资料。

历史学家长期以来对李鸿章持厌恶不满看法的第二个原因，是与他在世以来中国所发生的重大变化有关。从 20 世纪的观点来说，是他支持了声名不佳的满族统治者，的确，他在延续清朝寿命中起过作用。他也具有 19 世纪高级官员一些不那么可敬的品格，参加了同西方帝国主义列强和日本不成功的谈判。由于这些原因，在 1912 年民国建立以来，李鸿章得到腐败的封建反动派和对帝国主义者卑躬屈节的"投降派"的名声。只是在 20 世纪 80 年代以后，李的声誉才得到部分恢复。似乎没有一个足以与之比拟的历史人物，像他这样有争议。

近代化倡导者李鸿章

李鸿章作为近代化倡导者，发挥了熊彼得经典意义上的一个企业家所必须具备的催化作用。

李鸿章是自强运动中一个最重要的清政府官员。他是这个运动最早的领袖之一，他的所作所为，远远超过他同辈中任何一个人。就自强运动作为中国近代化早期阶段所达到的程度来说，李鸿章完全应当被看作中国近代化的领导人。

在社会科学研究中，现代化的概念经历过接受到忽视的整整一个循环。在 20 世纪 50 年代，它风行一时，政治学家、经济学家和人类学家最初在研究国家建造的进程中受到鼓舞。那是一个亚洲和非洲许多原先的殖民地在第二次世界大战后获得独立的时代。"现代化"一词最初主要用于那些新出现的独立国家，如缅甸和加纳。它后来推广到对那些业已成立的亚洲国家的研究，如中国，它以前也曾经历过类似的过程。由于这些国家的历史经验包含许多相互联系的不同方面，以诸如"工业增长"这样比较狭窄的用词解释整个历史现象，似嫌不足。当时即使所谓社会科学如经济学的学者，也认为现代化是一个有用的概念。

李鸿章不仅是一个经济变革鼓吹者，一个工业化主张者，或者一个政治改革者。这些身份他都有，但他不止这些。研究像李鸿章这样一个课题，要求做综合性的尝试。李鸿章确实是 19 世纪中国出类拔萃的近代化倡导者。他投身自强努力的诸多方面。自强事业大多由他创办，他向朝廷奏请筹集早期资金，提供合法的政治保护，引进必需的技术，并且将所有这些方面结合起来。这样，李鸿章作为近代化倡导者，发挥了熊彼得经典意义上的一个企业家所必须具备的催化作用。

李鸿章的近代化努力包括范围广泛的活动。他和曾国藩、左宗棠共同创建中国早期所有的兵工厂和造船厂。他还使矿山近代化。后来又设立轮船公司、电报局和纺织厂。他跃出制造业和交通业，进而兴办教育事业。虽然他信守历代相承的教育制度，但建议科举考试增加西方技术知识。他和曾国藩共同发起派遣学生留美。尽管这些教育方面的努力远远不够，但是李鸿章在倡导近代制造和交通企业方面确已取得坚实的成果。李在创立政府——私人合办企业官督商办形态中所起到有益的作用。李了解吸引私人投资者的投资模式，而几乎没有其他官员注意到这一点。他保护招商局商董，使他们免受官僚主义官员的干涉。招商局随后的衰落，可以直接追溯到李由于专注于其他紧迫的任务而不得不减轻自己在局务中的作用。轮船招商局盛衰的这种格式，在李鸿章创设的其他企业中一再重复出现，这正表明他作为一个近代化倡导者的重要地位。

外交家李鸿章

外国使节感到李鸿章比总署官员更加开放，更为果断。他们在前往北京之前，总要在天津逗留几天去看李鸿章，这已习以为常。他们不仅认识到朝廷在考虑研究阶段，会不可避免地向李征求意见，而且他们同清政府接触最初成功，也有赖于他们能够从李的说话实质和思路中了解到中国的观点。地缘、政治和个人条件结合起来，使李鸿章成为中国外交必不可少的人物。由于李鸿章起了这样关键的外交家作用，他的活动应当放在中国在全球地位的整体背景下进行评判。

人们长期以来承认，李鸿章在 19 世纪中国对外政策制定和贯彻执行方面曾经起到过巨大的作用。正是在很大程度上由于他的外交活动记录，他受到许多历史学家的尖锐谴责。正如李倡导近代化的作用需要重新考察一样，早就应当对李鸿章作重新评价。

我们已经看到，从 19 世纪 60 年代起，中国同外国的关系由一个新的机构总理衙门处理。然而总署不是一个独立存在的政府机构，它只是作为军机处的分设办事处而发挥作用。而且，总署从它成立之日起，便从来不具备近代外交部那样完整的权力，沿海省份许多督抚分享了它的权力。一个特别恰当的例子是从 1875 年至 1902 年几度出任两江总督的刘坤一。刘用大部分时间处理内政问题，并不特别关心对外事务。然而长江下游沿海地区都属他治辖，这就必然要求他负责处理其地区的对外关系。沿海省份（广东、福建和山东）其他高级地方官员也同样如此。他们就这样在中国对外政策的制定和贯彻执行中，分享了总理衙门的权力。

然而不仅这些地方官员，比他们更为重要的是与总理衙门同时创设的两个新官职，即北洋和南洋通商大臣。这两位大臣按规定广泛处理对外贸易关系，他们不仅受专门指派，分享总理衙门特有的权力，而且实际上被认为在实施对外政策中，比总理衙门更为重要。上述刘坤一任两江总督时，也兼任南洋通商大臣。李鸿章将其北洋大臣衙署设在战略城市天津，以发挥他在外交事务中不断增强的关键作用。在与总理衙门协同工作几年以后，他在重要性方面很快就取代了它。李的个人条件和他的官位是同样重要的原因。在能干的文祥（1818—1876）去世、恭亲王（1833—1898）政治上蒙辱去职，总理衙门失去他们两人以后，外国使节感到李鸿章比总署官员更加开放，更为果断。他们在前往北京之前，总要在天津逗留几天去看李鸿章，这已习以为常。他们不仅认识到朝廷在考虑研究阶段，会不可避免地向李征求意见，而且他们同清政府接触最初成功，也有赖于他们能够从李的说话实质和思路中了解到中国的观点。地缘、政治和个人条件结合起来，使李鸿章成为中国外交必不可少的人物。

由于李鸿章起了这样关键的外交家作用，他的活动应当放在中国在全球地位的整体背景下进行评判。对于中国来说，19世纪下半叶加入"国际家庭"，是一个令人望而却步的任务。正是在中国放弃它的封贡体制（除朝鲜外）的时候，西方步入最富有竞争性的帝国主义时期。一如威廉·兰格的经典著作《帝国主义外交》正确地指出：虽然中国学习西方外交制度还很不够（它到19世纪80年代曾经这样做过），但是中国必须从弱国的地位去对抗强有力的西方敌手。因此，中国同西方国家的关系，不可能是平等的伙伴关系。李鸿章必须在这些严格的限制之内行事。

李鸿章在不同时候，不是作为顾问，便是直接以外交身份履行他的职责。他在中法战争期间同法国打交道中，间接的作用十分明显。正如易劳逸在他的《皇室与官员》一书中所指出，李虽未直接涉足战争，他却试图通过拟议中的《李鸿章——福禄诺协定》结束战争。然而朝廷于1884年拒绝了这种妥协，只是将它看作是1885年最后结束战争的《巴黎条约》的基础。李鸿章在对外政策中起顾问作用的另一个例子是，1881年解决伊犁争端时，朝廷利用他的较为和解的政策作为左宗棠好战政策的制衡。不过，李在处理朝鲜和日本的关系中，发挥了更加直接的作用。朝鲜作为中国从前的一个朝贡国，它的事务传统上一向由礼部办理。1879年朝廷正式指派李鸿章负责朝鲜事务。尽管李极力赞同维持北京同朝鲜封贡形式的意愿，但他已开始认识到此时中朝关系不能不是包括中国、日本和各大国在内的更大范围关系的一部分。李鸿章根据丁日昌等人的建议，力劝朝鲜同美国和欧洲国家订立条约，以对付日本新的侵略政策。他通过派出由中国正式指定为新设朝鲜驻扎官的袁世凯，进一步实现中国对朝政策的这一转变。他还另派一些人去朝鲜，充任朝鲜宫廷新增的顾问。在所有这些决定中，李是首要的决策人。

李鸿章并没有将自己直接的外交作用局限于中国紧邻的国家。他还多次提出同英国、法国、俄国和其他国家的代表商谈。他最令人感兴趣的关系之一是同美国的关系。李早在 1874 年就在寻求美国的斡旋，后来他又数次主动提出这样的倡议。韩德在他的《一种特殊关系的形式》中，强调美国是李在外交方面最喜欢的一个求助对象。在 1880 年至 1894 年间，他三次寻求美国斡旋：琉球争执时向前总统格兰特提出建议，中法战争期间以及 1894 年战争前夕。不幸的是，所有这些倡议都没有成功。

由于李鸿章受命具体负责对朝鲜和日本的关系，朝中其他高级官员，尤其李的敌手，容易利用此作为抨击他的一个方面。李在朝廷上和地方官员中敌手众多。尤其麻烦的是，一批号称"清流派"的年轻的传统主义官员，时发清议，放言高论。他们在那几十年间，在几次危急的时刻，将李置于进退维谷的困境。因此，尽管李对中国对外政策有强大的影响力，在决定具体政策时，他却无法完全自由行事。

从更广阔的视野看李鸿章

李作为一个指挥官的失败，不应掩盖他作为战前中国国防的主要设计师的表现，以及他在中国近代化历史上的作用。1894 年发生的大事证明李的努力是极其不足的，而他必须全力对付的国内政治局势又是十分棘手的。不论如何归纳概括，事实是没有李鸿章，中国在中日战争期间甚至会更加脆弱到不堪一击。

李鸿章生于乾隆去世 24 年后，《南京条约》签订前 19 年，他早年所受教育和其他年轻学者并无重大不同。那个时代对于一个具有像李鸿章这种倾向的人，特别适宜。他在帝国面临前所未有的变化之时臻于成熟。早年科举成功，为他打开了仕途之门，但是太平军起义改变了他稳步缓慢攀登官吏阶梯的步调。内战危机使他成为一个军事指挥官。他发现自己的皖籍世系是一个未曾料到的有利条件，它引起曾国藩的注意。曾的随从人员中湖南人被吸引到湘军中去。李奉命组成一支由他独自指挥的部队，士兵大多从安徽招募，淮军便是源起于此。李早年的军事经历日后证明有决定性的意义。即使在太平军被平定之后，他也从未将军旅之事抛诸脑后。他后来的近代化活动绝大部分都直接或间接同中国的安全问题有关。李尽管主要是一名文官，然而他毕生都在关心军事。

在几次重大的叛乱平定以后，李鸿章充分施展了一个政治家的才干。先是江苏巡抚，然后两江总督，最后是直隶总督，这些职位都要求他同朝廷有广泛的联系。但是由于当时形势迅速变化，这些职位还要求他同全国各地高级官员直接往来。

对自强运动的倡导，使他同许多外国顾问时常发生联系。他最初在江苏，然后在直隶担任通商大臣，还遇到许多外国官员，并且要同他们打交道。李成为中国最杰出的"洋务"专家，甚至在 1894 年以后，他还在继续充当这个角色。

他实际上参与战争的各个方面。当中国同朝鲜和日本的关系处于危机阶段，他仍在负责处理同这两个国家的关系。在公开的战争行动开始前，外交活动的最后一分钟，李鸿章代表中国不仅同日本，而且同主要的西方大国打交道。他深知一旦战争在朝鲜爆发，他驻扎在华北的淮军和北洋舰队——两者都是在他指挥之下——将首当其冲。战争开始时，这些兵力的确成为中国的战斗主力。日本对包括旅顺口和威海卫在内的中国许多要塞的攻击，考验了李鸿章几十年来在这些地方所做设防努力的价值，中国为此付出了重大的代价。像电报线和运输线这样的支援设施，无不通过李的努力而设置，它们对于中国进行战争关系重大。因此，当中国遭到决定性失败时，李的同时代人便断定他应对这一重大的不幸负主要责任。时光流逝，这一评价并没有什么改变。一般认为，李对于日本制造一场战争的决心认识太迟。他过分依赖西方大国的干涉，而未对战争可能发生做充分准备，待战争爆发，为时已晚。战事一开始，他便不能够有效地调动他的部队。日本部队以其协同进攻战胜了联系松散的中国军队。李还做出了其他值得怀疑的决定。比如李特别责令中国在公海的机动进攻力量北洋舰队采取守势。其他学者争辩说，北洋舰队即使在黄海之战中为日本舰队击败，它仍然足以成为阻挠日本海外补给线的潜在力量。然而李命令将舰队限制在威海卫，这导致了北洋舰队在日本陆海联合围攻这个港口时投降和毁灭。

历史学家自从战争以来就一再重复当时不断推在李鸿章身上的大量诽谤，将中国的恶劣表现主要归罪于他。历史难以抗辩。即使承认 19 世纪 90 年代中华帝国普遍衰弱，在当时的环境下情有可原，李鸿章对战争的指导，仍有许多方面可以留待批评。不过，李作为一个指挥官的失败，不应掩盖他作为战前中国国防的主要设计师的表现，以及他在中国近代化历史上的作用。1894 年发生的大事证明，李的努力是极其不足的，而他必须全力对付的国内政治局势又是十分棘手的。不论如何归纳概括，事实是没有李鸿章，中国在中日战争期间甚至会更加脆弱到不堪一击。

1895 年屈辱的《马关条约》以后——李鸿章不得不代表中国去谈判这个条约，他的权势急遽下降。他作为中国近代化倡导者的作用已告结束，但是由于他仍然是中国最有经验的外交家，朝廷继续要他去执行一系列困难的任务。这向李的为数众多的批评者和敌手提供了进一步使他窘困难堪的机会。1896 年沙皇尼古拉二世加冕，他被派往圣彼得堡，带了同俄国订约的秘密指示，争取俄国支持以反对其他贪婪的西方大国和复苏中的日本。不论这项政策原来设想的价值如何，它实际上并未奏效。三年间，德国侵略山东，导致列强对中国势力范围竞争的产生。作为它的结果，义和团起义不久爆发。局面错综复杂，李鸿章联合南方其他督抚暗中违抗朝廷，他的行动有助于限制义和团活动的地区。尽管这样，1901 年代表中国解决义和团事件的最后不光彩的任务，仍落到他的身上。李鸿章晚年种种遭际，没有一次带给他美名盛誉。在义和团事件解决后几个月，他终因心力交瘁而去世。

贪污问题

李鸿章以一个政治上幸存者应付环境的高度意识，成为迎合慈禧贪慕虚荣和贪婪无厌的高手。

人们曾经含蓄表示，李鸿章的个人廉正值得怀疑。他是通过合法的手段取得财富，还是像他的批评者所指责的那样，他是贪污成性？这显然是评价李鸿章的一个重要问题。然而，泼在李身上的毁谤中伤如此之多，使这个问题不应回避。

一个因素是李鸿章及其同时代人处世行事的价值体系。李在其早年生涯中就已屈从于当时盛行的制度。1862—1863 年，他做出艰巨努力，改革江苏厘金制度，以便他的淮军能有更多的财政收入。李觅求廉洁人员征收厘金，但是在这些位置上已有声誉不佳的人，他们原是资金筹措人，李没有将他们调走。没有证据表明李曾从贪污的厘金官员中得到私人好处，不过在他的治下有这样的人，则是无可争议的。

李鸿章在他的后来事业中，同样愿意屈从于实际的需要，这引起历史学家对他个人伦理标准加以非难。李在以后岁月中，是否亲自有所牵连，这个问题更难解决。然而即使有这种情况，对于他的个人处境必须加以考虑。李身居高位的时间，比大多数官员长。例如，与曾国藩（1811—1872）比较，他任职时间几乎要长 30 年。他参与军事、海军和工业事业的规模比同时的任何其他官员都大。为了从事如此范围广泛的活动，他经常需要大笔的钱款。无论是国家拨款、各省税入，还是私人投资，都无法提供足够的资金。他因而不得不通过非传统的手段，诸如通过银行转账，以筹集资金。经过一段时间以后，他终于习惯于金融的操纵。李充分了解，他的权力不只是依靠对他的辖区收入的控制，以及他的门生故旧关系网，甚至也不是依靠他对淮军和北洋海军始终不渝的控制。他的权力还基于他能够保持慈禧太后的天恩眷顾。

慈禧好尚虚荣，乐受贿赂，为众所周知。从 19 世纪 60 年代至 1908 年去世，清政府在她实际控制之下，变得更加孱弱腐朽。李鸿章必须在这样一个环境中行事。他必须取悦慈禧太后，否则就要冒政治失势和无能为力的危险。李鸿章以一个政治上幸存者应付环境的高度意识，成为迎合慈禧贪慕虚荣和贪婪无厌的高手。一笔笔钱款由李鸿章之手送到慈禧和她的亲信那里，总数多少有待进一步调查，但是有这种钱款，则殆无疑义。

到 19 世纪 80 年代，已经开了一个先例。1887 年醇亲王在慈禧默许下，要求李将拨给海军的款项移用于重建颐和园，李轻而易举地利用其财务方面的特长，实现了这个目的。最初据说是暂时调拨，但是这些钱款从未归还原来账上。相反地，追加款项却继续转来。李曾私下向朋友抱怨，这实际上严重削弱了北洋舰队，但是值得指出的是，他直至晚年，从未对此公开表示反对。他在这个臭名昭彰的事件中串通共谋，似乎无可置疑。

另一个谴责李鸿章更严厉的事件，来自有关他曾接受外国政府非法金钱引诱的指控。这件事与据传俄国向他行贿，以便促使他签订对俄有利的密约有关。如果这一说法属实，那么我们将面对着一个最严重的指责，即一个主权国家的全权代表在签署一项棘手的外交协定前夕，竟然接受另一个主权国家的报偿。此事迄今仍有争议。来自俄国资料的指责并未得到中国方面的完全证实，我们只能从这段历史的环境去肯定它。1896 年李鸿章 73 岁，自中日战争以来，他在政治上一直蒙受羞辱。面对着病情屡次发作，他极度关心自己在国外旅行的健康状况。总之，他肯定处于身体衰孱时期。也许更加重要的是，到那时他已经得出结论，面对其他欧洲大国和日本不断增强的压力，中国除了依赖俄国的干涉，别无他途。他奉朝廷命前往圣彼得堡，去签订一份对俄国人有利的条约。如果李的确接受了传闻中的贿赂，此事便无法辩解，但对于他的基本论断，也许并没有影响。

李鸿章仅仅是政治家吗？

尽管他有个人的弱点和众所周知的失败，他的全面记录却是一个在他个人和他的国家都十分困难的时刻取得重大成就的记录。人们尽管仍然可以做各种保留，但是历史学家必须考虑李鸿章能否像许多次要的人物一样，被公正地说成是一个政治家。

批评李鸿章道德缺陷的人，无论就政治家一词最好还是最坏的意义上说，至少都承认他是一个熟练的政治家。李早年就显示出他的政治手腕，甚至在他离开安徽以前，就已开始树立自己的政治党援。他的门生和朋友，尤其他的合肥同乡所形成的圈子，他们日后为他尽力工作。他们随着他的时运日佳而时来运转，许多人成了他的幕友。他还将自己政治联系的圈子从安徽扩大到全国性的层次，但是他最早的那些伙伴仍然是他最密切的支持者。他们经过一段时期以后，在全国政治上形成一个有力的派别，其影响超过了曾国藩、左宗棠和其他高官的幕友所形成的类似的派别。

李鸿章在同时担任直隶总督和北洋通商大臣的 25 年间，作为一个政治家，取得了完全成功，在这期间，他将一个关键地区官员和全国性官员的双重作用结合起来。为了成功地进行活动，他必须更多地投身全国政治。他极其机巧地使自己依附于慈禧和她周围一群阿顺取容的人，而慈禧则施展分而治之的原则实行控制。这一点以及他对革新政策的倡导，使他在朝廷有许多强大的敌人，不仅是清议派而已。尽管慈禧常常利用清议派的批评申斥那些对她至高无上权力有潜在威胁的官员，李鸿章一直到中日战争，却从未失去直隶总督的职位。他多次遭人批评，但是都设法对付过去，从而仍能保持这个重要职位长达四分之一世纪之久。李作为一个非凡成功的政治家的证据，几乎俯拾皆是。

将李鸿章看作是才干卓越的政治家，是一回事，怀疑他是否显示品德高尚，又完全是另一回事。李的声誉几经起伏。自 20 世纪 50 年代至 70 年代几十年中，他的名声落到最低点。历史学家将太平军看成农民英雄，斥责他帮助镇压太平军。李和他的汉族同僚因为站在满族统治者一边，镇压汉族人民，令人憎恨。李鸿章还因为是以儒家价值体系为基础的旧君主专制主义秩序的捍卫者，而进一步受到谴责。更有甚者，很多历史学家指斥李是一个最大的"投降派"，经常通过购买西方产品和签订一系列屈辱的条约，向西方帝国主义者献媚奉承。总之，这些批评者将李看成彻头彻尾地同人民的敌人沆瀣一气，从而使19世纪中国"半封建半殖民地"状况得以延续的典型。然而应当指出，对李鸿章的这种严厉的评价近来已有所改变。自从20世纪80年代开始，一些历史学家修正了他们先前过激的评判。尽管如此，对李有重大保留的，仍然大有人在。

那些不愿将李鸿章看成不仅仅是政治家的学者，通常从以下三个方面对他提出批评：一是与两个杰出的同时代人曾国藩和左宗棠相比，他显然逊色；二是他在任上用人唯亲极为严重，偏袒他的亲戚门生；三是清议派对李的批评证据确凿，罪无可赦。让我们具体讨论这些指责。

就李的声名来说，他的不幸在于成为曾、左的同时代人。左宗棠的声誉在很大程度上一直最高，而曾国藩在其生前身后都被认为是儒家士大夫的典范。我们已经提出李的私产问题。曾国藩尽管绝非贫困，左宗棠鄙视钱财则异乎寻常，两人由于个人操守，都享有高得多的声誉。相反地，李的财产以及他如何取得这些财产的问题，都使他受人怀疑。

除了这个因素，李鸿章和其他两人在伯仲之间。他们三人都以镇压太平军而被公认为对清王朝忠心耿耿。三人都是鼓吹自强的先驱者，三人都学习如何对付外国人。李鸿章恰比他的两个同时代人多活几十年。因此在三人努力西化革新中，他实际上比曾、左所做的贡献更大。但是李不幸生活在整个19世纪80年代和90年代。在那个时期身负重任的人，没有一个能够逃脱批评。因此李的"投降派"的光环便没有落在其他两个人头上。此外，左还多了有利之处，收复新疆和决心为伊犁问题同俄国作战，都被认为是他的功绩。这些成就从那时起就一直使左赢得了中国人崇慕，李却无此幸运。

关于指责李鸿章重用亲属极其严重，甚至推及他所偏袒的同乡友好，他不能规避这些严厉的批评。他的失败有许多是由于主要靠私人关系而任用不合适或不能胜任的下属所造成。然而，即使存在这个问题，也有其情有可原的具体情况。高级官员传统上是在三种关系的基础上建立起自己的私人关系网：同乡、同僚和同年。高级官员在荐举时，不但被允许在这些关系的基础上提名他们所偏好的人，而且他们这样做被认为理所当然。因此，李鸿章荐举私人关系网的人，属于普遍流行的惯常做法范围之内。纯因私人关系而受李推荐的官员违法渎职，遇有这种情况，李自然不能逃避批评。但是他不应成为全盘指责的对象。

清议派对李的指责，应当从造成这些指责来龙去脉的背景去评价。正如许多研究所表明，清议派提出的理由，在很大程度上是以建立在经书基础上的僵化的思想意识作为参照框架。他们对"外夷"强大的现实无知得可怜，他们选择的行动方针很少切实可行。由于他们设想中国可以在多种选择中做出抉择，而为了国家尊严和完整，中国必须采取坚定的立场，即使可能带来灾难性的后果也在所不惜，由此可见他们不仅盲目无知，而且是不负责任的了。当李鸿章做出自己那些有争议的决定时，清议派的指责并不以具体政策的是非功过作为唯一的根据。这样的指责部分是因清议派坚持正统立场、严格遵循正义方针所引起，部分则是这些较年轻的传统主义者普遍被有权有势、不墨守传统的政治对手激怒的结果。

清议批评者所理解的李鸿章，是一个因缺乏爱国心而不断向中国的外部敌人出卖国家利益的人。本书头几章已经有说服力地说明这是全然错误的。李毕生对外国的意图始终怀疑。他同外国人的所有交道中，都坚持维护中国的利益。他尽管雇聘许多外国人，却确信他们是受他控制的。他在其卷帙浩繁的撰述中，一直不断公开表示，他一生热情追求的目标是建设中国，使它能够成功地抵御外国的侵略。当清议派以僵化的爱国主义姿态打扮自己时，李鸿章却宁可采取微妙的方式方法，这样一种方式方法要求中国在特殊情况下屈服让步，关于琉球争执便是一个例子。他的最终目的仍然是中国尽快臻于自强，以便能够免遭外国的控制。归根结底，应当根据李鸿章的全面记录，对他做出评判。他从 19 世纪 60 年代初期开始，便投身清朝几乎所有主要新兴的冒险事业。他和曾国藩、左宗棠、沈葆桢，以及其他许多人一起，殚精竭虑于国家革新所面临的紧迫问题。他看到解决中国衰弱，在于采用西方的某些长处。和自强的其他鼓吹者一样，李鸿章并不怀疑渗透于中国人生活方式所有基本方面的儒学价值必须保存。因此，他追求的是 C.E. 布莱克所说的防御性的现代化，亦即采取某些革新手段，意在对传统的核心不予改变，而是加以保存。在这方面，李鸿章同日本明治维新的领导人，只有程度上的区别，而非性质上的不同。

李鸿章在自强的努力中，感到不可能不同外国发生联系。由于新的技术知识实际上只能来自海外，他不得不依靠外国人，因此他雇聘了外国顾问、教师和技术人员。当他这样做时，中国的安全便只能通过谈判来维持。李于是必然涉足外交。在中国尚未强大到足以采取坚定的立场之时，妥协和让步是不可避免的。事后证明，李鸿章是一个弱国外交的大师，在可能采取坚定立场的少数情况下，他采取了坚定的立场，在不可能的时候，便做出最小的让步。他认为，他能够利用西方大国之间的竞争赢得时间。事实终于证明他错了，但是在他的时代，还有什么别的选择吗？

李鸿章应当得到更为积极的评价，还有其他理由。他一生都显示出个人勇气。他的干劲和执着，在缺乏敢于作为和甘于奉献精神的官场中犹如鹤立鸡群。在资金靠不住、批评攻击不断会使一个平庸之人沮丧的时候，李鸿章实现绝大部分自强计划的成就令人瞩目。他为正统的朝廷所驱遣，对它忠贞不渝，然而他将这种忠诚推广到为国家和中国人民整体利益而工作。尽管他有个人的弱点和众所周知的失败，他的全面记录却是一个在他个人和他的国家都十分困难的时刻取得重大成就的记录。他的记录是一个鸦片战争后中国人无所作为20多年之后，从19世纪60年代初开始的革新的记录——这个记录持续了30多年。为了这一切的理由，我们认为，李鸿章的声誉应作为提高的重大修正的问题，值得提出来了。人们尽管仍然可以作各种保留，但是历史学家必须考虑李鸿章能否像许多次要的人物一样，被公正地说成是一个政治家。

第八章

身后满负诟病的殉道者：
李鸿章的自我评价与认知

李鸿章外交之割土记录原出于不得已，其"创巨痛深"的自省之情可见于他死前的一首七律：

劳劳车马未离鞍，临事方知一死难。
三百年来伤国步，八千里外吊民残。
秋风宝剑孤臣泪，落日旌旗大将坛。
海外尘氛犹未息，请君莫作等闲看。

李鸿章无论是生前还是死后都因为他的沉重的外交使命而不得安宁。最后因为签订《辛丑条约》，积劳成疾，"呕血碗许"，一病不起，临终时"两目炯炯不瞑"。死后朝廷追以崇高荣誉，入祀贤良祠，"西太后亦为之震悼"。

志同道合的维新者

李鸿章虽然没有当场表态，但在事后却十分佩服的对人说："康有为，吾不如也。废立制艺事，吾欲为数十年而不能，彼竟能之，吾深愧矣。"

"公车上书"真相迷离

甲午战败的消息，极大地刺激了全体中国人，首先是知识界。1895 年 5 月 2 日，就在清政府批准《马关条约》的当天，广东举人康有为在京城松筠庵联合 18 省举人 1300 余人，举行大规模的"公车上书"，坚决反对《马关条约》，要求拒和、迁都、练兵和变法。这次上书被都察院以和约已经用过玉玺而拒绝递送，但上书的内容被广泛传播，尤其是最后一条，把"变法成天下之治"，作为自强立国的根本大计，由此掀开了轰轰烈烈的戊戌变法运动。包括《从鸦片战争到五四运动》在内的不少近代史教科书，一般都是这么写的。

20 世纪 80 年代中期，著名的戊戌变法史专家汤志钧考证出，在这份"公车上书"里有名的，实际只有 603 人。20 世纪 80 年代末，另一位知名学者孔祥吉又进一步考证出，在文廷式于 4 月 27 日递上折片希望广开言路、都察院不得无故阻拦后，都察院的堂官们也深受时局影响，不会也不可能拒收"公车上书"；唯一可能的解释，是这份上书根本没有向都察院呈递。到了 20 世纪 90 年代中期，学者姜鸣在《被调整的目光》里，更是以一篇犀利的"莫谈时事逞英雄"，直接怀疑松筠庵集会究竟存在不存在？因为最起码的一点，现存的有关"公车上书"的所有材料，都是康有为和他的门生弟子所撰写，而当时在京的大小官员、士大夫乃至进京应试的举人，在他们的书信文稿里都没有提到这一"重大事件"，所以实在是要打一个大大的问号。历史的真相扑朔迷离，研究者就是要在这片疑窦丛生的园地里去开垦、去收获。

松筠庵原是明嘉靖朝著名言官杨继盛的宅第，杨继盛因为冒死弹劾当时的首辅、权奸严嵩而成为名满天下的忠烈之士。世人评价他是真正的卫道君子，耿直、愚忠、不玩政治游戏。300年后的康有为就大不相同了，据说他也是在杨氏当年起草弹章的"谏草堂"里起草这份万言书的，在由于种种原因没有递出以后（一说是因为孙毓汶的走卒、翰林院编修黄曾源到各省会馆"妄造非言恐吓"，阻挠举人们上书），他又改头换面把它作为个人的《上清帝第三书》抛出。根据当代学者考证，所谓《公车上书记》，其实是他的门徒避开北京，拿到上海租界自行出版的一本小册子。康氏后来得势（或者说成名）了，便在《康南海自编年谱》和《汗漫舫诗集》里，先后把原本不存在或即使有过人数也是寥寥无几的松筠庵集会，从1300人夸大到3000人，借以提高和巩固他的领袖地位。用时兴的话说：他很善于"作秀"和"造势"。用尖刻一点的批评来说，这是他对历史的一次成功的大欺骗。不过这也难怪，像他这样一个毫无任何政治背景的下层知识分子，要想抛开封建科举的"敲门砖"一举成名，只能采取异常极端和诡异的做法。所以一度对他颇为欣赏的翁同龢，在对他的为人有了基本了解后，又向光绪皇帝说他"居心叵测"。但这时候光绪已经离不开康有为了。后来的历史发展也说明，不管这位"南海圣人"的人品究竟如何，戊戌维新运动毕竟在他的领导下有声有色地开展起来了。这就叫时势造英雄吧！

鼓励李提摩太当说客

李鸿章对维新运动，可以说充满同情和期望，而且在思想上和行动上都有所表现。甲午战败，对他来讲同样有一个深刻反省的过程。他在从日本回到天津的当天，就向光绪上了一份奏折，愧愤交集地说："敌焰方张，得我巨款及沿海富庶之区，如虎傅翼，后患将不可知。臣昏耄，实无能力。深盼皇上振励于上，内外臣工齐心协力，及早变法求才，自强克敌，天下幸甚。"所以当康有为、梁启超等人大谈变法的时候，李鸿章和翁同龢、张之洞和刘坤一等朝廷大员一样，也在苦苦亟思应变之策。问题是如何才能更迅速更有效的变法。1895年6月，新疆巡抚陶模奏上《培养人才疏》，建议从培养近代化人才入手，实行变法，并提出了13条具体措施。他是从直隶按察使的位置上提拔上去的，所以奏稿写好后，他先抄录了一份寄给老上司李鸿章征求意见，李鸿章很快就回信说：大作足以使人振聋发聩，今天大家都在谈论变法，"有治法尤须有治人"，你的意见首先重视储备人才，自是探源之论。但如果当局诸公不改掉"拱让委蛇"也就是推诿扯皮的积习，那就仍然是"一蹶不能复振"。不久，李的另一位老部下，曾经当过天津道的泗县人胡燏棻（这时已是户部侍郎）又上了《变法自强疏》，提出自强之道"首在筹饷，次在练兵"。这一意见开创了小站练兵、建立新式陆军的先河。李鸿章显然也是知道并默许的，不然的话，他也不会把淮军公所里多年积存的银子拿出来支持办新军。

更为出格的是，这一年 6—7 月间，英国广学会的传教士李提摩太把他新翻译的《泰西新史揽要》寄给李鸿章，请他作序。李鸿章虽然正在养伤期间，也很快回信并以信代序。信里写道："我邦自炎农唐虞以前，以天下为公；嬴秦而降，以天下为私。以天下为公则民主之，以天下为私则君主之。夏后传子，汤武征诛，则由公而私始矣。而通道四海亦肇端于此时，天欲与中国以大一统之势浸淫二千余年。至我大清，海禁大开，而中外之气始畅行而无隔阂，此剖判未有之奇，圣贤莫测之理，郁泻勃然而大发，非常于今日，殆将复中国为公天下之局。"能写下这样的话，说明李鸿章这时对西方社会的民主制度和进化论已经有了相当程度的了解。他甚至希望中国能很快走向"公天下之局"，也就是类似西方的民主社会，这实在是很有胆量的。这时，离马关签约还没过三个月。

李提摩太是来华多年、在中国鼓吹维新变法最出力的一名传教士。他和李鸿章也算是老朋友了，早在 1877 年秋天，也就是中国北方发生"丁戊奇荒"的时候，他就带着李鸿章发给的护照前往山西，一边赈灾一边传教。1890 年又接受李鸿章的聘请，担任过天津《时报》的主笔。1895 年 9 月，他在接到李鸿章的信之后不久，就从上海来到北京活动，当时李鸿章已经被免去直隶总督兼北洋大臣的职务，奉旨留京但又没安排任何实职，等于投闲置散。李提摩太在 9 月 17 日和 23 日两次去见他，他十分感慨地说：现在满朝文武没有几个真正懂得世界大势的，他自己已经没有什么影响力了，于是介绍李提摩太先后去见了恭亲王以及孙家鼐和翁同龢这两位帝师。

孙家鼐就是著名的寿州孙状元，李鸿章的同乡好友，李提摩太一见到他，孙家鼐就告诉说，已经陪皇帝读了两个多月的《泰西新史揽要》，使李提摩太大为惊喜。传统的说法这本书是由康有为介绍给光绪皇帝的，现在从时间上推断已不可能，因为李提摩太是到了北京后才和康有为认识的。李鸿章是最先看到此书的人之一，不排除是他通过孙家鼐把书送到皇帝手里的。至于恭亲王和翁同龢，李鸿章打趣地说：他们两人，前者像顽石，后者像橡胶。尤其是翁同龢，最难缠，但皇帝也最听他的话。此人最爱虚荣，所以和他见面时，首先要对他恭维推崇，然后针对时势切实发问，再逐条剖析，让他明白改革与否关系重大。李还亲手帮助李提摩太改订了见面的说帖（即意见书）。果然，如此一番布置后，翁同龢一见面就对李提摩太的印象非常好，称他为"豪杰也，说客也"，并且在日记里认真记下了李氏关于改革的意见。翁同龢与李鸿章，虽然有时因为政见不同而闹得不可开交，但他们骨子里都是大清王朝的忠臣，是封建末世的"补天派"，共同的目的常常会使他们情不自禁地想到一起来。所以李鸿章对他的这位老对手兼搭档也可以说得上是知己知彼了。

还有一件非常有趣的事是，从尘封多年的李鸿章未刊文稿里找出前面那封思想特别解放的信稿时，发现代他起草抄录的幕僚汤伯述，竟然是翁同龢的唯一小舅子。萧山汤家也是名门望族，汤氏姐弟的祖父汤金钊是道光朝的协办大学士，对翁同龢的父亲翁心存有过提携之助，两家说得上是门当户对。汤氏夫人知书识礼，只可惜英年早逝。而翁同龢对夫人一往情深，自夫人去世后，再没有续弦，对这位小舅子自然多方关照。翁本来想请李鸿藻帮着在轮船招商局谋个好差事，不知怎么被李鸿章知道了，就挖到自己门下做了机要幕僚，时间大概在1887年左右，此时翁同龢已经当上户部尚书。李鸿章的如意算盘是，让汤伯述充当说客，可以多要点经费。于是在翁同龢的日记里，隔三岔五就会出现汤伯述从天津来的记载。结果钱没有要到多少，汤伯述本人倒成了这两大巨头之间的秘密传话人，他们在近代一系列重大事件中的幕后活动，由于岁月的磨洗，现在已经很难为局外人知道了，但通过汤伯述这样一个人物，至少可以表明，翁、李之间绝不是势不两立的死对头。何况，李鸿章还有一位亲信幕僚、后来编印出《李文忠公尺牍》的于式枚，是光绪六年翁同龢当主考官时中的进士，他既是文廷式的同年好友，也是翁同龢的得意门生。而李家的"西席"即塾师范当世，和张謇从小就是同乡好友，张家家贫，无力葬父，是范家把自家的祖坟地让出一块给了张家。范当世本人则是由张謇介绍给吴汝纶，再由吴汝纶引见给李鸿章的。所以翁、李两系的人物，常常是我中有你、你中有我，并不是如后来一些史家所描绘的那样泾渭分明。

强学会的支持者

如果说，康有为的"公车上书"和松筠庵集会已经成为一桩历史悬案，那么康在当年 7—8 月间创办《万国公报》（后改名《中外纪闻》）和成立强学会，则是确凿无疑的。《万国公报》选登"阁钞"，译录新闻，介绍西方国家的国情和西学知识，当时"遍送京城上夫贵人"，在上层官僚和知识分子中间产生了积极的影响，也就是康有为所说的"报开两月，舆论渐明"。在这种情况下，康和梁启超等人又发起成立了强学会，这是中国近代第一个改革派政治团体，拿梁启超的话来说，它的宗旨就是"广联人才，创通风气"，以更有效地鼓吹变法和推动改革。根据最新出版的《北京安徽会馆志稿》，报社的社址和强学会的会址都设在离松范庵不远的安徽会馆内，这其实是和李鸿章大有关系的。

众所周知，安徽会馆是在 1871 年由新上任的直隶总督李鸿章和他的哥哥、湖广总督李瀚章带头倡捐，共耗银 2.8 万两修成的，位于正阳门和宣武门之间，占地面积达 9000 平方米，比湘系官僚集资修建的湖广会馆要大出一倍多，馆内的古戏楼也是清代最有代表性的标志性建筑之一，堪称京师会馆之最。在此之前，安徽在北京只有各州县的小会馆，零星散落，因此这所大会馆的建成，标志着晚清淮系集团政治势力的崛起。到了 1889 年 6 月，由于西邻原山东巡抚张曜的宅子失火蔓延，会馆房屋被烧毁大半，在孙家鼐等京官的恳求下，李鸿章再次出面倡修，淮系官绅一呼百应，短短三个月，又收到捐银 2.5 万两，很快于第二年又照原样修复。两次修建的过程，李鸿章都亲笔题写了碑记。根据笔者考证，担任会馆管账的，在中法战争以前，是潘鼎新的儿子潘永受，在第二次重修后，考虑到经费得来不易，先后有李的侄儿李经畬（李瀚章之子）和内任赵曾重（妻兄赵继元之子）参加管账。所以李鸿章实际上是安徽会馆的后台老板。

但在起初有关戊戌变法的记载上，如汤志钧的《戊戌变法史》等，都说报馆和强学会会址设在宣武门外后孙公园，其实后孙公园就是安徽会馆，它原是清初官吏孙承泽的产业，后来即被淮系官绅买下修作会馆。到了1990年，林克光在《维新派巨人康有为》里，又提出是"孙家鼐将后孙公园的一部分给强学会作会所"，而仍然不提李鸿章。为什么会这样？一个流行的说法是，李鸿章得知强学会成立后，表示赞赏，自愿捐3000两银子入会。因为当时的上层官僚如刘坤一、张之洞、王文韶等都捐了5000两银子，另外像翁同龢、孙家鼐及李鸿藻等也都列了名。而李鸿章由于甲午战败名声太臭，在一个激进的帝党分子陈炽的挑头反对下，将李拒之门外，使他感到大失面子而恼羞成怒。这时李鸿章已经奉命出使欧美，临行前愤愤地说："若辈与我过不去，我归，看他们尚做得成官否？"于是便怂恿他的儿女亲家、御史杨崇伊于1896年1月上奏弹劾，把报馆机器等项一律查封。这样，李鸿章就俨然成为维新运动的对头，迫害强学会的罪魁祸首。

其实，杨崇伊的儿子杨圻娶的是李经方的女儿，严格地说，他只是李经方的儿女亲家，由于籍贯常熟，他和翁同龢家族也有姻亲关系。根据苑书义、汪叔子等考证，杨崇伊弹劾强学会，纯属他的个人行为，与李鸿章毫无关系。而李鸿章虽然对拒绝他加入强学会有牢骚和不满，但并未插手破坏。

记下李鸿章那句牢骚话的，是在汪大燮写给江康年兄弟的信里。汪大燮在民国史上曾经是一个风云人物，先后当过民国政府的教育总长、外交总长和国务总理，1919年他在担任巴黎和会外交后援会委员长时，首先把日本要从德国手里攫取山东权益的消息，秘密告诉北大校长蔡元培，从而引发轰轰烈烈的五四运动。而他政治生涯的开端，就是戊戌维新运动。当时他和梁启超两人共同担任《万国公报》的主笔，过去一般的辞书条目上都说他是浙江钱塘人，其实他的祖籍是安徽黟县的宏村—— 一个风景秀美的牛形村落。汪家世代经商，老宅至今留存。汪大燮的这一支，大概也和祖籍绩溪的红顶商人胡雪岩一样，是从皖南的深山迁到杭州的。正由于籍贯的原因，所以就由他拉了另一个维新活动的积极分子、李鸿章的侄女婿蒯光典，出面向孙家鬴租借会馆办报。孙家鼐在皖籍京官中名望仅次于李鸿章，当时李鸿章要韬光养晦，不便出面，但如果没有他的点头，要租借这么一大片房舍，恐怕没那么容易。李鸿章不光是默许强学会在会馆里办报和举行各种活动，而且在康有为于1895年底到上海去创办《强学报》时，又"自愿捐金一千"。所以从他的一贯表现来看，他对维新运动是充满同情的。

"维新之同志"

这种同情和理解，在李出访欧美、"顿扩灵明"之后，表现得更为强烈。蔡尔康在《李傅相历聘欧美记》里说："李中堂之使泰西也，国计民生，日往来于方寸。故遇有可裨益之事，穷日夕之力以察之；其遇未能洞悉之处，竭口舌之力以问之。"李鸿章周游列国，曾经闹出过不少笑话，在这本书里以及当时的西方报刊上都有不少记载。但有一点是明确无疑的，就是他时时把访求富国强民之道放在心上，所到之处能够做到不懂就问。这对一个70多岁的老人来说，实属难能可贵。他回国不久就写信给吴汝纶说：我此行虽然时日短促，但详咨博考下来，已经觉得所见胜过所闻。他认为西方立国的"扼要之处"就在于上下一心，所以能够齐心合作，无事不举，积富为强。而中国则政杂言庞，生财之道又不得法，所以事情就很难办。过去胡林翼曾经说过，如果我们能积累许多钱财，天下事尚有可为。李自己也很赞同这句话，但现在看来，这只是"第二义"。那么，"第一义"又是什么？他没有明说，可实际上指的就是政治体制改革。

尽管李所到各国，都给了他国家元首的礼遇，他自己也认为"各国富强之策，跃然于胸"，很想回国后重新有一番作为。但他回来以后，清政府只是给了一个"在总理衙门行走"的闲差，接着在不到一个礼拜的时间，又以他"擅游圆明园"而受到罚俸禄一年的处分。圆明园早已废弃，过去也常有官员进去游玩，李鸿章因为闲着无事，顺便进去看看，却不料被有关方面逮住大做文章，吏部商议甚至要把他革职。这实际上是给了他当头一棒，有意杀他的威风。在总理衙门当值的岁月，可以说是他踏上仕途以来最凄凉的日子。他深居简出，经常独自待在贤良寺寓所的院子里，寂寞地看着落日晚霞，对往事进行着追思和总结。他曾经对前来看望他的曾国藩孙女婿吴永说：

"我办了一辈子的事，练兵也，海军也，都是纸糊的老虎，何尝能实在放手办理？不过勉强涂饰，虚有其表，不揭破犹可敷衍一时。如一间破屋，由裱糊匠东补西贴，居然成一净室，虽明知为纸片糊裱，然究决不定里面是何材料，既有小小风雨，打成几个窟窿，随时修葺，亦可支吾对付。乃必欲爽手扯破，又未预备何种修葺材料，何种改造方式，自然真相破露，不可收拾，但裱糊匠又何术能负其责？"真可以说得上是痛定思痛了。

然而李鸿章的本性毕竟是一个"勇于任事"的人，他特别看不惯总理衙门各大臣推诿拖沓的作风，在写给女儿、女婿的信里大发感慨：今天的时局，虽说总理衙门代行政府的职能，但我在里面就像坐冷宫一样。大臣们都喜欢说一些浮光掠影的话，毫不用心；平时专讲小过节，不问大事，一切都唯两宫之命是从。大家在一起开会商量，就是拱手打哈哈而已。于是他只好自我解嘲地改写韩愈的两句诗："中朝大官老于事，讵肯感激徒媕婀。"所以当变法的热潮一浪高过一浪时，他从内心是有所期待的。尤其是 1898 年，光绪命令翁同龢、李鸿章、荣禄、廖寿恒、张荫桓等总理衙门五大臣约见康有为，李鸿章专门就机构改革发问：如果六部（指旧的吏、户、礼、兵、刑、工六部）尽撤，那么"则例"也就是旧的规章制度是不是也要全部抛弃？康有为气宇轩昂地回答说："今为列国并立之时，非复一统之世，今之法律官制，皆一统之法，弱亡中国，皆此物也，诚宜尽撤。即一时不能尽去，亦当斟酌改定，新政乃可推行。"听了这一番话，李鸿章虽然没有当场表态，但在事后却十分佩服的对人说："康有为，吾不如也。废立制艺事，吾欲为数十年而不能，彼竟能之，吾深愧矣。"

当年 6 月 11 日，光绪颁布《明定国是诏》下决心进行全面变法时，李鸿章先后两次把荣禄阻挠提拔康有为和向慈禧太后告状的事，主动透露给康有为，让他小心提防。后来听说有人要刺杀康，李又赶紧派于式枚前去告知，并建议康"养壮士，住深室，简出游"。后来，光绪为了保护康有为而让他"奉命出京"，李鸿章又特地"遣人慰行"。戊戌政变发生后，李鸿章外放两广总督，当时康、梁已经流亡日本，他对慈禧下旨搜捕康、梁家族的亲属，刨平康、梁祖坟，一直拖了很长时间不办，他尤其对株连九族的做法非常不满，私下里对部属说："我决不做刀斧手。"并且回奏清政府：现在香港有新党人士在组织"勤王"，他们要发动暴动进攻广州，铲平康有为本籍坟墓一事，似宜稍缓，唯恐激则生变。只是后来在慈禧的一再严令下，才不得已而为之。根据其侄女婿、同情变法的孙宝瑄在《日益斋日记》所记，李鸿章在赴粤途中经过上海时，曾经和他谈起，陛辞时，慈禧拿着一大沓弹章对李鸿章说："有人馋尔为康党。"李鸿章泰然自若地说："臣实是康党。废立之事，臣不与闻。六部诚可废，若旧法能富强，中国之强久矣，何待今日？主张变法者即指为康党，臣无可逃，实是康党。"慈禧听了以后，默不作声。

正因为这样，所以流亡日本的康、梁先后向李鸿章写信致谢，梁启超的信，首先感谢他三次托伊藤博文等日本友人捎口信勉励，不要以现时的境遇而灰心，更应该努力精研西学，他日报效国家。然后充满感情地说："公以赫赫重臣，薄海具仰，乃不避嫌疑，不忘故旧，于万里投荒一生九死之人，猥加慰问，至再至三，非必有私爱于启超也，毋亦发于爱才之心，以为孺子可教。"而康有为在信里更直截了当地指出："固感公相与之厚情，更深知公维新之同志。"这显然是通过失败和挫折得出来的真实感受。

慈禧本人其实并不反对变法，她只是害怕别人剥夺她的权力。问题在于当康、梁这一帮"新进青年"试图用"快变、大变、全变"的一揽子改革方案来解决中国问题的时候，过于激进，忽视了朝野上下、官绅商民的承受能力，忽视了和李鸿章这样的稳健派老臣的合作，忽视甚至是有意挑战慈禧的权威，从而使得本身日益孤立，给朝中的极端顽固派和荣禄这样的阴险小人创造了可乘之机。一个最显著的事例就是，被称为"中国维新第一导师"的翁同龢，与"维新之同志"的李鸿章，在百日维新开展前后都遭到斥革，翁同龢 6 月 15 日罢官回家，李鸿章 9 月 7 日被勒令退出总理衙门。荣禄早在甲午战争后期写给鹿传霖的一张便条里，就指责"合肥甘为小人，而常熟仍作伪君子"，对翁、李二人流露出深深的不满，必欲除之而后快。而他表面上和翁同龢八拜为交，和李鸿章称兄道弟。翁、李相继退出权力中枢后，他接管了李鸿章的全部权力，成为最大的受益者。而朝廷大臣之中缺少了能够"调和两宫"之人，也就是缓解帝后冲突的转圜人物，从而使得太后和光绪分别被极端顽固派（如刚毅、载漪）和激进改革派（如康、梁）所包围，双方对立日益严重，终于酿成流血的戊戌政变惨剧。这其中的教训，很值得后人深思。李鸿章在变法失败后不久，在北京贤良寺寓所会见伊藤博文时，指出这次失败的原因是"变法太急，用人不当"。可以说是一语中的了。

秋风宝剑孤臣泪

李鸿章本人，据周馥口述，在去世前还曾经口述一诗：

劳劳车马未离鞍，临事方知一死难。

三百年来伤国步，八千里外吊民残。

秋风宝剑孤臣泪，落日旌旗大将坛。

海外尘氛犹未了，请君莫作等闲看。

其中"秋风宝剑孤臣泪"一句，可以算是他对自己一生的写照了。

委曲求全等待时机

1900 年前后，义和团运动在中国北方如火如荼地发展起来时，李鸿章正在遥远的南方做着两广总督。他在戊戌期间被逐出总理衙门后，尽管已经是七十六七岁的老人了，还被莫名其妙地派去勘察黄河，时值严冬，他沿着河堤一走就是四个月，风餐露宿，辛苦异常，幸亏有一个忠心耿耿的周馥在身边襄助。据说这就是荣禄在背后搞的鬼。经过甲午战争和戊戌变法，慈禧最信任的人就是荣禄了。俗话说："人在屋檐下，不得不低头。"他回到北京后，只好低声下气，走荣禄的门路，用大笔银子上下打点，活动外放。而荣禄和刚毅二人，当时为了争翁同龢开缺后留下来的协办大学士位子，正闹得不可开交。1899 年底，有人上奏折反映刚毅在广东募集为数可观的报效银两，和两广总督谭钟麟走得很近，引起慈禧的警惕，因为中央大员和封疆大吏的勾结，一直是最高统治者的大忌。于是荣禄趁机向慈禧提出把谭钟麟调来京城，而让李鸿章前往两广，这也是一石二鸟之计。从荣禄内心来讲，巴不得李鸿章远离权力的中心，少一点掣肘和竞争。

李鸿章为什么要这样委曲求全呢？这与他的性格和心态很有关系。作为一个大半生都在权力顶峰上打滚的元老重臣，一旦从宝塔尖上掉下来，变得一文不值甚至声名狼藉，那种失落感和难受劲儿，是局外人难以体会的。况且中国封建王朝的官，历来是只能上不能下，徐桐、倭仁、李鸿藻，都是80岁上下的人，上殿陛见时跪都跪不动了，也还都在死撑着，就是不愿退休，其中的奥妙，还是李鸿章比较坦率，在和吴永的谈话时一语道破："今人多讳言'热中'（指当官）二字，予独不然。即予目前，便是非常热中。仕则慕君，士人以身许国，上至下泽，事业经济，皆非得君不可。予今不得于君，安能不热中耶？"所以有人评论，追求权力，拼命做官，是李鸿章一生奋斗的目标，也是他实现自己人生价值的唯一途径。

到了广东以后，李曾经和相熟的老乡、南海知县裴景福谈心说："我到了这个地步，将来死后能和左相一样，封个'文襄公'的谥号就不错了。"清代的谥号是比较讲究的，最高是"文正"（如曾国藩），其次是"文忠"（如林则徐、胡林翼），第三等是"文襄"，再就是"文端""文勤""文恪"之类。因为左宗棠对自己一生的功绩颇为自诩，认为自己至少也应该步林、胡二公之后，弄个"文忠公"当当，谁料去世后一纸诏书下来，仅仅封了个"文襄"。李鸿章此时掂掂自己的分量，当然不敢有什么奢望。但是，义和团运动的发生，以及随之而来的庚子议和，又给他的政治生涯增加了充满曲折、有声有色的最后一幕，并且恢复了往日的权力、地位和荣耀，最终还获得了"文忠公"的谥号。

义和团的起源

关于义和团的起源，长期以来有着各种不同的说法，最早也是最著名的，要数1899年11月直隶吴桥县知县劳乃宣在一份报告里提出的："义和拳一门，乃白莲教之支流，……实系邪教，并非义民。"它究竟是不是邪教不好说，但它在当时囊括和吸收了直隶、山东一带大刀会、神拳、八卦教和梅花拳等各种民间秘密教门，确实存在着许多封建迷信和愚昧落后的东西。吴桥是有名的武术杂技之乡，那里的人们自古以来就爱使枪弄棒。劳乃宣从1879年起就在直隶各地当了20年的知县，也算是李鸿章的老部下，工作一贯比较踏实，对民俗民情颇有了解。当时的山东巡抚袁世凯、直隶总督裕禄都接受了他的说法。袁世凯上任后，凭着装备精良的新建陆军，对山东的义和团大肆镇压，比他的前任、号称"毓屠夫"的毓贤有过之而无不及，逼得山东义和拳民大批流往直隶，随即在直隶蔓延开来。而直隶总督裕禄的表现却是首鼠两端，一开始他也曾经向慈禧建议严行剿捕，以免"酿成巨患"。但看到慈禧没有答应，为了保住自己的官位，就来了个一百八十度大转变，亲自宴请义和团的大头领张德成、曹福田等人，待若上宾，又上奏说义和拳民"可以大用"。

后来，到了1900年6月16日下午，八国联军的海军司令以派军队进京保护使馆为名，向清军大沽口炮台守将罗荣光发出最后通牒，要求在17日下午2时以前将炮台交出，罗荣光向裕禄告急求援时，他除了向朝廷转报外，没有任何实际部署。第二天经过激烈战斗，炮台终于失陷，罗荣光退入天津新城继续抵抗，直至以身殉国。另外一位淮军名将、武卫前军统领聂士成，也在城南八里台英勇抗敌、壮烈牺牲。而裕禄却压着大沽炮台失守的消息，直到20日才上报，于是促成了6月21日清政府正式下诏对外宣战。在此之前，慈禧已经于6月16日到19日连续四天召开御前大臣会议，商讨和战对策了。裕禄本人尽管不久也在杨村战败自杀，但他的做法，无论是有心还是无意，都是贻误战局的。像他这样一个人，担当直隶总督兼北洋大臣的重任，无论平时处理问题的能力和手段，还是危急时刻的机变和决断，都与李鸿章无法相比。一个最简单的事实是在李鸿章当直隶总督的25年里，尽管他要花相当多的时间和精力去处理外交和国防问题，还要消耗许多钱财去赈济灾民、修理河道，但在民心稳定和社会秩序上，却基本上没有出过大的乱子。清政府惯例每三年要对地方大员在这方面的政绩进行考评，而李鸿章为官40年，能够连续13次获得"优叙"，这在有清一代都是少见的。

"废立之谋"

慈禧纵容和利用义和团排外，有着她自己的原因。这个女人一生中发动过三次宫廷政变：辛酉政变处置了肃顺等顾命八大臣，甲申政变驱逐了以恭亲王为首的全体军机大臣，戊戌政变又把光绪皇帝囚禁在瀛台，可以说是翻手为云、覆手为雨。但她本人毫无明确的政治主张，一切以攫取和巩固权力为转移。不过这一次囚禁以维新形象出现的光绪，遭到包括日本在内的全体西方列强的反对，心里一直悻悻不平，老是想着如何伺机把光绪彻底废掉。于是就有了所谓"废立之谋"。

关于这个故事，有着两个版本的说法。一种说法是，当时首先策划废黜光绪帝的是大学士徐桐、承恩公崇绮、礼部尚书启秀三人，都是著名的顽固保守派，尤其是徐桐，对一切洋玩意儿一概深恶痛绝。有一次，看到他的儿子，已经做到刑部侍郎的徐承煜叼着雪茄烟从他面前走过，立刻勃然大怒，训斥道："我还活着，你都敢这样，我死了以后，一定禀明阎罗王，让你胡服骑射作鬼奴。"并罚他跪在太阳底下暴晒。崇绮是同治皇后的父亲，虽贵为国丈，但闲得无聊，也想过过参政议政的瘾。启秀则和徐桐的关系最密切，他能当上礼部尚书，全靠徐桐的帮忙。三个人都想借此机会"邀宠于太后"，并且自比是商朝的伊尹和周朝的周公。

经过一番密谋后，他们拟好了废帝诏书呈给慈禧，慈禧要他们再拿去给军机大臣荣禄看看。于是徐桐和启秀连夜来到荣府，并且口称是奉了慈禧密旨而来。据说荣禄只扫了一眼，就连忙说要上厕所，跄跄地跑出屋去，半天不回来。这时已是 1899 年的初冬，两个人只好坐在围炉边傻等。原来荣禄一看事情棘手，就去找幕僚商量了，商议完以后，他跑出来装模作样地说："刚刚那份东西写的什么？我没有看清，请再拿来看看。"谁知接过来没看几行，就急忙塞到围炉里，一边用铜火钎拨火，一边说：我不敢再看了。徐桐和启秀大怒，说你竟敢抗旨。荣禄回顶说："我相信太后不会做这样的事。我马上进宫向太后问明白，如果真是太后旨意，我愿一人认罪，与二位无干。"他进宫后，伏地磕头痛哭道："各国都认为皇上是明主，非臣等口辩所能解释。"再三恳请太后不要贸然行事。慈禧觉得事情不那么好办，于是把原定的新皇帝溥儁暂时改立为大阿哥。

荣禄为什么会有那么大的胆量？早在 1899 年初，慈禧就密令过他，从速办理废立之事，但他曾经对李鸿章说过："皇上性暴，内实惠厚；太后心狠，令人不测。"说明他对光绪并没有恶感，而对慈禧的为人却十分清楚，这件事弄不好会给自己招来杀身大祸。所以早在徐桐等人登门以前，他就茶饭不思，忧患成疾。这时正好李鸿章要去广东赴任，前来辞行。一看荣禄面容清瘦，心事重重，就问："是什么事如此担心？"荣禄就把慈禧预谋废立的事和盘托出。李鸿章一听，立刻站起来激动地大声说："如此重大之事，怎么能在今天实行。"又进一步分析说：这件事如果真要实行，那么各国驻京使臣首先就会抗议，各省封疆大臣当中也会有仗义执言者。一旦"无端动天下之兵，为害曷可胜言"。果然，后来有关征求"废立"意见的密电向各省督抚发出后，两江总督刘坤一立刻回电反对，说出那句日后流传甚广的名言："君臣之义已定，中外之口难防。"也就是警告慈禧，事情不要做得太绝了。有了这样一些信息来源，荣禄自然敢于冒险抗旨了。这是王照《方家园杂咏》和陈夔龙《梦蕉亭杂记》里的说法。根据这一说法，李鸿章在向慈禧陛辞时说的"废立之事，臣不与闻"，完全是故作姿态。他对荣禄当时的行为，可以说是一言定乾坤。

另一种说法来自章华的《语林》：荣禄深夜走访李鸿章，"屏退左右"，传达了慈禧废黜光绪之意，并说由于康、梁等流亡者在海外鼓吹保皇，怕各国不同意，希望李鸿章能出面向各国公使打探一下反应。李鸿章回答说：废君立储一向是本国内政，先要询问外国人意见，有失国体；如果真的要询问，朝廷可以先任命我为两广总督。到时候，各国公使看在我的老面子上，都会前来祝贺，我就可以趁便向他们发问了。荣禄点头称是，回奏慈禧，于是有了李鸿章两广总督的任命。届时，各国使节果然纷纷前来祝贺，李鸿章便提出废立问题，他们表示：按理不应该干涉，唯过去国书都是递交给光绪皇帝，要是换了新皇帝，是否继续承认，还要请示本国政府。实际上暗示反对废光绪。慈禧无奈，只得接受荣禄的建议，先把溥儁立为大阿哥，再"徐篡大统"。这样一来，可以说是李鸿章趁机要官。也可以说是慈禧和荣禄与他达成的一项交易。在封建王朝，有能力的君主利用各种手腕驾驭臣下，聪明的大臣也会利用宫廷里的内部矛盾（比如帝后之争）搞平衡，为自己保地位、谋利益。荣禄和李鸿章，都是这么做的。

但是这个新立的大阿哥，实在是个扶不起的刘阿斗，斗鸡走狗，眠花宿柳，什么下三烂的事都干。有笔记记载："大阿哥尝微行访土娼某氏，是娼不甚美，而善房中术，抹粉涂脂，倚门卖笑，他人见之，不顾而去。大阿哥以其擅有别才，时狎之。后竟毒发，几至灭鼻。治愈后，犹不舍之，向各处访求防毒之药，挟之以往，留恋朝夕。"后来跟随慈禧逃难到西安，仍然声色犬马，故态不改，有一次在戏楼子看黄梅戏《拾玉镯》，为了争夺座位，竟然率领一帮太监和董福祥的甘军将弁大打出手；结果吃了大亏，又迁怒于戏园，下令陕西巡抚将西安城里的戏园子一律封闭，把出事戏园的园主枷号示众。事情闹到慈禧那里，连慈禧也忍不住破口大骂："汝如此不法，曾狗彘之不若，若一登天子位，国家都被汝拆散矣。"大阿哥的父亲端王载漪，也不是什么好鸟，他和载澜、刚毅沆瀣一气，极力鼓吹义和团"民气可用"，其目的就是为了让儿子早登大宝，自己好当太上皇。6月25日，也就是宣战第五天，他带领60多名义和团民冲进皇宫，名为"搜查二毛子"，实际是想杀害光绪，被慈禧喝止住了。这时候慈禧才猛然感到：这些人既然敢杀皇帝，将来也会杀自己。

悍然宣战的前前后后

但这位老佛爷是不肯认错的，文过饰非恐怕是一切独裁者的特征。她在事后把一切责任都推到刚毅、赵舒翘身上，向人表白说："当时拳匪初起，议论纷纷，我为此主张不定，特派他们两人前去涿州看验。后来回京复命，我问他义和团是否可靠，他只装出拳匪样子，道两眼是如何直视的，面目如何发赤的，手足如何抚弄的，絮絮叨叨，说了一大篇。我道，'这都不相干，我只问你，这些拳民据你看来，究竟可靠不可靠？'彼等还是照前式样，重述一遍，到底没个正经主意回复。你想他们两人都是国家倚傍的大臣，办事如此糊涂；余外的王公大臣们，又都一个劲儿敦迫我，要与洋人拼命的，叫我一个女人家如何拿得定主意呢？"正所谓一哭二闹三抵赖，她把一个市井泼妇所能用的手段都使出来了。但既然这些大臣如此靠不住，她为什么还要加以信任和倚傍？可见还是不能自圆其说。

本来在6月16日第一次御前会议上，是和是战并没有定论，慈禧便命令主和的总理衙门大臣许景澄前往公使馆劝阻洋兵进京。然而就在6月16日深夜，经常奔走于荣禄门下的江苏粮道罗嘉杰，拿着不知从哪里得来的情报向荣禄报告说，各国已经分别调兵来华，准备向中国宣战，还说列强已经提出照会四条：

一、指明一地，给中国皇帝居住；

二、代收各省钱粮；

三、代掌全国兵权；

四、太后应归政光绪皇帝。

荣禄一看事情重大，连夜写好密折进宫呈递。这照会里的第四条，最犯慈禧的忌讳，正好17日上午又收到裕禄转来列强索取大沽炮台的奏报，于是她立刻在下午3点紧急召开第二次御前会议，亲口向大家宣读四条照会，接着说：现在洋人已准备从大沽进兵，今日衅自彼开，亡国就在眼前，我如果拱手相让，有什么脸面去见列祖列宗。于是，载漪等人一齐起哄道："非战不可！"这时候，慈禧大声地对众臣说："今天的事，大臣们都听到了。我为江山社稷，不得已而宣战，所以结果很难预料。假如打过之后，江山社稷仍然不保，诸位今天都在这里，应该知道我的一片苦心，将来也不要归咎于我一个人，说皇太后断送了大清三百年天下。"这一番话，真是既歇斯底里，又老谋深算。

另外，朝廷大臣中，也不是像她所说的，都是一个劲地敦促要开战的。在会上，总理衙门大臣袁昶就力陈法术不可信，从古到今，绝没有靠法术打仗成功的。被慈禧训斥道："法术不足恃，难道人心也不足恃了吗？……如果人心都失去了，我们何以立国？"到了要宣战的紧要关头，许景澄又挺身而出，说自古以来"春秋之义，不杀行人（指使者）"，坚决反对围攻使馆。这时，一直不大作声的光绪流着眼泪从御座上走了下来，拉着许景澄的手说：你在总理衙门多年，熟悉洋务，应该明白天下形势，究竟能否与各国开战？国家存亡，百姓安危，在此一举，你一定要毫无保留地告诉我。许景澄也含泪分析说：无论是非得失，万万没有以一国向各国宣战的道理。慈禧觉得看不下去，斥责他们有失君臣的礼节，许景澄也立刻争辩，说是皇上拉着我臣下的手，而不是我做臣子的拉着皇上的手。在场的袁昶、徐用仪、联元等大臣纷纷支持许景澄的看法。连老滑头王文韶都说："一朝开衅，何以善后？请太后三思。"荣禄也明确表示反对战争，被太后斥出殿外。

这时，慈禧又示意她一贯比较信任的户部尚书、蒙古族贵族立山表态，谁知立山也不同意开战，他说我们现在无兵又无饷，靠什么去打仗？过去有事还可以向外国借款，现在同时向各国宣战，那么再向谁去借款呢？听到这里，端王载漪立即大声打断说：立山一定是和外国人有勾结，该杀。这完全是公报私仇，因为立山前不久和端王的弟弟载澜为了争夺名妓绿柔（一说和庄亲王载勋争名妓赛金花）闹得不可开交，所以他第二天就被革职，关到庄亲王府，一定要他供认家里有地道通西什库教堂，后来在八国联军攻陷北京前四天被斩首，抄没家产以百万计。在此之前，许景澄、袁昶、徐用仪、联元都已经被慈禧下旨杀掉了。立山算是死的最不明不白，所以胡思敬在《驴背集》里有一首专咏立山的诗："金谷花飞锦障铺，便将如意碎珊瑚。齐奴总为多情死，不负恩情是绿珠。"不过和晋朝的绿珠为石崇殉情而死不同，这次以身殉夫的是立山的夫人富察氏，而不是绿柔。清王朝到了末年，无论主战主和，大臣中一片腐败糜烂之风，真的是无可救药了。

　　上面所说的朝廷争论，很多都是由当时在场的的恽毓鼎在《崇陵传信录》里历历如绘地记录下来的，再加上《庚子国变记》和《拳变余闻》等书的记载，所以慈禧很难推卸掉战争的责任。后来，史学界有人考证出，那份引起慈禧大动肝火的照会纯属载漪一伙伪造，意在挑起战争。但蒋廷黻认为，这四条虽然出于捏造，也不是完全没有原因，曾经当过京师大学堂西学总教习的丁韪良，就向各国公使团建议过和照会四条大致相似的内容；而且，早在当年4—5月间，列强的舰队就开始在大沽口集结待命了。俗话说，一个巴掌拍不响，一方面是帝国主义列强的虎视眈眈，一方面是慈禧想利用义和团教训一下洋人，才导致这场中华民族的空前浩劫。

"廿五矫诏，粤断不奉"

　　了解了这场战争的背景，就不难理解李鸿章北上议和的难度。当时他尽管人在广州，但在北方有着众多的眼线，信息渠道十分畅通。首先向他通报的是正在汉口督办卢汉铁路的盛宣怀，时间是在5月底6月初，因为当时义和团已经把卢沟桥和保定之间的铁路拆毁了一大半，并杀了前去镇压的清军将领杨福同，李鸿章立即回电询问具体情况，表现出多年养成的政治敏感。接着，有关义和团要杀尽"一龙二虎十三羊"的民谣也传到李鸿章的耳朵里

（一龙指光绪，二虎指的就是他和荣禄，而十三羊则是指朝中十三个主张剿灭义和团的大臣），他就认为：朝政为载漪、载澜辈"群小把持"，而慈禧一意回护，"必酿大变"。6 月 3 日，盛宣怀正式奏请朝廷派聂士成部迅速剿灭义和团，同时请李鸿章和刘坤一、张之洞也能电奏请剿。因为这时朝中两派已经开始激烈争论，盛的意思是希望"借疆吏多持正论，……九重乃可定见"。刘、张皆已响应，但李鸿章却按兵不动。他告诉盛宣怀：眼下时事"似非外臣所能匡救"；而且"内意主抚，电奏无益"。也就是还不到他说话的时候。

但李鸿章也不是无所作为，6 月 10 日，赫德给广州海关税务司庆丕发来急电，要他找李鸿章说明京城局势危险已极，稍有不测，各国必定并力大举，中国危亡即在旦夕。请李中堂电奏太后，务必保护使馆万全。李鸿章于当天就将这份电报全文发给总理衙门转奏，这实际上是借外国人的口，委婉地表达了自己的意见。这份电报正好打中慈禧的心理，所以她在一面纵容顽固派操纵义和团围攻使馆的同时，一面又让荣禄的武卫军给使馆里运送米面、蔬菜和西瓜等。就像她事后说的"我若真正由他们尽意地闹，难道一个使馆有打不下来的道理"。然而，就在第二天，日本使馆书记生杉山彬在永定门外火车站被枪杀。从 6 月 12 日起，义和团民已经开始在京城里四处焚烧教堂，而各国公使馆也组织武装外出枪杀义和团民，整座京城已经处于失控状态。到了 6 月 15 日，慈禧感到有点撑不住劲了，于是就下旨命令李鸿章迅速来京。

可是，李鸿章却以广东士民坚决挽留为名，一直滞留观望了一个多月。其中的原因，就是慈禧虽然命令他北上主持和谈，但既没授予他明确的职衔，也没开出明确的条件；而且当时朝政在顽固派的把持下，一片主战叫嚣，他如果贸然前往，无异于飞蛾扑火。所以最好的选择，莫过于静观待变。

然而 6 月 21 日清政府《宣战上谕》的发布，很快又打破了李鸿章的静观待变。目前的研究表明，经过四次御前会议的激烈争论，最终促使慈禧下决心的，是 6 月 20 日发生的两件事：一是德国公使克林德被清军神机营士兵枪杀；二是当天已经确知大沽口炮台陷落。这时的慈禧，已经感觉到无路可退，就像她在《宣战诏书》里所写的："与其苟且图存，贻羞万古；孰若大张挞伐，一决雌雄。"整篇文字尽管激昂悲壮，但如此不顾一切后果地向所有外国宣战，也是古今中外绝无仅有的"怪胎"。

对于这份诏书，李鸿章的反应出奇的明快、果断。6月21日是农历五月二十五，所以他在给盛宣怀的电报里率先指出："廿五矫诏，粤断不奉，所谓乱命也。"也就说这份诏书是伪诏，是朝中的乱臣贼子假借太后和皇帝的名义发的。他不但不遵办，还要盛宣怀把他的电报转告张之洞和刘坤一。为什么会如此迅速作出判断。因为在诏书下达的同一天，他又收到荣禄的密信，告诉他对朝廷以后所下的谕旨不要再重视。而盛宣怀也通过宫里内线报告：6月10日以后形势混乱，"文告恐有非两富所自出者"。以他对慈禧的深刻了解，此时此刻，即使抗命不遵，也没有什么大不了。这时候刘、张两位封疆大吏，正在盛宣怀、张謇等人的串联下，策划实行"东南互保"——也就是不在本地区实行战争状态，保护租界和外侨。所以李鸿章的意见和态度，在关键时候起到给他们打气壮胆和推波助澜的作用。有一些史著里把李鸿章说成是东南互保的主帅，这是夸大了李鸿章的作用。一是就当时的权力地位来讲，张之洞、刘坤一和李鸿章三个人，谁也不会买谁的账；二是东南互保的地区以长江流域为主（后来才逐步扩大到13个省区），背后主要是英国势力在插手，而李鸿章驻节的两广，是法国人的势力范围，再说他如果要北上主持大局，还要与俄国势力达成默契，所以是不宜和英国人走得过近的。

诡秘出格的"两广独立"

其实，在拒绝《宣战诏书》以前，李鸿章还卷入一件更为出格的事，这就是和孙中山为首的革命党人秘密接洽，策划"两广独立"。如果"东南互保"只是抗命不遵的话，那么"两广独立"就是密谋造反了。因此整件事情的过程显得格外隐秘，只有革命党人方面的材料，如《孙中山全集》和冯自由的《革命逸史》，以及日本友人宫崎滔天的《三十三年落花梦》等，才有蛛丝马迹可寻。事情经过大概是这样：大约在5月下旬的时候，香港立法局的华人议员何启，也是近代颇有名气的改良思想家，在征得港英当局同意后，找到正在香港活动的兴中会领导人陈少白，建议趁目前的混乱局势，兴中会可以争取与李鸿章合作，在两广地区建立独立政府，陈少白很是赞同，立即向正在日本的孙中山汇报。

当时，李鸿章身边有两个重要幕僚，一个是曾广铨，他是曾国藩的长孙，由曾纪鸿第四子出继给曾纪泽做长子，曾广铨跟随曾纪泽到英、法、俄等国生活了七年之久，精通英文，眼界开阔，因为祖、父辈的关系，很得李鸿章信任；另一个是刘学询，他生于广东香山的富商家庭，这两个人都具有资产阶级改良思想。尤其是刘学询，和孙中山是同乡而且以前有过交往，他和香港方面也有联系。知道这一动向后，自告奋勇向李鸿章请求，说认识孙中山很多年了，可以设法让孙到广东来听从傅相的命令，李鸿章默许。于是就由刘学询向孙中山发出邀请信，说李鸿章"因北方拳乱，欲以粤省独立，思得足下为助，请速来粤协同进行"。孙中山这时也正在考虑利用有利形势主动出击。他对同志们说："目前北京风云变幻，是一个亟须注意的时机。"既然李鸿章有意合作，那就不妨一试。不过，大概有了1894年上书碰壁的经历，他没有抱太大的希望。

6月11日，孙中山在同志扬衢云、郑士良和日本友人宫崎滔天的陪伴下，从横滨乘船启程，17日抵达香港海面。李鸿章派曾广铨率"安澜号"军舰来接，邀请孙中山、扬衢云两人到广州谈判。这时，陈少白也赶来向孙中山秘密报告，说李鸿章还没有最后下定独立的决心，而且听说总督衙门里的其他幕僚有设陷阱逮捕孙、扬二人的计划。据陈少白本人的回忆，他还用当年苏州杀降的例子提醒孙中山：李鸿章心狠手辣，很有可能翻脸不认人。于是孙中山和扬衢云都没有上岸，而是委派宫崎滔天和另外两名日本朋友代表他们前往，因为他们在当时享有治外法权，不会危及人身安全。他们三人于当天晚上10点多钟被接到刘学询寓所，由曾广铨担任翻译，一直谈到第二天凌晨3点才结束。由于双方都怀有戒心，谈判进行得比较谨慎和艰难，刘学询表示，在八国联军没有攻陷北京以前，李鸿章不便于公开表态。宫崎则提出，革命党可以先开展活动，但要以保障孙中山及其同志的安全，并先借款1万元作为合作条件。刘学询又立刻跑去请示李鸿章，李思考再三，总算同意先预付3万元。这样一来二去，时间就拖下来了。而在海上等候的孙中山等人，本来就对李鸿章抱有很大的戒心，所以当宫崎等人在谈判结束被军舰送到香港海口时，看到孙中山乘坐的轮船已经起锚，正向西贡驶去，无论他们怎么挥帽呼叫，也无济于事。这显然是为了防止变故而有意避离。李鸿章随后也"完全放弃了与孙中山合作的打算"，不久就奉召北上了。

　　从 1894 年孙中山向李鸿章上书被拒，到这一次合作流产，李鸿章和孙中山这两位中国近现代历史上的关键人物，在甲午战争和义和团运动两次重大历史事件中，先后两次失之交臂。这不能不说是一种历史的遗憾。1988 年，著名历史学家黎澍在《历史研究》上发表《孙中山上书李鸿章事迹考》，对孙中山究竟有没有见过李鸿章，又提出一些新的看法，重新在海峡两岸的学者中间引起热烈的反响。根据他发现的史料，当李鸿章于 7 月 17 日乘船北上，途经香港时，陈少白曾经登上他乘坐的"安平号"轮船，会见刘学询和曾广铨，试图再一次劝阻，但没有收效。李鸿章到了上海后，孙中山一行紧接着也于 8 月 4 日跟踪到达，并会见了刘学询。当时在场的日本人内田良平在自传里说：他们当中有一些人曾经提出，如果李鸿章不愿合作，就计划把他暗杀掉。但是被孙中山阻止了，他认为李鸿章即使不愿出面，在他计划组成的独立政府五人内阁里，李鸿章系统的要员也占两人——盛宣怀和刘学询，并且在托另一位日本人平山周转交给刘学询的信里，说明了这一点（这封信现已收录在《孙中山全集》第一卷里）。所以从孙中山这方面讲，始终没有放弃对李鸿章做工作的努力。

　　由此而引起的一个饶有兴味的问题是，孙中山在上海会见了刘学询，是在哪里见的？根据资料记载，李鸿章到了上海后，没有住进他自己的别墅——位于今天华山路的丁香花园，而是住到静安寺路刘学询的公寓里。孙中山在上海活动时，经常住在南京西路一带（即宋家），离刘宅很近，如果他到刘家去会谈，有没有可能见过李鸿章（因为李鸿章一直要待到 9 月 14 日才离沪北上）？这都有待于新材料的发掘。历史人物的内心世界和他们所介入的各项活动，远比我们后人所能想象和求证的要丰富、复杂。所以给我们留下了一个又一个难解的历史之谜。就拿李鸿章来说，这样一位大清王朝的元老重臣，当时居然会和康、梁及孙文这样一些"叛臣道匪"勾勾搭搭，暗通款曲。其实这也不难理解，一个历史人物的动机，常常是从他自己所处的历史潮流中得来，由义和团运动而引发的社会大动荡，给各种政治力量的涌起提供了活动的舞台，从探索"东南互保"到接洽"两广独立"，李鸿章在予取予求的选择过程中，总是希冀着追求恢复昔日的权力和荣耀。所以当朝廷在7月8日明降谕旨，任命他重新担任直隶总督兼北洋大臣时，他又义无反顾地选择了效忠清王朝的道路。

静观待变

李鸿章不住丁香花园，也有他的道理。这丁香花园目前还是上海滩上最负盛名的中西合璧的花园洋房之一（解放初被军管会接收，成为上海市委交际处，20世纪80年代后又成为老干部活动室），它的来历，一说是吴煦等人被革职后，为了保住身家性命，花了大把的银子盖起来孝敬李鸿章的；一说是盛宣怀经办洋务发达后，送给李鸿章表示感谢的；还有一说是李经迈为他的母亲莫氏，也就是传说中的丁香建造的。三说之中，笔者认为还是第二说最有根据。由于它坐落的华山路（当时叫海格路），位于法租界的管辖范围。一来目标太大，二来李鸿章一到上海就受了洋人一肚子气。所以就搬到当时还不是租界的静安寺刘宅去住了。这又引出另一个故事：在这座花园里，有一个莲花状的水池，整个莲花边就是一条盘旋而卧的龙，龙头昂首向着水池中央高高矗立兼有喷水功能的凤凰，这就是晚清有名的"龙朝凤"建筑。李鸿章是被赏穿方龙补服的，所以家里可以塑龙，但这条盘旋而卧的龙必须向高高竖立的凤（也就是慈禧）俯首称臣。李鸿章在上海盘桓不走，据说慈禧曾经秘密地让手下人去打探，水池当中的凤凰是不是还在？当下人回报说，花园一切都仍是原样，而且李鸿章也没有住进去。她这才长叹了一口气说：李鸿章还是忠于我的。

原来，李鸿章离开广州北上时，颇为自负，他曾经对前来送行的裴景福说："当今之世，舍我其谁也。"并且说：和谈无非三大问题，一是剿匪；二是惩办祸首；三是赔款。一副成竹在胸的样子。他在路过香港时，甚至向英国的香港总督卜力暗示，如果列强打算在中国"换马"、扶植一个汉人皇帝的话，他本人是最合适的人选。谁料卜力不但没有接这个话茬，还极力劝阻李鸿章不要北上，留在两广主持大局。所以，李鸿章不听劝阻抵达上海后，英国领事立刻下令拆除码头上欢迎的彩坊，李鸿章随身率领的200人卫队，也不准上岸，解除武装以后，才允许带 20 人经过租界。这实在令李鸿章十分难堪。他住进刘学询家以后，各国领事相互约定不去拜访，并且对他的全权大臣资格提出质疑。这时候，北方的形势已经非常混乱，他到上海的第二天，即 7 月 22 日，从北京逃到德州的李经述向他电告，天津已经失守，而且"津亡京何能支"？劝他千万不要冒险北上，8 月 2 日，他又接到袁世凯报告，许景澄和袁昶已在五天前被处斩，同时李经述也向他报告慈禧在北京已经"力不能支"，"西幸"出逃势所必然。许、袁两人尤其是许景澄，是李鸿章多年办理洋务外交的老部下，仅仅因为反对宣战就遭到如此下场，此时的李鸿章不禁百感交集，哀叹朝廷擅杀大臣"成何世界"？所以决定暂缓北上，表面的理由是"连日盛暑驰驱，感冒腹泻"，要求请假 20 天，但他在密奏里则直言不讳地指出：现在国是未定，认贼作子，则人心未安；而臣客寄江南，手无一兵一卒，即使冒险北上，也可能成为乱臣贼子"砧板上的肉"。

其实，在他的内心世界里有着两层更深的考虑：一是要看列强下一步的行动和态度；二是要等待清政府最高当局尤其是慈禧，从虚骄排外的氛围中醒悟过来。所以他不但要求清政府"立简重臣，先清内匪，善遣驻使，速送彼军"，而且要求慈禧，"效法禹汤，先下罪己之诏"。可是慈禧此时的态度依然是模棱两可，一面派主战派的李秉衡出京督师作战；一面正式任命李鸿章为全权议和大臣。而西方列强也就在李鸿章被任命的同一天——8 月 7 日，任命德国元帅瓦德西为八国联军统帅。所以尽管刘坤一等人对李鸿章的任命表示祝贺："旋转乾坤，熙天浴地，惟公是赖。"但李鸿章却十分冷静，因为他知道慈禧是不见棺材不掉泪的。

8 月 11 日，李秉衡率领 1.5 万人在通州对抗八国联军，平时慷慨激昂的他，一看到敌军列队布阵、枪炮齐放的架势，立刻换上便衣逃跑了，全军不战自溃，联军不费一枪一弹，一个小时就占领了通州。大概是感到无颜回京面圣，李秉衡于当夜自杀。三天后，八国联军攻入北京，开始大肆烧杀抢掠。慈禧强拉着光绪，坐着驴车，化装成老百姓仓皇出逃。那些来不及出逃的大小京官，一个个在门口挂上甘当顺民的外国国旗。真正愿为清王朝殉节的，只有徐桐等寥寥几个人。正像当时人柴萼《庚辛纪事》里所说："廉耻道丧，至今世极矣。"据说徐桐在城破当天，对他的小儿子徐承熊说："我为内阁首辅，遭国难当死。你三兄（即徐承煜）也是政府高官，当知如何去做。我死之后，你可归隐易州丙舍，课子孙耕读，不要再作官了。"说完，就让老仆在屋梁上一左一右系了两根绳子，自己往脖子上套了左边的一根，示意徐承煜套上右边的一根。谁知道徐承煜根本不想死，于是只有徐桐一个人去见阎王爷了。这徐承煜曾经是许景澄和袁昶的监斩官，袁昶临死前，在法场上对徐承煜说：我今天死，无愧于国家朝廷，也无愧于列祖列宗。他日你死，有什么面目去见列祖列宗？结果不到半年，不想死的徐承煜和启秀就被作为战犯处死在同一个法场上。算是被袁昶言中了。

还有一个参与册立大阿哥密谋和坚决主战的国丈崇绮，跟着慈禧逃到保定以后，听说他家中没有逃出来的眷属，"尽为联军所掳，驱诸天坛内，次第轮奸，以为戏乐"，无论老少长幼无一幸免。羞愤不已，当夜在莲池书院投缳自缢。这些虚骄自大、盲目排外者，也算是咎由自取。至于慈禧，据说也是在莲池书院的夜里，梦见观世音菩萨脚踩莲花、手托仙桃，向她欲言又止。惊醒后找来身边的大臣解梦，有人告诉她，这就是要她连夜脱逃（莲叶、托桃的谐音，今天莲池书院内，还有这样一尊观音的塑像）。于是便凄凄惶惶地踏上西逃之路。这当然极有可能是慈禧为了粉饰她的逃跑，而刻意让手下人编造的，但连夜脱逃这件事本身，已经说明她的胆不那么壮、气不那么粗了。无可奈何之下，她只好按照李鸿章的建议，在9月7日发布"剿匪"谕旨，9月8日下诏"罪己"，9月25日，又下旨将那个不可一世的端王载漪革职发配新疆，他的混蛋儿子大阿哥也被废除名号、驱逐出宫。这样，她就把乞和的希望全部寄托在李鸿章身上了。

北上乞和死不瞑目

9月19日，李鸿章在俄国兵的护送下抵达天津，由于直隶总督衙门已经成为一片瓦砾场，他只好又在俄国人的保护下住到吴楚会馆，这样一来，又引起英、德等国的不满和猜疑。他要求会见正在天津的瓦德西，但遭瓦德西拒绝。为了洗刷自己亲俄派的嫌疑，他先声夺人的反问赫德派来的天津海关税务司、英国人杜维德，赫德为什么不安排军舰从上海接他，否则他是不会乘坐俄国军舰的。赫德尽管和李鸿章有着很深的私人恩怨，而且他本人曾经在东交民巷使馆里被围困了八个星期，英国方面甚至都发布了他的讣告。但他凭着多年在华的经验和本能，在战争硝烟还未散尽的岁月里，就提起笔来，一连写了六篇有关中国问题的文章，并且在汇成论文集的时候，别出心裁地引用《圣经》上的一句话"这些从秦国来"作为书名，集中阐述的一个主要观点就是：任何瓜分中国和改朝换代的企图，都是毫无用处的。保留一个虚弱的、半殖民地化的中国，反而有利于西方各国列强的统治。基于同样的原因，在关于索要赔款的数额上，当德国首先提出"20万万马克（合中国10亿银圆）之数尽可榨出"，并且要求一次付清时，赫德却认为：赔款万万不能超过10万万马克。因为按照他的估算，清政府每年的财政收入只有8800万两，支出却达10100万两以上，如果弄得中国经济崩溃了，大家谁也拿不到一两银子。所以最后确定的赔款数额，基本是按赫德的意见。李鸿章的公使地位，也是靠了他以及德璀琳在英、德等国之间的斡旋，才得到列强承认的。

就李鸿章本人而言，他接受了甲午战争的教训，所以是绝对不愿意再独自承担签订卖国条约的骂名了。所以一再要求清政府派一位权贵亲王和他一同担任议和大臣，这个大臣就是奕劻。这里面还有一点小小的曲折，本来慈禧最亲信的是荣禄，李鸿章一开始也有意拉他垫背，但后来考虑到荣禄并非等闲之辈，既好揽权，又容易掣肘，所以就有意借日本公使放出口风，说荣禄是武卫军的总首领，所以列强也要追究他的战争责任，建议慈禧把荣禄改调回西安"行在"。荣禄本来心里就发虚，连忙对李鸿章称谢不已，后来在谈判期间尽力帮助李鸿章与西安的流亡政府疏通联络。有一些笔记如俞樾《春在堂随笔》说：人们但知奕劻、李鸿章"楮柱于外"，不知荣禄"斡旋于内"，其实说的还只是表面现象。李鸿章借这么一件事，也等于报了荣禄当年把他赶出北京的一箭之仇。

另一件事也可以说是报恩了，众所周知，张佩纶在中法战争中由于坚决执行了李鸿章的不开战、不抵抗的方针，导致马江惨败，本人也被革职流放；后来在甲午战争时期，又背上在李鸿章家中"干预公事"的罪名，遭到驱逐。正像陈寅恪在《寒柳堂记梦》里分析的："是丰润无负于合肥，而合肥有负于丰润。"李鸿章对此一直耿耿于怀，而且他对张佩纶的才华也的确十分欣赏，所以才会把爱女嫁给他。这时，他暗示荣禄，是否应该在老佛爷面前提一提张佩纶的事了，于是就有了用西安行在军机处名义发给李鸿章的电报，说太后认为张佩纶心术尚属端正，询问近况如何。李鸿章立刻就命下面，回电为张佩纶大作了一篇翻案文章：张佩纶以前在福建是以木船挡"法国铁甲快船"，所以才会失败；后来在天津也并未"参谋戎幕"，是别人妄加诬陷的；他曾经在总理衙门行走过，对于中外交涉事宜，"尚肯究心"；而且目前年过五旬，阅历深稳，意气已平，如果及时启用，会对时局有所臂助。所以他现在要"内举不避亲"，出面保荐。遗憾的是，朝廷电令张佩纶赴京襄办和谈时，他正好生病在家，等他第二年4月中旬赶到北京，和谈的大纲早已画过押了。所以对李鸿章来说，能拉这位爱婿复出的最后一次努力终告落空。

1901年9月7日，李鸿章和奕劻根据慈禧"量中华之物力，结与国之欢心"的旨令，代表清政府正式签订了空前屈辱的《辛丑条约》：中国向列强赔款白银4.5亿两，连本带息共计9.8亿多两；中国以常关税、海关税和盐税作抵押，设立东交民巷使馆区，禁止中国人出入；外国军队驻扎从北京到山海关的12处要地；永远禁止中国人成立或参加"仇视外国"的组织，违者处死，惩办不力的地方官即行革职，永不叙用。实事求是地讲，对于《辛丑条约》的签订，李鸿章只是奉旨画押，并没有多大的决断权，事情也不是他惹出来的，所以并没有多大的责任。但真正使他感到难堪并最后送掉性命的，就是当初假惺惺以友好邻邦名义护送他来北京谈判的沙俄，在交收东三省问题上对李鸿章极尽威胁利诱之能事，逼迫李鸿章私订协议，把东三省的铁路矿山和其他有关权益全部转让给沙俄道胜银行。李鸿章在急怒交加之下，终于一病不起，吐血身亡。临终前，两眼还不闭，直到周馥在床前低声诉说再三：您放心去吧，未了之事我们会办的。他才把眼睛合上，但嘴角还在微微抽动，仿佛有说不出的伤感，这真叫死不瞑目了。所以胡思敬在《驴背集》也有一首咏他的诗，说他"老来失计亲豺虎"，倒是十分形象的。

后　记

　　100 多年来，李鸿章一直被国人称为卖国贼，因为中国近代史上丧权辱国的不平等条约，大多是李鸿章代表清政府签订的。其中仅《辛丑条约》赔款本息就高达 9.8 亿多两，但是在怎样评价这位 100 多年前的晚清重臣上，中国人一向的定论与百年以来的世界舆论却截然不同。

　　那么，晚清重臣李鸿章究竟是卖国、误国还是爱国呢？纵观世界历史，似乎没有一个人像他这样有争议。

　　在西方人眼中，李鸿章是中国近代最伟大的人物，是"东方的俾斯麦"。

　　"李无疑是一个真正的爱国者，他始终在尽他最大的努力来维持他国家的利益，但遗憾的是，他手中的筹码太少了！"在西方的外交界，一致公认，李鸿章是那个时代最为伟大的外交家。

　　李鸿章为了实现一个积贫积弱的封建帝国的富国强兵梦，忍辱负重与列强签订了那些不平等条约。李希望通过那些不平等条约为清政府赢得时间，同时对内采取自强运动，迎头赶上列强。李鸿章的措施的确为中国变法图强赢得几十年宝贵时间，可惜被清政府痛失。

　　西方历史学家的观点认为，如果要使中国当时不自觉地追求了近半个世纪的近代化事业有序进行，只有两个人联手才有可能，那就是光绪皇帝与李鸿章。李是 19 世纪末温和派政治家，是最有可能把改革（推动自强的维新运动）与秩序结合在一起，唯一将这两种看似矛盾的思想统一在帝国具体政策中的具有高度政治技巧的人物。由于他代表清政府签订了众多的卖国条约，在那群情义愤的时代，他成了罪恶的象征，成了清政府的替罪羊。自强运动的领袖和卖国贼政治生命的终结，也意味着有秩序地推进中国近代化的事业的终结。

　　为了以历史的真实面目客观地评价李鸿章，以历史的真实反思中国近代化之路，以当时及其后环球政治精英人物的视角，进行了两个世界的、两种历史认识的激烈思想撞击。为此，作者广泛收集了100多年前与李鸿章有过特定交往，或者耳闻目睹其人其事的西方人的有关评论，辅以哈佛大学和剑桥大学等国际著名学府的中国近代史专家、知名汉学家的相关研讨观点，以李鸿章一生政治活动为基本线索，出版了这本《李鸿章及其时代：中西方世界的历史撞击》。

　　本书在编译创作过程中，对比参考并引述了国际同行的一些有关观点及事例作为佐证，在此谨致衷心谢忱。同时，也因为未能及时与他们之中的有些人取得联系而深表遗憾与歉意。

张明林

2023年7月1日于北京